旅游市场营销与实务

主　编：杨艳蓉
副主编：贾　荣　蒲　涛

北京理工大学出版社
BEIJING INSTITUTE OF TECHNOLOGY PRESS

内容简介

《旅游市场营销与实务》以旅游市场营销国际化、知识化趋势为背景，坚持“理论与实践相结合、国外先进经验与中国实际相结合、研究探讨与操作应用相结合”的指导思想，紧紧围绕国家“十三五”规划目标，力求编成一部体系完整、内容丰富、较为规范、具有旅游特色，且能紧跟国际旅游营销理论和实践发展的教材。本书覆盖了旅游管理专业应用技术型本科课程应掌握的基本知识、基本理论和基本技能，使广大旅游专业学生和社会旅游工作者、爱好者通过阅读该书能够系统地学习旅游市场营销学的相关知识。

图书在版编目（CIP）数据

旅游市场营销与实务/杨艳蓉主编．—北京：北京理工大学出版社，2016.10
ISBN 978-7-5682-3145-9

Ⅰ．①旅…　Ⅱ．①杨…　Ⅲ．①旅游市场-市场营销学　Ⅳ．①F590.8

中国版本图书馆 CIP 数据核字（2016）第 230778 号

出版发行／北京理工大学出版社有限责任公司
社　　址／北京市海淀区中关村南大街 5 号
邮　　编／100081
电　　话／(010) 68914775（总编室）
　　　　　(010) 82562903（教材售后服务热线）
　　　　　(010) 68948351（其他图书服务热线）
网　　址／http://www.bitpress.com.cn
经　　销／全国各地新华书店
印　　刷／北京国马印刷厂
开　　本／787 毫米×1092 毫米　1/16
印　　张／17
字　　数／400 千字
版　　次／2016 年 10 月第 1 版　2016 年 10 月第 1 次印刷
定　　价／59.80 元

责任编辑／梁铜华
文案编辑／龙　微
责任校对／周瑞红
责任印制／李志强

图书出现印装质量问题，请拨打售后服务热线，本社负责调换

出版说明

用创新性思维引领应用型旅游管理本科教材建设

市场上关于旅游管理专业的教材很多，其中不乏国家级规划教材。然而，长期以来，旅游专业教材普遍存在着定位不准、与企业实践背离、与行业发展脱节等现象，甚至大学教材、高职高专教材和中职中专教材从内容到形式都基本雷同的情况也不少见，让人难以选择。当教育部确定大力发展应用型本科后，如何编写出一套真正适合应用型本科使用的旅游管理专业教材，成为应用型本科旅游专业发展必须解决的棘手问题。

北京理工大学出版社是愿意吃螃蟹的人。2015 年夏秋，出版社先后在成都召开了两次应用型本科教材研讨会，参会的人员有普通本科、应用型本科和部分专科院校的一线教师及行业专家，会议围绕应用型本科教材特点、应用型本科与普通本科教学的区别、应用型本科教材与高职高专教材的差异性进行了深入探讨，大家形成许多共识，并在这些共识基础上组建成教材编写组和大纲审定专家组，按照“新发展、新理念、新思路”的原则编写了这套教材。教材在四个方面有较大突破：

一是人才定位。应用型本科教材既要改变传统本科教材按总经理岗位设计的思路，避免过高的定位让应用型本科学生眼高手低，学无所用；又要与以操作为主、采用任务引领或项目引领方式编写的专科教材相区别，要有一定的理论基础，让学生知其然亦知其所以然，有发展的后劲。教材编写组最终确定将应用型本科教材定位为培养基层管理人才，这种人才既懂管理，又会操作，能为旅游行业广为接纳。

二是课程和教材体系创新。在人才定位确定后，教材编写组对应用型本科课程和教材体系进行了创新，核心是弥补传统本科教材过于宏观的缺陷，按照市场需要和业务性质来创新课程体系，并根据新课程体系创新教材体系，譬如在《旅行社经营与管理》之外，配套了《旅行社计调业务》《旅游产品设计与开发》《旅行社在线销售与门店管理》等教材。将

《饭店管理》细化为《前厅服务与管理》《客房服务与管理》《餐饮服务与管理》，形成与人才定位一致的应用型本科课程体系和教材体系。与此同时，编写组还根据旅游业新的发展趋势，创新了许多应用型本科教材，如《乡村旅游经营与管理》《智慧旅游管理与实务》等，使教材体系更接地气并与产业结合得更加紧密。

三是知识体系的更新。由于旅游业发展速度很快，部分教材从知识点到服务项目再到业务流程都可能已经落后了，如涉旅法规的变更、旅游产品预订方式的在线化、景区管理的智慧化以及乡村旅游新业态的不断涌现等，要求教材与时俱进，不断更新。教材编写组在这方面做了大量工作，使这套教材能够及时反映中外旅游业发展成就，掌握行业变化动态，传授最新知识体系，并与相关旅游标准有机融合，尽可能做到权威、全面、方便、适用。

四是突出职业教育，融入导游考证内容。2016 年 1 月 19 日，国家旅游局办公室正式发布了《2016 年全国导游人员资格考试大纲》（旅办发〔2016〕14 号），大纲明确规定：从 2016 年起，实行全国统一的导游人员资格考试，不指定教材。本套教材中的《旅游政策与法规》《导游实务》《旅游文化》等属于全国导游资格考试统考科目，教材紧扣《全国导游资格考试大纲》，融入了考证内容，便于学生顺利地获取导游证书。

为了方便使用，编写体例也极尽人性化，大部分教材各章设计了“学习目标”“实训要求”“小知识”“小贴士”“知识归纳”“案例解析”和“习题集”，同时配套相应的教学资源，无论是学生还是教师使用都十分方便。本套教材的配套资源可在北京理工大学出版社官方网站下载，下载网址为：www. bitpress. com. cn 或扫封底二维码关注出版社公众号。

当然，由于时间和水平有限，这套教材难免存在不足之处，敬请读者批评指正，以便教材编写组不断修订并至臻完善。希望这套教材的出版，能够为旅游管理专业应用型本科教材建设探索出一条成功之路，进一步促进并提升旅游管理专业应用型本科教学的水平。

四川省旅游协会副会长
四川省导游协会会长
四川省旅发委旅行社发展研究基地主任
四川师范大学旅游学院副院长
陈乾康

总序

随着高等教育迈向大众化发展的趋势，人才培养逐渐由重理论、重学术向重实践、重能力转变，强调职业素质、职业技能与职业能力的培养，注重培养适宜时代发展需要的应用型人才。旅游管理作为一门应用性极强的学科，在探索应用型本科专业建设、课程体系重构、教学手段革新、教学内容丰富等方面走在前列，对其他专业向应用型本科转型具有引领示范性作用。

2015 年 10 月国家旅游局、教育部联合出台了《加快发展现代旅游职业教育的指导意见》，其中指出要“加强普通本科旅游类专业，特别是适应旅游新业态、新模式、新技术发展的专业应用型人才培养。”在当今时代背景下，本套“旅游管理专业应用型本科规划教材”对推动普通本科旅游管理专业转型，培养适应旅游产业发展需求的高素质管理服务人才具有重要的意义。具体来说，本套教材主要有以下四个特点：

一、理念超前，注重理论结合实际

本套教材始终坚持“教材出版，教研先行”的理念，经过了调研旅游企业、征求专家意见、召开选题大会、举办大纲审定大会等多次教研活动，最终由几十位高校教师、旅游企业职业经理人共同开发、编写而成。

二、定位准确，彰显应用型本科特色

该套教材科学区分了应用型本科教材与普通本科教材、高职高专教材的差别，以培养熟悉企业操作流程的基层管理人员为目标，理论知识按照“本科标准”编写，实践环节按照“职业能力”要求编写，在内容上凸显了教材的理论与实践相结合。

三、体系创新，符合职业教育要求

本套教材按照职业教育“课程对接岗位”的要求，优化了教材体系。针对旅游企业的不同岗位，出版了不同的课程教材，如针对旅行社业的教材有：《旅行社计调业务》《导游实务》《旅行社在线销售与门店管理》《旅游产品设计与开发》《旅行社经营与管理》等，保证了课程与岗位的对接，符合旅游职业教育的要求。

四、资源配备，搭建教学资源平台

该套教材以建设教学资源数据库为核心，制作了图文并茂的多媒体课件，从方便教师教学，还提供了课程标准、授课计划、案例库、同步测试题及参考答案、期末考试题等教学资料，以便于教师参考；同步测试题中设置了单项选择题、多项选择题、判断题、简答题、技能操作题及参考答案，便于学生练习和巩固所学知识。

在全面深化“大众创业，万众创新”的当代社会，学生们的创新能力、动手能力与实践能力成为旅游管理应用型本科教育的关键点与切入点，而本套教材的率先出版可谓是一个很好的出发点。让我们一起为旅游管理应用型本科教育的发展壮大而共同努力吧！

教育部旅游管理教学指导委员会副主任委员

湖北大学旅游发展研究院院长

前　言

旅游企业成功的秘密因“企”而异，运用科学的市场营销理念、战略和策略指导经营实践，无疑是成功企业取得成功的共同原因。旅游市场营销与实务是一门科学，而且还是一门实践艺术，它有着市场营销学的基本原理，但又不完全等同于普通市场营销学，是融合了经济学、心理学、管理学、广告学等多门学科为一体的应用交叉学科。

新经济形势下，地方性本科院校都在纷纷转型。在理论教学基础上，更注重专业性与实践性的无缝结合。《旅游市场营销与实务》系北京理工大学出版社组织地方性院校骨干教师编写的应用型本科旅游管理专业精品系列教材之一。编者考虑到应用型本科教材有着与研究型本科教材、高职教材不同的独有特点，以“服务地方经济建设”和“培养高素质应用型旅游管理人才”为出发点，在编写过程中注意积极吸纳市场营销领域的基本理论，结合旅游经济讨论热点，搜集大量当下市场新鲜的实例，注重理论与实践相结合，突出课后实务训练部分，对旅游企业经营实践进行科学总结，力求专业性强而又通俗易懂，让学生学中有乐。旨在适应应用型旅游管理本科教学实践要求，培养适应地方需要的旅游专业中高级人才。

为了方便教学工作和读者阅读，教材力求清晰明了，应用性强，在正文前设置了学习目标、案例引入；正文中加入各类营销知识的补充（如小知识、小贴士等）；各章后辅以知识归纳、案例解析、复习思考、实务训练等，便于学生学习消化与实践掌握。

本教材的编写凝聚了整个应用型本科教材团队的心血，由教学一线教师组队编写完成。宜宾学院经济与管理学院杨艳蓉担任第一主编，成都信息工程大学银杏酒店管理学院贾荣、成都工程学院蒲涛担任第二主编。第一章、第二章、第八章、第九章由贾荣编写，第三章、第四章、第七章、第十章由杨艳蓉编写，第五章、第六章、第十一章、第十二章由蒲涛编写。

在编写过程中，编者参阅了国内外大量的相关资料和文献，在此对这些文献资料的作者致以诚挚的谢意。由于时间紧迫和编者能力水平有限，本教材难免有疏漏之处和值得进一步商榷推敲的地方，敬请各位专家和读者批评指正。

编　者

2016 年 4 月

目 录

模块一 营销基础

模块二 营销调研与分析

模块三 营销战略战术

模块四　营销交付价值

模块一　营销基础

第一章

旅游市场营销导论

学习目标

通过本章的学习，使学生

1. 了解市场营销的相关基本概念；
2. 了解旅游市场营销的概念、研究对象；
3. 理解旅游市场营销学的基本内容；
4. 掌握五种市场营销理念；
5. 了解中国旅游业市场营销实践中存在的问题。

实训要求

能够以旅游市场营销的基本内涵分析旅游市场上的各种现象。

案例导入

短租颠覆传统出行：一站式旅游从住民宿开始

如今，喜欢自由行的人们大多会选择各类民宿在线预订平台预订当地住宿，如草原的蒙古包房、安徽的徽式小院、桂林竹楼木屋等各地特色房，房客与房东住在“同一屋檐下”，一起喝茶，闲话家常，品尝地道菜肴。吸引自由行游客的，除了像木鸟短租这类平台的特色房屋外，还有房东提供的出行建议，比如房东会推荐当地景点和出行路线，讲解风土人情和注意事项。同时，房东还会根据房客需求提供免费或付费形式的导游服务，让他们快速融入当地生活，获得深度体验，从而达到吃、住、游“一站式旅行”的目的。

随着人们观念的转变，自由行群体的旅游方式正在发生变化。以观光游为核心的“住酒店、坐大巴、吃快餐、游景点”的旅游模式向以民宿为核心的“住民居、吃特色餐、搭便车、利用本地人伴游”的深度游模式发展。传统的观光组团游正在被颠覆，新兴的自由行正朝着以民宿为核心的“一站式旅游”迈进。如今自由行人数不断增长，游客消费更具自主意识。2016 年 1 月 26 日，蚂蜂窝旅行网发布的《2016 春节自由行趋势报告》显示，在 2014 年和 2015 年，中国人选择“春节自由行”的比例尚不足 20% 和 30%，在 2016 年春节自由行比例将上升至 40%，其中 51% 的人群会通过住百家、自在客、木鸟短租这样的民宿预订平台提前预订民宿、客栈等。这些人年龄大致分布在 20～30 岁之间，他们是具有互联网基因的年轻群体，想要通过住民宿来实现个性化休闲度假的出行目的。

以民宿为核心的周边产业正日益兴旺，“一站式旅游”将成为流行。以民宿为核心的“一站式旅游”有别于传统旅游，“一站式旅游”的民宿房东多是拥有闲置房源的当地居民，他们有着丰富的生活经验和充足的时间，同时他们也拥有可供出租的闲置车、房等，这对于房东从住宿出发拓展本地服务而言，无疑是最大的优势。传统 OTA 平台上售卖的“机票 + 景点”搭配组合的自由行套餐中，各种子项目和流程之间并没有内在逻辑，只是简单的“排列组合”。以民宿为核心的“一站式旅行”则是从住宿出发辐射到出行线路、景点选择、当地餐饮等多个领域，更具当地风情，能使游客获得最个性、最深度的旅行体验。与 OTA 和线下旅行社的自由行套餐相比，住百家、自在客、木鸟短租等在线短租平台中房东提倡的“一站式旅行”或将在未来成为最佳选择。

那么，当今民宿如何切入“一站式旅游”呢？

第一，民宿本身具有当地特色，能给游客带来与众不同的居住体验。同时，民宿中渗透的当地民风民俗也可以作为高价值的旅游体验，给游客带来当地风俗文化的享受。

第二，以房出发，利用当地民宿资源拓展游客常规旅游的范围。除了当地的著名风景外，民宿特色风俗、文化和历史都可以成为游客观赏的“景点”，例如当地人家的百年老宅、房东珍藏的古董字画或珍贵相册背后的故事等，这些景点均可丰富游客的旅游体验，满足其猎奇心理。

第三，从房东出发，挖掘当地特色餐饮的价值。房东可直接为游客提供地道的家常菜，也可帮助游客预订本地较为知名的餐饮，甚至可以亲自带游客品尝当地特色菜肴，以满足游客多样化的餐饮消费需求。例如去桂林旅游必然不可错过远近闻名的阿甘酒家，但此饭店来客络绎不绝，到此吃饭往往耗费三到五个小时预约等餐，这对游客而言是不划算的，如果当地房东能提供预订服务，帮助游客提前预约餐厅，将为游客节省大量的时间成本，也使游客体验更人性化。

第四，从房东出发，解决游客交通问题。游客在陌生城市旅行，交通工具成为一大难题。如果当地房东提供交通服务，将自家闲置车辆出租给游客，或为其提供包车服务，一方面可以方便游客出行，另一方面也增加自己的收入。此外，房东结合自身的生活经验推荐路线，也能游客获得更新鲜，更顺畅的出行体验。

一站式旅游从“住民宿”延伸到“吃住行在当地”，与传统的以景点为核心的旅游方式相比，产业链较短，时间、金钱等成本低，同时使游客体验更加个性化、本土化，从细节上满足了游客的旅游需求。

（资料来源：旅游圈 http：//www. dotour. cn/article/19752. html，2016. 2. 4）

第一节 旅游市场概述

一、旅游市场的概念及其内涵

市场（Market）是社会分工和商品经济发展到一定程度的产物，属于商品经济的范畴，是一种以商品交换为主要内容的经济联系形式，同时也是买卖双方发生交易活动的场所。随着社会生产力的发展，社会分工的细化，商品交换日益丰富，交换形式日益复杂化，人们对市场的认识日益深入。

（一）市场的概念

市场可以指某种商品交换的场所，即买主和卖主发生关系的地点或区域。如销售食品的食品市场、销售家电的家电市场、销售宠物的宠物市场等；市场也可以是由那些具有特定需要或欲望，愿意并能够通过交换来满足这种需要或欲望的全部顾客所构成的力量总和。这种市场范围，可以指一定的区域，如国际市场、国内市场、城市市场、农村市场。市场营销中的市场是后一种含义，从经营者的角度来看，人们常常把卖方称之为行业，而将买方称之为市场。

（二）旅游市场的概念

旅游市场是从“Tourism Market”这一英文词组翻译而来的。在不同的时期、不同的场合，旅游市场具有不同的含义。随着旅游需求的扩张和旅游产业的发展，旅游市场的定义也在不断发展变化。旅游市场有广义与狭义的区别。

广义的旅游市场指旅游产品交换过程中的各种经济行为和经济关系的总和，反映了旅游产品实现过程中的各种经济活动现象和经济活动的关系。这种旅游市场包含两种含义：有形的交换场所和无形的交换关系。

有形的交换场所指在一定的地理位置、空间和时间范围内，旅游者和旅游供给者双方进行旅游产品交易的有形地点。旅游产品交换场所的概念构成比较简单，只要具有买卖双方、可交换的产品、可接受的价格、用于交易的设备便可形成旅游市场。

无形的交换关系指旅游市场是旅游产品买卖双方以及旅游中间商之间交换现象和交换关系的总和。在现代社会中，旅游已经渗透到社会、经济、文化、政治和人们生活等各个领域，特别是高新科技在金融、通信、交通领域的大量应用，使旅游产品的交换打破了地理空间和时间的限制，交换现象日益普遍，交换关系日渐复杂。在这种形势下，原来有形市场的概念无法涵盖和解释现代旅游市场错综复杂的关系。

在近代旅游业发展初期，旅游市场的交换行为和交换关系还比较简单，市场规模也有限。1841 年，托马斯·库克组织的旅行团也不过 570 人。后来随着经济的发展，旅游市场日益扩大，交换关系和交换行为也越来越复杂，旅游经营者和旅游者之间、旅游经营者相互之间、旅游经营者和供应商、中间商之间都是通过旅游市场联系起来的。旅游市场的各种现象和各种行为都反映着他们彼此之间的经济关系。

狭义的旅游市场是指旅游区内某一特定旅游产品的现实购买者与潜在购买者，即旅游客源市场。对旅游企业来说，客源市场是很重要的。著名管理学家彼得·杜拉克曾说过“顾客便是生意”。之所以将旅游消费者群体等同于旅游市场，其原因在于：旅游市场营销通常是站在旅游供给方的角度去研究旅游需求方的管理活动，即研究旅游者有哪些需求，在哪里有需求，如何通过市场营销去适应、满足和扩大旅游者的需求，从而实现旅游企业的经营目标。因此，千千万万旅游者就是旅游市场。旅游市场不包括旅游供给者，旅游供给者构成旅游产业，旅游需求者构成旅游市场。旅游市场营销人员常说要瞄准美国市场、东南亚市场、韩国市场、国内市场等，事实上，真正要瞄准的并不是这些国家和地区，而是处在这些国家和地区中现实和潜在的活生生的旅游者群体。将旅游者群体视为旅游市场，不仅是对旅游市场的一种定义，而且是以消费者为导向，站在顾客的角度去认识和研究旅游市场的一种新理念。

二、旅游市场的构成要素分析

不论是从狭义的市场概念出发，还是从广义的市场概念出发，市场都是由购买者、购买力和购买愿望三要素组成的。只有当三要素同时具备时，企业才拥有市场，即：

市场 = 消费者 + 购买力 + 购买欲望

1. 消费者

消费者是指使用和消费物质资料和劳务，以满足生活和生产需要的买方群体或个人。它既包括以居民个人和家庭形式出现的生活资料和劳务的消费者，也包括以生产群体单位形式出现的生产资料和劳务的消费者。旅游消费者就是消费旅游产品及劳务的客人。

2. 购买力

购买力是指消费者购买商品和劳务的支付能力。消费者的购买力是由消费者收入决定的，购买力水平的高低是决定市场容量大小的重要指标。

3. 购买欲望

购买欲望是指消费者购买商品和劳务需要的强烈程度。购买欲望归根结底产生于人类的生理和心理需要，即满足人们物质和文化生活的需要，而生产资料的购买欲望则产生于生产这些生活资料的需要。

市场的构成三要素相互制约，缺一不可。只有三者结合起来才能构成现实的市场，才能决定市场的规模。

旅游市场营销人员只有对旅游市场和市场构成要素具有清晰、准确、客观的认识和分析，才能正确发挥旅游市场的机制和作用，将旅游市场作为满足旅游者需求的前沿阵地，获取旅游者的信息，并且按照不断变化的市场需求进行市场细分，制定营销策略，实现旅游企业的营销目标。

第二节　旅游市场营销概述

一、旅游市场营销的概念及特征

市场营销是由英文“Marketing”一词翻译过来的。“市场营销”一词的含义是什么？长期以来，许多人把市场营销仅仅理解为推销（Selling），认为市场营销就是把生产的商品卖出去，实现其使用价值和价值的过程，这种认识有失偏颇。其实，推销只是市场营销多重功能中的一项，并且通常还不是最重要的一项功能。如果企业不能生产出适销对路的产品，无论怎样推销，也许能一时得益，但不会获得长久的成效。正如美国著名管理学家彼得·德鲁克（Peter Drunker）所言：可以设想，某些推销工作总是需要的，然而，营销的目的就是要使推销成为多余，从而使产品或服务完全适合顾客需要而形成产品自我销售；理想的营销会产生一个已经准备来购买的顾客群体，剩下的事情就是如何便于顾客得到这些产品或服务。

（一）市场营销的概念

近几十年来，西方学者从不同角度给市场营销下了许多不同的定义，归纳起来可以分为如下三类：一是把市场营销看作是一种为消费者服务的理论；二是强调市场营销是对社会现象的一种认识；三是认为市场营销是通过销售渠道把生产企业与市场联系起来的过程。世界营销权威菲利普·科特勒（Philip Kotler）所提出的定义是："市场营销是个人和群体通过创造产品和价值，并同他人进行交换以获得所需所欲的一种社会及管理过程。"这一定义将市场营销概念归纳为以下要点：

（1）市场营销的终极目标是满足需求和欲望。

（2）市场营销的核心是交换。而交换过程是一个主动、积极寻找机会、满足双方需求和欲望的社会和管理过程。

（3）交换过程能否顺利进行，取决于营销者创造的产品和价值满足顾客需要的程度和交换过程中管理的水平。

（二）旅游市场营销的概念

旅游市场营销是通过分析、计划、执行、反馈和控制这样一个过程，以旅游消费需求为导向，协调各种旅游经济活动，从而实现提供有效产品和服务，使游客满意，使企业获利的经济和社会目标。旅游市场营销的主体很广，包括所有旅游企业及宏观管理的旅游局，如：旅游景区、景点、旅行社、宾馆酒店以及旅游交通部门等。市场营销是个人和群体通过创造并同他人交换产品和价值以满足需求和欲望的一种社会管理过程。旅游市场营销是发展旅游事业，获得经济效益的重要环节，研究旅游市场营销无疑会对我国旅游产业的发展有着特别重要的意义。

（三）旅游市场营销的特征

旅游业是个特殊的服务行业，旅游产品是一种特殊的产品，因此，旅游市场营销也必然有自己独有的特征。

1. 旅游产品生产消费同时性

旅游服务过程是旅游企业营销人员与顾客之间的沟通联系过程，也是旅游产品的生产和顾客消费体验产品的过程。

2. 旅游分销渠道多样化

旅游企业不像生产企业那样通过物流把产品从工厂运送到顾客手里，而是依靠一系列的旅游中间商，包括旅游代理商和旅游批发商，这些中间商经常向顾客提供咨询和旅游产品信息，他们可以影响顾客的购买决策。

3. 依赖多部门协作

旅游需求包括吃、住、行、游、购、娱等多方面，这决定了旅游产品是一项综合产品，这些行业和部门在旅游业中相互关联、相互依存，形成一个协调的统一整体。如果哪个部门出现不协调，必将影响整个旅游产品的质量，旅游服务质量无法得到保证，旅游者的需求就得不到满足。

4. 旅游产品质量难以监控

旅游产品包括有形的产品和无形的服务，其产品质量很难用统一的质量标准来衡量，而更多的质量评价来源于顾客的心理感知和口碑。因此，旅游企业的营销工作中，除了外部宣传营销，还应重视内部的服务营销工作。

二、市场营销理念及其演变

市场营销理念是企业开展市场营销工作的思路和想法，也可以说是企业的经营理念，它集中反映了企业以什么样的思想和态度来处理本组织、企业的客户以及社会三者之间的关系。企业市场营销理念的正确与否将直接关系到企业经营的兴衰成败。一百多年以来，市场营销理念经历了一个漫长的演变过程：生产观念、产品观念、推销观念、市场营销观念和社会营销观念。

（一）生产观念（Production Concept）

生产观念是最古老的经营思想。它产生于20世纪20年代以前，整个西方国家的国民收入还很低，生产落后，许多商品的供应还不能充分满足需要，处于生产企业在市场中占主导地位的卖方市场状态。20世纪初，亨利·福特（Henry Ford）在开发汽车市场时所创立的“扩大生产、降低价格”的经营思想，就是一种生产观念。福特汽车公司从1914年开始生产T型汽车，而福特本人将其全部精力与才华都用于改进大规模汽车生产线，使T型车的产量达到非常理想的规模，大幅度降低了成本，使更多的美国人买得起T型汽车。他不注重汽车的外观，曾开玩笑说，福特公司可供应消费者任何颜色的汽车，只要他要的是黑色汽车。这种只求产品价廉而不讲究花色式样的经营方式无疑是生产观念的典型表现。这种指导思想认为，消费者或用户喜欢的是那些买得到而且买得起的产品。因此，企业应组织自身所有资源，集中一切力量提高生产效率和分销效率，扩大生产，降低成本以拓展市场。在这种经营思想指导下运作的企业面临一大风险，即过分狭隘地注重自己的生产经营，忽视顾客真正所需要的东西，会使公司面临困境。例如，德州仪器公司在电子表市场采用这一战略时，便遭到了失败。尽管公司的电子表定价很低，但对顾客并没有多少吸引力。在其不顾一切降低价格的冲动中，该公司忽视了顾客想要的其他一些东西，即不仅仅要价廉，而且还要物美。

（二）产品观念（Product Concept）

产品观念是在这样的背景产生的：相比于上一阶段，社会生活水平已有了较大幅度的提高，消费者已不再仅仅满足于产品的基本功能，而是开始追求产品在功能、质量和特点等方面的差异性。因此，如何比其他竞争对手在上述方面为消费者提供更优质的产品就成了企业的当务之急。在产品供给不太紧张或稍微宽裕的情况下，这种观念常常成为一些企业经营的指导思想。在20世纪30年代以前，不少西方企业普遍奉行这一观念。产品观念认为，消费者会青睐质量最优、性能最好、特点最多的产品，因此，企业应把精力集中在创造最优良的产品上，并不断精益求精。

我国有不少企业奉行的产品理念，如“酒香不怕巷子深”“一招鲜，吃遍天”等都是产品观念的反映。目前，我国还有很多企业不同程度地奉行产品观念，它们把提高产品功能与质量作为企业首要任务，提出了“企业竞争就是质量竞争”“质量是企业的生命线”等口号，这无疑有助于推动我国企业产品的升级换代，缩短与国外同类产品的差距，一些企业也由此取得了较好的经济效益。然而，这种观念很容易导致公司“营销近视”，在生产产品时很少深入市场研究，不了解顾客的需求意愿，不考察竞争者的产品情况。他们假设购买者会喜欢精心制作的产品，能够鉴别产品的质量和功能，并且愿意付出更多的钱来购买质量上乘的产品。正如科特勒所言：某些企业的管理者深深迷恋上了自己的产品，以至于没有意识到其产品可能并不那么迎合时尚，甚至市场正朝着与产品不同的方向发展。

（三）推销观念（Selling Concept）

推销观念产生于从卖方市场向买方市场转变的时期。从 1920 年到 1945 年，西方国家社会从生产不足开始进入了生产过剩阶段，企业之间的竞争日益激烈。特别是 1929 年所爆发的严重经济危机中，大量商品卖不出去，许多工商企业和银行倒闭，大量工人失业，市场萧条。残酷的事实使许多企业家认为即使物美价廉的产品，也未必能卖出去，必须重视和加强商品销售工作。推销观念应运而生，它强调企业要将主要精力用于抓推销工作，企业只要努力推销，消费者或用户就会更多地购买。这一观念认为，消费者通常表现出一种购买惰性或者抵触心理，故需用好话去劝说他们多买一些，企业可以利用一系列有效的推销和促销工具去刺激他们大量购买。在这种观念指导下，企业十分注重运用推销术和广告术，大量雇佣推销人员，向现实和潜在买主大肆兜售产品，以期压倒竞争者，提高市场占有率，取得更多的利润。

推销观念有其合理的地方。一般而言，消费者购买是有惰性的，尤其是当产品丰富和销售网点健全的情况下，人们已不再需要像战时状态那样储存大量商品，也没有必要担心商品涨价。买商品只求“够用就行”已成为主导性的消费观念。另外，在买方市场条件下，过多的产品追逐过少的消费者也是事实。因此，加强推销工作以扩大本企业的产品信息，劝说消费者选择购买本企业产品，都是非常必要的。然而，推销观念注重的仍然是企业的产品和利润，不注重市场需求的研究和满足，不注重消费者利益和社会利益。强行推销不仅会引起消费者的反感，而且还可能使消费者在不自愿的情况下购买了不需要的商品，严重损害了消费者利益，这样，反过来又给企业造成不良的后果。正如科特勒教授所指出：感到不满意的顾客不会再次购买该产品，更糟糕的情况是，感到满意的普通顾客仅会告诉其他 3 个人有关其美好的购物经历，而感到不满意的普通顾客会将其糟糕的经历告诉其他 10 个人。

（四）市场营销观念（Marketing Concept）

20 世纪 50 年代以后，发达资本主义国家的市场已经变成名副其实的供过于求，卖主间竞争激烈，处于买主为主导的买方市场。市场营销观念也称为需求中心论，它与推销观念及其他传统的经营思想存在着根本的不同。这一观念认为，实现企业营销目标的关键在于正确地掌握市场的需求，然后调整整体市场营销组织，使公司能比竞争者更有效地满足消费者的需求。这种营销观念的具体表现是顾客需要什么，就卖什么，而不是企业自己能制造什么，就卖什么。

在这种观念的指导下，销售工作由过去的高压或“硬卖”转变为诱导式的“软卖”，通过满足顾客的需求来获取利润。“顾客至上”“顾客是上帝”“顾客永远是正确的”“爱你的顾客而非产品”“顾客才是企业的真正主人”等成为企业家的口号和座右铭。营销观念的形成，不仅从形式上，更从本质上改变了企业营销活动的指导原则，使企业经营指导思想从以产定销转变为以销定产，第一次摆正了企业与顾客的位置，所以是市场观念的一次重大革命，其意义可与工业革命相提并论。由于市场营销观念符合“生产是为了消费”的基本原理，既能较好地满足市场需要，同时也提高了企业的环境适应能力和生存发展能力，因而自从被提出后便引起了广泛的关注，为众多企业所追捧，并成为当代市场营销学研究的主体。

推销观念和市场营销观念的比较，见图 1－1。

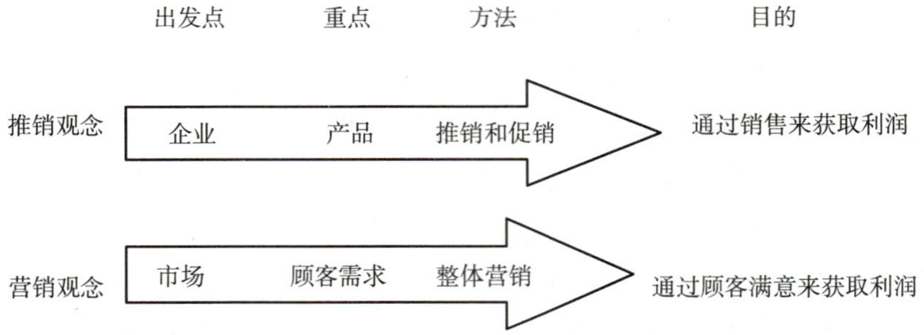

图 1－1　推销观念和市场营销观念的比较

（五）社会营销观念（Societal Marketing Concept）

社会营销观念产生于 20 世纪 70 年代。进入 20 世纪 60 年代以后，市场营销理念在美国等西方国家受到质疑。首先，不少企业为了最大限度地获取利润，迎合消费者，采用各种方式扩大生产和经营，而不顾对消费者以及社会整体利益的损害。只顾生产而忽视环境保护，促使环境恶化、资源短缺等问题变得相当突出，如清洁剂工业满足了人们洗涤衣服的需要，同时却严重污染了江河，杀伤大量鱼类，危害生态平衡。其次，某些标榜自己奉行市场营销理念的企业以次充好、大搞虚假广告、牟取暴利，损害了消费者的权益。第三，某些企业只注重消费者眼前需要，而不考虑长远需要，如化妆品，虽然短期内能美容，但有害元素含量过高；汉堡包、炸鸡等快餐食品虽然快捷、方便、可口，但由于脂肪与食糖含量过高而不利于顾客的长期健康。这些质疑导致了人们从不同角度对市场营销理念进行补充，如理智消费者的营销观念、生态营销观念、人道营销观念等均属于社会营销观念之列。

社会营销观念也称为社会中心论，它是用来修正或取代市场营销观念的。这种观念认为，企业的任务是确定目标市场的需要、欲望和利益，并且在保持或增进消费者和社会福利的情况下，比竞争者更有效地满足目标市场消费者的需求。社会市场营销观念要求企业在确定营销决策时要权衡三方面的利益：即企业利润、消费者的需要和社会利益。具体来说，社会市场营销观念希望摆正企业、顾客和社会三者之间的利益关系，使企业既发挥特长，在满足消费者需求的基础上获取经济效益，又能符合社会利益，从而使企业具有强大的生命力。图 1－2 展示了企业在制定其市场营销战略时应该平衡的三种因素：企业利润、消费者欲望和社会利益。许多公司通过采用和实践社会营销观念，已获得了引人注目的销售业绩，如美国的安利、强生等大公司。应当说，社会市场营销观念只是市场营销的进一步扩展，在本质上并没有多大的突破。但是，许多企业主动采纳它，主要原因是把它看作为改善企业名声、提升品牌知名度、增加顾客忠诚度、提高企业产品销售额以及增加新闻报道的一个机会。他们认为，随着环境与资源保护、健康意识的深入人心，消费者将逐渐地寻找在提供理性和情感利益上具有良好形象的企业。社会营销观念的基本要素，见图 1－2。

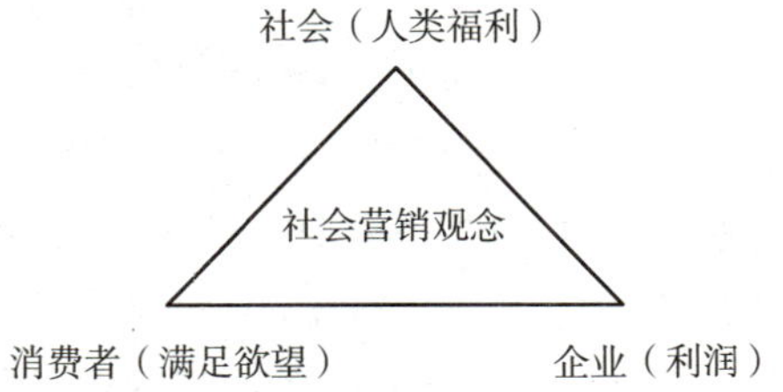

图 1－2 社会营销观念的基本要素

第三节 旅游市场营销学概述

一、市场营销学发展的历史回溯

市场营销学（Marketing）是一门以经济科学、行为科学和现代管理学理论为基础，研究面向市场的一切个人和组织如何根据市场需求和竞争状态来构想和出售自己的产出物和价值的学科。营销大师菲利普·科特勒在 1987 年美国市场营销协会（AMA）成立 50 周年纪念大会上说：营销学之父为经济学，其母为行为学，哲学和数学为其祖父和祖母。

（一）市场营销学的萌芽

商品交换古已有之，但真正意义上的市场营销活动却是商品经济发展到一定程度的产物。彼得·德鲁克认为，市场营销活动最早起源于 17 世纪中叶的日本。他指出，市场营销活动是由日本三井家族的一位成员首先应用的。作为商人，他于 1673 年在东京定居下来，开办了世界上第一家具有现代意义的百货商店，并为该店提出了一系列经营原则，主要内容包括：公司充当顾客的采购员；为顾客设计和生产适合需要的产品；把花色品种规格齐全、丰富多彩的商品供应给顾客；保证顾客满意，否则原款奉还。彼得·德鲁克还指出，直到 19 世纪中叶，市场营销才在美国国际收割机公司（International Harvester Company）中产生。它第一个把市场营销当作企业独特的中心职能，并把满足顾客需求作为管理的特殊任务。随着资本主义经济的发展，到了 20 世纪初，各主要资本主义国家经过了工业革命，生产力迅速提高，生产能力的增长速度超过了市场的增长速度。在这种情况下，少数有远见的企业开始设立市场营销研究部门，重视在企业的经营管理过程中研究如何推销商品和刺激需求，探索推销方法与广告方法。1911 年，柯蒂斯出版公司（Curtis Publishing Company）率先设置了市场营销研究部门（当时称“商品研究”部）。

（二）市场营销学的创立

市场营销成为一个专门的理论领域的研究则始于 20 世纪初期。

早在19世纪末期，美国一些学者就陆续发表了一些有关推销、广告、定价、产品设计、品牌业务、包装、实体分配等方面的论著。但是，直到20世纪初期，美国的一些学者才试图将上述有关方面综合起来，建成一门专门的学科。尽管当时还没有使用“市场营销”这个名称，但它已经作为一门新学科的雏形出现在大学课堂上。1904年克鲁希（W. E. Kreus）在宾州大学讲授了名为产品市场营销（The Marketing of Products）的课程；1910年，巴特勒（K. S. Butler）在威斯康星大学讲授了名为市场营销方法（Marketing Method）的课程；1912年赫杰特齐（J. E. Hegertg）出版了第一本名为《市场营销学》（*Marketing*）的教科书，全面论述了有关推销、分销、广告等方面的问题。它标志着市场营销学作为一门独立学科的产生。但是，应该看到，这一时期的市场营销学研究内容仅限于商品销售和广告业务，实际影响不大，尚未引起社会的广泛关注，市场营销的完整体系远未完成。从20世纪的20年代到第二次世界大战结束的这段时期内，随着科学技术的进步，美国等西方国家的社会政治经济情况不断发展变化，特别是1929—1933年资本主义国家爆发了严重生产过剩的经济大危机，震撼了各主要资本主义国家。由于严重的生产过剩，商品销售困难，工商企业纷纷倒闭。这时企业的首要问题不是怎样扩大生产和降低成本，而是如何把产品卖出去。为了争夺市场，解决产品销售问题，企业开始实施市场销售活动，促使市场营销学的研究也大规模开展起来，市场营销学逐渐成为指导市场营销实践活动的一门实用性学科。在这一时期，美国的高等院校和工商企业建立各种市场营销的研究机构，有力推动了市场营销学的研究和普及。

（三）市场营销学的发展

“二战”以后，特别是20世纪50年代以来，随着国际政治环境的相对稳定以及第三次科技革命的展开，资本主义国家的社会生产力得到了较快的发展，营销环境复杂多变。在这种情况下，企业要想求得生存与发展，就必须从总体上进行规划，不能在产品生产出来后，而是要在产品生产之前就考虑市场问题，要按照市场需求安排生产，组织营销活动；企业不能仅考虑当前的盈利，还要考虑到未来的长远发展；企业的市场营销不应局限于产品推销问题，还应该包括企业与市场以及整个营销环境保持衔接关系的整体性经营活动。在这种情况下，市场营销的理论研究从对产品生产出来以后的流通过程的研究，发展到从生产前的市场调研和产品创意开始，到销售后的顾客服务和信息反馈为止的营销过程的研究；从对营销实施的研究，发展到对市场营销问题的分析、计划、实施、控制等营销管理过程的研究。市场营销学逐步从经济学中独立出来，吸收了行为科学、心理学、社会学、管理学等学科的若干理论，形成了自身的完整理论体系。与此同时，市场营销学也开始广为传播。一方面，在应用领域上，市场营销学理论不仅广泛应用于以营利为目标的企业运作上，而且还逐渐应用到行政机构以及其他非营利组织，涉及社会经济生活的各个方面，如军队、法院、宗教团体、慈善机构和学校都公开或非公开地引进了营销观念和方法。另一方面，在应用区域上，市场营销学不断从起源国——美国向其他国家传播。20世纪50年代以来，美国的市场营销学先后传入了日本、西欧、中国台湾以及东欧和苏联等国家和地区。20世纪70年代末开始传入中国。一般说来，商品经济越发达的地方，市场营销学也越盛行。

随着经济全球化趋势的加强，参与国际竞争的国家和企业急剧增加，市场竞争的范围不断扩大，程度不断加剧。在20世纪80年代中期，科特勒进一步发展了市场营销理论，提出了大市场营销的观念，突破了传统营销理论中阐明的企业可控制的市场营销组合因素与外界不可控的环境因素之间简单相适应的观点，把企业市场营销组合所包括的4Ps策略扩大到6Ps策略。随后，科特勒又进一步把6Ps发展为10Ps。他把已有的6Ps称为战术性营销组合，新提出的4P：研究（Probing）、划分（Partitioning）即细分（Segmentation）、优先（Prioritizing）即目标选定（Targeting）、定位（Positioning），称为战略营销。他认为，战略营销计划过程必须先于战术性营销组合。这一思想对跨国企业开展国际营销活动具有重要的指导意义。

20世纪90年代，美国市场学家罗伯特·劳特伯恩（Robert Lauterborn）提出了以“4C”为主要内容作为企业营销策略的市场营销组合，即4Cs理论：针对产品策略，提出更应关注顾客的需求与欲望；针对价格策略，提出应重点考虑顾客为得到某项商品或服务所愿意付出的代价；并强调促销过程是一个与顾客保持双向沟通的过程。“4C”组合指：顾客（Customer）、成本（Cost）、便利（Convenience）和沟通（Communication）。市场营销理论的研究不断向新的领域拓展，出现了定制营销、营销网络、纯粹营销、政治营销、绿色营销、营销决策支持系统、整合营销等新的理论领域，并打破了美国营销管理学派一统天下的局面，对传统营销理论提出了质疑，形成了不同的营销学派。

二、市场营销学中的重要概念

要对市场营销学进行深入细致的研究，首先应该掌握它的一些核心概念。它们包括了需要、欲望和需求，商品与服务，价值和满足，交换。

（一）需要、欲望和需求

1. 需要（Need）

需要是指人们没有得到某些满足的感受状态。人们在生活中需要空气、食品、衣服、住所、安全、感情以及其他一些东西，这些需要都不是社会和企业所能创造的，而是人类自身本能的基本组成部分。

2. 欲望（Want）

欲望是指人们想得到这些基本需要的具体满足物或方式的愿望。一个人需要食品，想要得到一个面包；需要被人尊重，想要得到一辆豪华小汽车。随着社会的发展，社会成员的欲望将随之膨胀。由于人们面临的足以唤起其兴趣和欲望的物品越来越多，商家会试图提供越来越多的能够满足人们欲求的产品和服务。

3. 需求（Demand）

人们的要求几乎无穷无尽，但购买力却有限。他们选择的产品将是那些花一定数量的钱就可以从中获得利益最大的产品。当欲求要靠购买力来支撑时，就变成了需求。消费者把买产品看作是一系列利益的集合，他们仅花钱买那些可以提供最大利益的产品。所以，六元汽车旅馆意味着可以提供基本的住宿条件、低廉的价格和进出方便，四季饭店则是舒适、豪华和地位的象征。当人们的需求和购买力相当时，他们会选择那些能最大限度满足其需要的产品。企业并不创造需要，需要早就存在于营销活动出现之前，企业以及社会上的其他因素只是影响了人们的欲望，他们向消费者建议一个什么样的商品可以满足消费者哪些方面的要求，如一次国际度假旅游可以满足消费者对社会地位的需要。优秀的企业总是力图通过使商品富有吸引力、适应消费者的支付能力和容易得到来影响需求。

（二）商品与服务

“商品”这个词在人们心目中是一个实物，如汽车、手表、面包等。但是，诸如咨询、培训、运输、理发等各种无形服务也属于商品范畴。一般用商品和服务这两个词来区分有形商品和无形商品。在考虑有形商品时，其重要性不仅在于拥有它们，更在于使用它们来满足人们的欲望。人们购买汽车并不是为了观赏，而是因为它可以提供一种被称为交通的服务，所以，有形产品实际上是向人们传送服务的工具。

服务（Service）则是一种无形产品，它是将人力和机械的使用应用于人与物的结果。例如，保健医生的健康指导、儿童钢琴知识教育、汽车驾驶技能的培训等。当购买者购买商品时，实际上是购买该商品所提供的利益和满意程度。例如，在具有相同的报时功能的手表中，为什么有的消费者偏爱价格高昂的劳力士手表？原因在于它除了基本的报时功能外，还是消费者成功身份的象征。这种由产品和特定图像、符号组合起来表达的承诺，能够帮助消费者对有形产品和无形产品做出购买判断。在很多情况下，符号和无形的产品让消费者感到更有形、更真实。由于人们不是为了商品的实体而买商品，商品的实体是利益的外壳。因此，企业的任务是推销商品实体中所包含的内核——利益或服务，而不能仅限于描述商品的形貌，否则，目光就太短浅了。

（三）价值与满意

价值（Value）就是消费者付出与消费者所得之间的比率。一般来说，消费者在获得利益的同时也需要承担成本。消费者所获得的利益包括功能利益和情感利益，而成本则包括金钱、时间、精力以及体力，因此，价值可用以下公式来表达：

$$价值=\frac{利益}{成本}=\frac{功能利益+情感利益}{金钱成本+时间成本+精力成本+体力成本}$$

企业可以通过这几种方法来提高购买者所得价值：①增加利益；②降低成本；③增加利益同时降低成本；④利益增加幅度比成本增加幅度大；⑤成本降低幅度比利益降低幅度大。一名顾客在对两件商品进行选择时，这两件商品的价值分别为 $V1$、$V2$，如果 $V1$ 与 $V2$ 相比价值大于 1，这名顾客会选择 $V1$；如果比值小于 1，他会选择 $V2$；如果比值等于 1，他会持中性态度，任选 $V1$ 或 $V2$。

满意（Satisfaction）解释为顾客通过对某商品可感知的效果与他的价值期望相比较后所形成的愉悦或失望的感觉状态。满意水平可表示为感知效果与价值期望之间的差异函数，即：

$$满意水平=感知效果-价值期望$$

如果效果超过期望，顾客就会高度满意；如果效果与期望相等，顾客也会满意；但如果效果低于期望，顾客就会不满意。

（四）交换

需要和欲望只是市场营销活动的序幕，只有通过交换，营销活动才真正发生。交换（Exchange）是提供某种东西作为回报而与他人换取所需东西的行为，它需要满足以下五个条件：

第一，至少要有两方；

第二，每一方都要有对方所需要的有价值的东西；

第三，每一方都要有沟通信息和传递信息的能力；

第四，每一方都可以自由地接受或拒绝对方的交换条件；

第五，每一方都认为同对方的交换是称心如意的。

如果存在上述条件，交换就有可能。市场营销的中心任务就是促成交换。交换的最后一个条件是非常重要的，它是现代市场营销的一种境界，即通过创造性的市场营销，使交换双方达到双赢。

三、市场营销学在旅游业中的应用

旅游市场营销具备市场营销的一般内涵，是市场营销学和服务营销学在旅游业中的具体应用。结合旅游业的基本特点，可以把旅游市场营销理解为：营销主体（包括旅游目的地企业、酒店、旅行社等）对旅游思想、环境、服务进行设计、定价、展示、分销和促销的计划和实施过程，旅游营销通过满足旅游者需求和创造旅游者满意来实现企业经营目标。

（一）旅游服务营销 8Ps 要素

由于旅游服务产品的特殊性，将传统的制成品 4Ps 营销组合理论运用在服务营销管理上是完全不够的，必须将服务企业的另外两个重要职能——服务运营管理及人力资源管理与服务营销管理有机整合起来，才能实施有效的服务管理。营销、运营、人力资源三者在服务管理实践中形成依赖关系。著名学者克里斯托弗·劳洛克提出了整合服务管理的 8Ps 理论。8Ps 理论认为，服务机构要获取竞争优势，必须整合、协调以下 8 个方面：

1. 产品要素（Product Element）

管理人员必须选择包括核心产品以及顾客认为有价值的围绕核心产品的所有附加服务。也就是说，经理们必须专注于有潜力为顾客创造价值的服务行为的所有方面。

2. 地点、虚拟空间及时段（Place，Cyberspace，and Time）

构建服务产品的通路包括对交付时间、地点所使用的通路方法的决策。根据产品的特性，决定使用有形通路或者虚拟通路，或两者并用。速度、时间和地点的方便性是管理者考虑的重要的决定性因素。

3. 服务过程（Process）

管理人员必须详尽列明向顾客提供服务产品的过程，在服务运营系统中每一个行动的方法以及顺序。不合理的服务程序设计导致服务过程的冗长、官僚、低效，很可能激怒顾客，同时也使得第一线的员工无所适从。

4. 服务效率与质量（Productivity and Quality）

效率是指怎样将投入转换成产出，关系到服务企业的盈利能力；质量是有关产品满足顾客需求、欲望、期望的程度，关系到顾客忠诚度的建立。管理者必须小心权衡效率与质量，不能孤立偏重某一方面。控制成本对提升效率来讲是至关重要的，然而，经理们必须小心，不恰当降低成本所引起的服务质量下降，会招来顾客的反感；而一味投资改善质量，置成本的提高于不顾也会损害盈利能力。

5. 他人（People）

许多服务依赖员工与顾客的直接接触和互动，这种互动性强烈影响顾客对服务质量的感知。顾客常常判断与他们打交道的服务人员，并以此为基础来评价服务质量。顾客对与其相遇的顾客，也如此判断。有鉴于此，成功的服务企业必须花大力气招聘、培训和激励员工，同时寻求规范引导顾客的行为。

6. 沟通与教育（Promotion and Education）

成功的营销离不开与顾客的有效沟通。沟通有 3 个重要的任务：提供所需的信息和建议、说服目标客户、鼓励目标客户购买。服务机构的沟通任务，从根本上讲就是提供服务的价值信息，引导顾客，告知服务的时间与地点，以及教授顾客如何参与服务过程。服务机构还必须选择有效的沟通途径。

7. 有形展示（Physical Evidence）

建筑物的外观、庭院、交通工具、室内装饰风格、设施、标识、员工、印刷品以及其他的可视物件都充当了服务质量的有形展示。有鉴于此，服务机构必须谨慎管理有形展示，因为会极大影响顾客对服务质量的印象。

8. 价格与其他使用成本（Price and Other User Costs）

这个方面主要是强调管理顾客为获得服务产品的价值所支付的总成本。管理者的任务包括传统上的定价、制定利润空间和信用条款，同时，还必须尽力降低顾客购买和消费服务产品的其他成本，包括时间、精神和生理付出以及不愉快的心理感觉。

（二）旅游市场营销学的研究对象

旅游市场营销学是一门年轻的、实践性很强的科学。自从 1978 年十一届三中全会实施改革开放以来，我国旅游业得到了长足的发展，旅游研究也呈现一种百家争鸣的局面。随着各地相继开发旅游景点，人文、地理、人工、天然的旅游景区比比皆是，旅游业竞争也日益激烈，这在一定程度上刺激了旅游市场营销活动的开展，包括旅游目的地企业、酒店业、旅行社在内的旅游营销主体开始利用市场营销的理论开展营销管理活动，旅游营销学的研究内容更加深入。

旅游市场营销学的研究对象：以市场为导向的旅游企业市场营销活动及其规律性。具体来说，旅游市场营销学的全部研究都是以旅游产品和旅游服务适销对路、扩大市场销售为中心而展开的，并为此提供理论、思路和方法。它的核心思想是企业必须面向市场、面向消费者；适应不断变化的环境并及时做出正确的反应；企业必须发挥自身的优势，比竞争者更好地为消费者或用户提供令人满意的各种商品或服务；并且要用最少的费用、最快的速度将产品送达用户手中；企业应该而且只能在消费者或用户的满足之中实现自己的各项目标。

第四节　中国旅游业的市场营销实践

我国改革开放后，随着社会经济的迅速发展，人们的生活水平有了很大提高，城乡居民普遍开始关注和重视自己的生活质量。于是度假、休闲等旅游需求急剧增加，国内旅游的发展如火如荼。随着我国改革开放和社会主义市场经济更加深入发展，新世纪的中国旅游业开始从新的经济增长点成为新的支柱产业，中国从世界旅游大国迈向世界旅游强国。中国旅游业正处于蓬勃发展时期，近年来取得了辉煌成就，中国旅游业已进入了一个前所未有的大发展时代。各地的旅游开发也蔚为壮观，旅游公司如雨后春笋般兴起，也纷纷展示了自己的优势；各企业加大宣传力度，极力吸引游客，形成了激烈的旅游市场营销竞争。面临这种现象，研究旅游市场营销十分必要。

一、我国旅游业总体概况

中国作为世界旅游资源第一大国，拥有着世界最大的国内旅游市场，并且2020年将成为世界最大的目的地国。在这种供需双向互动下，中国的旅游业前景辉煌。

1. 旅游消费需求总量迅速增大

据国家旅游局统计，2001年我国国内旅游者为7.84亿人次，国内旅游收入为3 522亿元人民币。到2020年我国国内旅游人数将达到19.82亿人次，大致相当于每个国民一年出游1.5次，国内旅游收入将达到30 436.6亿元，相当于2020年国内生产总值的8.7%左右，仅国内旅游的贡献就足以确立旅游业的支柱产业地位。2010年7月，国家旅游局公布2010年上半年全国旅游总收入突破1万亿元，比去年同期增长18%。2011年，我国旅游经济总体保持较快发展，国内旅游和出境旅游的增长均高于预期，国内出游人数达26.4亿人次，国内旅游收入19 306亿元，入境旅游人数13 542万人次，国际旅游外汇收入485亿美元。2012年，我国旅游经济总体运行平稳。三大市场中，国内旅游增长较快，出境旅游强劲增长，入境旅游先增后降。产业方面，企业经营业绩下降，投资局部偏热，高端旅游开始受到关注。在内需启动、消费升级以及国民收入不断提高的背景下，中国旅游业正步入黄金发展期。“十二五”时期，中国政府将旅游业培育成了国民经济的战略性支柱产业。

2. 国民的非工作时间更长，旅游休闲的机会更多

我国的“十五”规划纲要已经明确规定：在“十五”期间将推行职工带薪休假制度，合理调整居民的非工作时间，将增加3～4周，这就意味着国民的非工作时间将增至130～140天，闲暇时间的增多势必为国民创造更多的出游机会。2016年，我国工薪阶层一年出游1～2次已经成为寻常之事，大众旅游时代真正来临。

3. 国民出游的空间范围进一步扩大，出境旅游将成为国民的重要旅游活动

据世界旅游组织预测：到2020年，我国的出境旅游将跃居世界第四位，年出境人数将达到1亿人次。消费者出境旅游将从目前的边境、港澳、毗邻国家等近距离的出境旅游逐渐向中远程的洲际旅游转变，由目前的观光旅游逐渐向休闲度假旅游发展。2016年3月，《中华人民共和国国民经济和社会发展第十三个五年规划纲要》（以下简称《纲要》）全文发布，《纲要》中10余处直接提到旅游产业的发展。梳理《纲要》规划的重点内容和发展方向，可以看到未来我国旅游业将有以下几个旅游产品可能是发展速度较快的：乡村旅游、海洋旅游、教育旅游、养老旅游。

4. 旅游消费渐趋理性化、个性化

“半军事化、拉练式、追求看最多景点的观光旅游”逐渐转向“追求舒适静谧”为主要目的的休闲度假旅游和“体现个性审美”的民俗文化、生态环保、体育健身等特色旅游。

出游方式也将从目前“随团出游”逐渐转向自行组织、自驾私家车的“自助旅游”。

旅游资源深层次的开发、旅游市场的有效推广和旅游产业高效率的运营都离不开市场营销。显然，旅游市场营销，在未来的旅游事业发展进程当中，将会起到越来越重要的作用。

二、我国旅游市场营销存在的问题

社会主义市场经济体制的建立，要求旅游企业的生产经营导向由计划转向市场，但就我国大多数旅游企业而言，在营销方面仍然存在许多问题，其主要表现为以下五点：

（一）盲目削价竞争

许多旅行社把降价作为主要竞争手段。抛开套汇问题，这一报价远低于成本。从表面上看，通过套汇赚取差额后，旅行社仍然有利可图。且不论其做法是否违法，如果以这样的营销战略长期进行营销，只会影响旅游企业的产品形象，损害旅游企业自身利益。另外，外团降价还会影响国内旅游收入。

（二）忽视售后服务问题

现代旅游市场营销中，旅游产品是一个包含核心产品、有形产品和附加产品的整体概念。它不仅要求要给予旅游者生理上、物质上的满足，而且要给予旅游者心理上、精神上的满足。这就要求旅游企业把游客视作“上帝”并为之服务，否则必将被市场淘汰。现在绝大部分旅游企业没有一个较好的旅游产品售后服务体系，许多旅游企业认为这根本没有必要。

（三）法制意识淡薄

有的旅游企业为旅游者提供虚假的旅游服务信息，以贿赂手段拉拢顾客，诋毁其他旅游企业的声誉，有的甚至冒用其他旅游企业的品牌等。这种做法严重扰乱了旅游市场秩序，损坏了旅游企业形象，破坏了国家的法制，使旅游市场供需双方都受到不必要的损害。许多旅游企业除酒店行业外，大都采用的是承包经营的运作方式，特别是旅行社经营。许多经营者只顾经济利益而忽视法制化经营。结果造成因旅游合同未能履行而发生大量纠纷和旅游投诉。加强法制观念，用法律规范旅游市场营销中的行为，是我国旅游企业应注意的问题之一。从长远来看，依法办事是保护旅游企业和旅游消费者双方合法权益的必然选择。为了眼前利益而置国家的法律法规于不顾，最终只会使双方利益受损，并且会破坏旅游企业的对外形象，严重阻碍我国旅游业的健康发展。

（四）科技含量低

系统性不强，没有把网络技术的优势充分运用到旅游市场营销当中去。缺乏高质量、高品位的旅游营销策略。没有高科技的旅游营销支持，会制约旅游业的规范化、智能化、信息化和全球一体化的发展。许多旅游企业在经营运作过程中，手工劳动较多，缺乏对高科技、新技能的运用。以旅行社日常业务为例，大都停留在对电话、传真的使用上，基本没有旅行社运用互联网辅助日常业务工作。在信息化高度发展的今天，这样的营运模式显然是不能跟上时代发展需要的。

（五）追求短期销售目标

中国的很多旅游企业追求的是短期的销售目标，而不是长期的营销目标。没有几个部门或旅游企业在年初就拥有自己完整的《年度营销计划书》，更别说近、中、长期旅游营销规划了。他们不熟悉旅游产品策略、旅游价格策略、旅游销售渠道策略、旅游产品促销策略之间微妙而又复杂的关系，不太根据消费者需求心理去选择适合的推广对策、促销载体。旅游市场营销战略与营销计划尚停留在初级阶段，不能深度挖掘，更不用谈什么旅游市场营销计划控制、旅游市场营销成本利润控制、旅游市场营销信誉控制和战略控制。即便是对于推动作用较大的节事活动与公关活动的策划设计和执行方面，也是如此，大家都知道一个好的节事活动或公关活动将带来巨大的眼前效益和未来的间接效益。然而，更多地方却并不深谙市场运作的妙处，或者抄袭照搬别人的模式，或者在自己管辖的地盘里“鼓吹”一番，将举办该类活动的真正意义颠倒过来，结果劳民伤财，却达不到促销的真实目的。

三、解决旅游市场营销问题的建议

（一）制定价格标准

使各个旅游公司都能在规定的价格范围内进行有序竞争，对违反价格规定的旅游公司，行业协会应当给予相应的制裁。协会成员应当预先缴纳价格保证金，存到行业协会，当哪个公司出现问题，协会立刻扣罚该公司，同时，取消其协会成员资格，协会成员单位不许同其协作。

（二）建立旅游产品售后服务体系

旅游产品售后服务体系对于一个长期发展的旅游企业来说是非常重要的。它应包括：对游客售后服务满意程度的跟踪调查；获取旅游者对旅游产品的要求和意见；针对不同地区、不同年龄、不同层次的旅游者建立一个完备的资料库，以便今后在进行旅游市场营销及开发新的旅游产品时避免主观性和盲目性。另外，旅游产品售后服务体系的建立还可以帮助旅游企业树立良好企业形象，建立口碑效应，为今后旅游服务产品的市场营销工作打下良好的基础，这同时也是旅游业可持续发展的一个重要环节。

（三）对旅游从业人员的法律培训

在各级导游证考试当中要加强对法律知识的考核，鞭策导游人员自觉学习法律知识，强化法律意识。在旅游公司经营活动中，旅游监管部门要加强检查和监督，定期深入旅游市场，常抓不懈。聘请监督员，微服探察，适时进行监管，对有问题的单位责令其限期整改，达不到要求的要停业或吊销营业执照。

（四）重视旅游形象塑造

要视形象为生命，把旅游公司的形象宣传作为一项工作目标。要经常利用报纸、杂志、电视、电台等媒体，广泛宣传旅游公司和旅游服务项目、景点和产品；多组织展览、旅游形象大使巡游、旅游知识有奖竞赛、旅游摄影比赛、模特表演等活动，积极搅动旅游市场，让更多的人更加认识旅游公司和旅游景点。导游和其他旅游公司成员要在工作当中注意仪表、举止、言谈，恪守承诺，搞好服务，让游客有宾至如归的感受，使旅游市场淡季不淡，增加旅游收入。

（五）大力发展新媒体营销

从发展趋势来看，新媒体营销的实施是必然的。但互联网营销和传统营销只有紧密结合，扬长避短，才能更好、更快、更有效率地满足顾客需要。但现实中，企业在实施互联网营销时应该根据企业当时的外部环境和内部情况，比较互联网营销实施的投入成本和收益，最终决定是否采用互联网营销，多大程度上采用互联网营销，如何将互联网营销与传统营销结合起来，扬长避短。互联网营销还存在着很多弊病，比如付款方式、邮件浏览率低等问题，所以说互联网营销和传统营销需要紧密结合。只有这样，才能更好地发展旅游市场营销，从而促进旅游市场的繁荣兴旺。

综上所述，我国旅游产业蓬勃发展，现在进入营销主导时代的中国旅游业必须用科学、先进的旅游市场营销来武装自己，从而促进中国旅游业迅速朝健康有序的轨道高速发展。中国加入 WTO 使中国的旅游市场融入世界旅游市场竞争当中，这就要求我们更要积极研究旅游市场营销，把现代先进的旅游市场营销理念引入中国旅游事业。整合营销传播理论已经被认为是 21 世纪制胜市场的关键。我们一定要将这个先进的理念与中国旅游业的实际情况紧密结合起来，运用整合营销传播理论，大力发展网络营销，同时要加强网络营销与传统营销方式的结合，促使中国的旅游市场尽快走向成熟，为我国实现 2020 年旅游发展目标，全面建设小康社会起推动作用。

知识归纳

市场是社会分工和商品经济发展到一定程度的产物，狭义的市场指的是商品交换的场所，广义的市场则是由那些具有特定需要或欲望，愿意并能够通过交换来满足这种需要或欲望的全部顾客所构成的力量总和，这种市场范围，既可以指一定的区域，也可以指一定的商品，甚至还可指某一类经营方式等。

市场营销是个人和群体通过创造产品和价值，并同他人进行交换以获得所需所欲的一种社会管理过程。

市场营销观念是企业开展市场营销工作的指导思想或者说企业的经营思想，它集中反映了企业以什么态度和思想方法去看待和处理组织、顾客和社会三者之间的利益关系。市场营销观念经历了生产观念、产品观念、推销观念、市场营销观念和社会营销观念五种不同的观念阶段。

市场营销组合就是企业为了赢得目标市场，满足旅游消费者需求，加以整合、协调使用的可控营销变量的组合搭配。营销组合从 4Ps 向 6Ps 和 10Ps 转变，新时代需求下产生了新的 4Cs 组合。针对旅游服务产品的特点，全新的 8Ps 组合要素的内容补充了传统有形产品的 4Ps 在旅游服务产品营销组合战略上的不足。

旅游市场营销学是在经济学、行为科学等学科基础上发展起来的，它重点研究以市场为导向的企业市场营销活动及其规律性，采用了产品、机构、职能、历史、管理、系统等六种研究方法。旅游市场营销学是一门动态发展的学科，随着经济社会的发展变化而不断地更新内容。

案例解析

洛杉矶旅游营销模式带来的启示

洛杉矶旅游发展的成功不仅与其电影文化背景下丰富的旅游资源、完善的交通体系下的旅游枢纽建设、优质的旅游配套服务密切相关，有针对性的目的地营销模式更是推动洛杉矶入境旅游快速增长的动力。洛杉矶旅游局以“Hello LA”为主题的针对中国市场的营销是个整合型项目。针对中国游客的出游特征以及个性化和多样化需求，洛杉矶旅游局不仅在旅游营销方式上实现整合创新，而且为中国游客量身定制各类旅游产品与服务，打造洛杉矶旅游品牌。精准的目标市场选择、多样化的目的地品牌形象推广、国内外业界合作、领袖人物现身说法，形成了独特的“洛杉矶旅游营销模式”，为我国旅游目的地的海外营销提供了借鉴。

一、中国北上广——精准的营销目标市场选择

洛杉矶是美国往来亚洲的第一大门户，美国第二大华人社区，探亲旅游每年吸引着大量的华人。从洛杉矶往返中国的航班数量居全美之首，北京、上海、广州与洛杉矶之间每天有近 20 个航班往返。洛杉矶旅游局锁定中国庞大的出境旅游市场，依托北京、上海、广州直飞航班的交通枢纽优势，将中国出境游客量最大的北京、上海、广州作为目标市场，有针对性地开展旅游营销活动。为了实现更加全面和精准的旅游营销，洛杉矶旅游局于 2006 年、2013 年和 2015 年分别在北京、上海和广州设立办事处，成为全美第一个在中国开设全职办事处的市级旅游营销机构。洛杉矶旅游局驻华办事处成为沟通洛杉矶与中国游客的重要桥梁，是洛杉矶旅游营销活动的主要执行机构，为洛杉矶有针对性地对北京、上海、广州开展城市线上线下营销提供了便利。

二、线上线下互动——目的地品牌形象推广

洛杉矶旅游局以“Hello LA”为营销口号，朗朗上口的标语不仅容易识记，更传达出洛杉矶对游客的开放与欢迎。好莱坞电影文化是洛杉矶最主要的旅游吸引物，也是洛杉矶品牌形象的重要代表。洛杉矶旅游局积极开展各类线上线下活动。线下推广方面，直观生动地将巨型的好莱坞标志、星光璀璨的红毯、时尚动感的购物场景等洛杉矶形象标识遍布在北京、上海和广州的各大交通枢纽站，有效提升目的地的知名度。线上推广方面，洛杉矶旅游局中文官网 HelloLA. cn 于 2014 年初正式上线，从吃、住、行、游、购、娱等多个角度全方位展现活力四射的娱乐之城洛杉矶，网站创新性地引入第三方“旅游达人体验”分享平台，借旅游达人的“口”，实现旅游营销的真实性与说服力，成为展示洛杉矶旅游品牌与形象的重要窗口。洛杉矶旅游宣传片《电影带你去旅行》，生动形象地展示洛杉矶的电影文化底蕴，将这座国际化娱乐大都市展现在人们面前。洛杉矶旅游局官方微博与微信公众号更是洛杉矶旅游形象推广的重要阵地。官方微博粉丝数量截至 2015 年 12 月已达 145. 5 万人，并借助大量的微博活动，实现与粉丝的良好互动，传递洛杉矶品牌形象。

三、拓宽产品销售渠道——国内外业界合作与推广

加强与旅游业内同行的合作，拓宽旅游产品的销售渠道，是洛杉矶旅游局对华营销的另一法宝。洛杉矶旅游局拥有美国亚洲旅行社、美国旅游国际公司、中美旅游等 16 家会

员旅行社，并与洛杉矶国际机场、美国运通、好莱坞环球影城在游客输送、游客支付以及旅游营销方面紧密合作，共同为中国游客提供优质服务。同时，洛杉矶旅游局加大与中国旅游业内同行旅行社、线上OTA、旅游营销机构联合，借助同行平台实现旅游产品的销售与推广。

四、市长访华行——领袖人物现身说法

洛杉矶旅游局于2014年11月举办的“市长中国行”活动，借助节事营销与领袖人物的轰动效应，引入新媒体营销方式，在与民众互动中实现“发现洛杉矶”营销与推广，树立目的地品牌形象。市长作为领袖人物，其访华活动引起了国内外媒体的关注与争相报道，其友善亲切的形象、风趣幽默的谈吐和学贯中西的文化底蕴成为人们对洛杉矶旅游形象的初次认识。洛杉矶旅游局抓紧市长访华的契机，通过微信公众平台、新浪微博等新媒体在前期对活动进行预热，在市长访华期间进行实时播报，扩大事件的影响力。为实现与中国大众更好的互动，洛杉矶旅游局采取有奖竞答与有奖转发的方式植入式介绍洛杉矶旅游景点，让人们伴随着市长访华一道“发现洛杉矶”。市长访华并未随着活动的结束就淡去，而是随着优酷平台上《老友记》的播出持续升温。贾塞提市长作为洛杉矶最年轻的市长，他在节目中与观众分享的洛杉矶旅游体验，以及他在洛杉矶旅游宣传片中才华横溢的形象都展示着洛杉矶这个国际大都市的文化底蕴与魅力。

五、优质产品与服务——旅游营销的持续动力

优质的产品与服务是旅游目的地吸引游客的持久动力。为吸引更多的中国游客赴洛杉矶旅游并实现更高的游客重游率，洛杉矶旅游局针对中国游客开展“乐购洛杉矶”活动，推出医疗旅游产品，并开展“China-Ready”旅游项目认证活动。洛杉矶旅游局为满足全球奢侈品消费的主力军中国游客的海外购物需求，推出“乐购洛杉矶”活动，精心准备了4万份纸质版“乐购洛杉矶”购物指南，并提供高品质的购物环境，以刺激游客在洛杉矶的购物冲动，同时提升洛城购物天堂的形象。洛杉矶旅游局看到了全球快速增长的医疗旅游产业以及中国公民医疗保健出境旅游的广阔前景，联合洛杉矶西达—塞纳医疗中心、洛杉矶儿童医院等五家顶级医疗机构，与中国南方航空公司以及京沪穗深等地相关机构签署合作备忘录，推出了多款以疾病预防和健康体检为主题的医疗旅游产品。为提升中国游客在洛杉矶的旅游质量，洛杉矶旅游局推出“面向中国”（China-Ready）旅游项目认证。该项目不仅为旅游从业人员提供面向中国游客服务的专项培训，而且为符合条件的商家提供项目认证，培育一批代表洛杉矶的“形象大使”。游客在洛杉矶可以享受中文讲解、中文导购、中文导览等全方位的优质服务，令游客产生归属感与独特的地方依恋。该项目的实施不仅鼓励中国游客延长逗留时间，确保其在洛杉矶获得高质量的旅游体验，而且帮助洛杉矶旅游从业者从接待中国游客的业务中获得更大的利益，实现洛杉矶旅游业的可持续发展。

（资料来源：旅游圈 http：//www.dotour.cn/article/20538.html，2016.3.14）

思考与讨论：

1. 分析洛杉矶城市旅游的营销观念。
2. 洛杉矶在旅游市场营销方面值得我们借鉴的经验有哪些？请举例说明。

复习思考

1. 什么是市场？市场由哪些要素构成？
2. 市场营销管理理念经历了怎样的发展历程？
3. 有形产品的4Ps 的营销组合在旅游产品的应用中有哪些不足？
4. 通过本课程的学习，你认为当下学习旅游市场营销学课程有哪些实际意义？

实务训练

根据班级人数进行分组，每组8人左右为宜，以小组为单位搜集相关资料和数据，充分讨论后形成小组的讨论报告。

1. 讨论不同阶段的营销观念存在的合理性。
2. 讨论快速的科技发展对旅游业发展前景的影响。

模块二　营销调研与分析

第二章

旅游市场营销环境分析

学习目标

通过本章的学习，使学生：

1. 理解旅游市场宏观环境因素；
2. 理解旅游市场微观环境因素；
3. 掌握旅游企业进行市场环境分析的基本方法。

实训要求

培养学生运用 SWOT 分析的方法分析旅游企业营销过程中可能遇到的各种机会与挑战。

案例导入

“购物天堂”变“港囧”：访港人次和零售额双双大跌

2015 年 4 月的清明节和复活节假期期间，包含内地游客在内的抵达香港旅游的游客总人数下降 12.4%。2016 年 2 月，香港迪士尼披露 2015 年业绩，全年净亏 1.48 亿港元，为 2012 年来首次亏损。受到旅游业寒潮影响的不仅仅是迪士尼乐园，香港的另一家大型主题乐园——香港海洋公园日前发布报告称，在刚刚过去的春节期间，海洋公园内地旅游团人数录得双位数跌幅。报告同时指出，2015 年全年该园入场人数跌幅达到 14%。海洋公园行政总裁 Tom Mehrmann 对媒体表示，2015 年 7 月时，内地游客数量还占入园游客人数一半以上，现在已经跌至四成。Tom Mehrmann 预计，未来这一跌幅恐还将继续一段时间。

由内地游客减少而引起的这一场寒潮可谓旷日持久。自 2014 年第三季度以来，香港的旅游业开始每况愈下。根据香港旅游发展局 2016 年 1 月 29 日公布的最新数据显示，2015 年访港旅客有 5 930.7 万人次，比 2014 年下跌 2.5%；其中内地旅客为 4 584.2 万人次，相比 2014 年下跌 3.0%，内地过夜旅客人次则下跌 5.7% 至 1 799.6 万。整体访港旅游人数已经持续7个月下跌。原来被寄予厚望的“圣诞折扣季”也未能为香港带来一丝暖意。2015年12月内地访港游客仅372万，以15.5%的跌幅创下2015年单月下跌最大幅度纪录。

尽管旅游业在香港四大支柱产业中占比最小，但自2003年内地居民赴港“自由行”开放以来，香港旅游业的增加值和就业人数增幅长期占据四大支柱产业之首。香港零售管理协会主席麦瑞琼日前表示，香港过去太习惯于动辄十几个百分点的增长，目前甚至可能仍要持续的旅游寒冬，对港人来说，可谓是一个不小的挑战。

2003年7月，为了支持香港应对非典疫情的冲击，发展经济、改善民生，中央政府应港府要求推出了内地居民赴港“自由行”，首批试点4个城市。此后几年，“自由行”逐步扩大到内地49个城市。2009年，为帮助香港应对国际金融危机，内地又开放“一签多行”，即允许符合条件的深圳户籍居民申办一年多次往返香港签注。“自由行”10年间，香港批发与零售业占GDP比例由2.9%上升至5.3%。根据香港出入境的统计数据，每年访港的游客接近6 000万，其中，内地访港游客数量2003—2013年每年增幅在10.1%至34.5%，平均每年增长23.6%。其中，持“一签多行”签证的游客由2009年的150万人次增长到约1 200万人次，占据全部内地访港游客的一半左右。旅游业的蓬勃发展给香港的零售行业带来了黄金时期。根据香港统计处的数据，2003年，香港批发及零售业的生产总值为351.4亿元，占当年GDP的2.9%。10年后的2013年，香港批发及零售业的生产总值达到1 102亿元，占当年GDP的5.3%。零售业就业人数也以平均每年2.2%的速度稳步增长。2015年赴港旅游人次见表2-1。

即使有漂亮的数字作为最有说服力的成果体现，“自由行”政策带给香港的“痛痒”也不可忽视。旅游人次带来的零售利润使得大量的金铺、药房取代旧日的茶餐厅，平价老店涌入繁华街道，当地人的日常生活节奏受到一定程度的影响。将原来在香港出售的产品带回内地贩卖从而赚取差价获利的“水货客”也开始变得日渐猖獗，香港部分物价开始上涨，本地出现物品不足难以满足港人需求的现象，旅游设施也开始出现接待能力不足的问题。“自由行”暴露出的问题让双方都无法回避。

表2-1　2015年赴港旅游人次一览

月份	赴港旅游人次	同比增长（%）	内地赴港旅游人次	同比增长（%）
1	5 609 698	2.8	4 490 420	3.3
2	5 405 689	22.4	4 551 825	31.6
3	4 405 298	-8.7	3 240 825	-10
4	4 789 112	0.9	3 604 713	1.0
5	4 756 215	3.6	3 625 308	5.0
6	4 361 228	-2.9	3 333 433	-1.8
7	4 923 431	-8.4	3 845 273	-9.8
8	5 614 852	-6.6	4 550 148	-7.1
9	4 558 800	-4.0	3 509 432	-4.7
10	5 073 494	-2.7	3 857 542	-4.2
11	4 748 715	-10.4	3 512 410	-15.5
12	5 061 064	-10.7	3 721 049	-15.5

（数据来源：香港特区旅游发展局 http://www.discoverhongkong.com/china/index.jsp）

2015 年 4 月，深圳市公安局出入境管理部门开始停止向深圳市居民签发香港“一签多行”签注，改为一周一行。诸多因素影响下，访港人数随即有了显著变化。2015 年 6 月开始，访港人数连续出现 7 个月跌幅。

中国银行（香港）有限公司高级经济研究员蔡永雄表示，过去访港旅客人次持续大幅增加，加深了本地社会对香港旅游业承受能力的忧虑，零团费强迫购物、“限奶令”、反水货运动、售卖假货、欺骗旅客等，均难免会影响内地旅客访港的热情，并对香港旅游业的声誉造成打击。香港旅游界立法会议员姚思荣表示，香港旅游业自 2014 年第三季度开始便已走上下坡路，除却香港本地少数人的不友好态度外，日本、韩国等邻近国家签证放宽，服务水平高，港府年初由“一签多行”改至“一周一行”，在一定程度上导致内地游客在“黄金周”考虑转往其他周边国家旅游。蔡永雄进一步表示，全球经济表现欠佳及港币汇率升值都影响到了香港旅游业的竞争能力。他表示，从近期香港旅游业的数据看，过夜旅客减少及其消费力转弱是本港旅游业不景气的主因。其中，来自各主要市场的旅客人次和消费能力均有所下降，相信部分原因与全球经济复苏乏善可陈有关，这难免会影响境外旅游的需求。此外，在美国加息预期升温的背景下，港元被动跟随美元同步升值，在目前全球经济表现不太理想的情况下，港元升值大大影响了本港对外的竞争力。

为了应对旅游业发展低潮，香港特首梁振英在 2016 年 1 月 13 日公布的施政报告中指出，政府将向香港旅游发展局拨出 8 000 万港元，并另外拨出 1 000 万港元的配对基金，支持旅游景点在海外市场宣传。早前为吸引游客，香港旅游发展局曾推出了长达半年的促销活动，不仅为到达香港的旅客准备了欢迎礼包，还联合香港本地零售及餐饮商户、景点及酒店提供了超过 240 万份的奖品来吸引到港旅客消费。此外，香港政府联合旅游业界整顿旅游团乱象，加强“零负团费”内地入境团的规管工作，目的是减少“零负团费”衍生的不良效果。此外，香港政府也在进一步扩展香港旅游项目，不仅在沙田修建新的旅游购物城，开通近 100 辆穿梭巴士接载游客，同时在大屿山发展旅游观光项目。

（资料来源：旅游圈 http：//www. dotour. cn/article/20122. html，2016. 2. 23）

第一节　旅游市场营销环境概述

现代旅游企业处在一个开放式的管理系统中，它的经营活动与社会各方面有着千丝万缕的联系，就像鱼儿离不开水，鸟儿离不开森林一样，任何旅游企业都不能离开旅游市场营销环境而独立生存。旅游企业处在一个动态的、复杂的环境中，是在各种宏观环境和微观环境不断变化的条件下开展经营活动的。分析旅游市场营销环境，就在于能够让旅游企业驾驭市场环境，充分利用环境机会，有效化解环境威胁，增强旅游市场营销战略、营销策略与环境的适应性。

一、旅游市场营销环境的概念

环境是指事物周围的情况和条件。旅游市场的一切营销活动，总是在一定的时间、空间条件下开展的，离开了必要的时空条件，旅游市场营销就无法进行，这一条件就是指旅游市场营销环境。菲利普·科特勒认为：“企业的营销环境是由企业的营销管理职能外部因素和力量组成的。”从这个意义上来讲，旅游市场营销环境就是旅游企业的生存空间，它是影响旅游企业营销目标实现的各种动态因素。一般来说，旅游市场营销环境主要包括两方面的构成要素，一是微观环境，二是宏观环境。微观环境直接影响和制约企业的市场营销活动，而宏观环境主要以微观营销环境为媒介间接影响和制约企业的市场营销活动。

二、旅游市场营销环境的特点

旅游企业市场营销环境既广泛又复杂，各因素之间又存在交叉作用，因此是一个多因素、多层次而且不断变化的综合体。旅游市场营销环境主要有以下几个特点：

（一）系统性

旅游活动是一项综合性很强的活动，它包含了吃、住、行、游、购、娱等方方面面的活动。与之相对应，旅游市场营销环境也覆盖了各个层面，既有内部环境，又有外部环境，既有微观环境，又有宏观环境。这些环境相互影响，共同构成环境系统，从多方面影响旅游企业的市场营销活动。

（二）动态性

世界处于一个不断运动的过程中，运动总是绝对的，静止是相对的。旅游市场营销的环境总是不断变化的，尽管有时变化较为缓慢，表面看起来比较稳定，但实际上是在动态中保持平衡。旅游业是综合性产业，受环境的影响尤其明显。例如，近几年国际形势跌宕起伏，日本等发达国家的经济陷入低潮，经济的衰退和日元的贬值，使得许多原本爱旅游的日本人放弃了到欧美等地的远程旅游；再如，美国 2001 年“9 · 11”恐怖事件发生后，2001 年 9 月中下旬后，世界出境旅游人数骤减。正因为旅游市场营销环境的动态性，给旅游企业的营销活动带来了很大的风险与难度，旅游企业必须随着环境的变化而调整营销战略和策略，灵敏地适应各种环境。

（三）复杂性

旅游市场营销环境是由各种相互关联的内、外部因素所组成，它包含的内容非常广泛，而各内外因素之间又充满着矛盾和冲突，呈现出复杂性的特征。例如，中国加入了 WTO，国内旅游企业将会拥有更多的国际旅游市场机会，但是大量的国际旅游饭店集团、外资旅行社企业也纷纷进入中国市场，成为中国旅游企业最强大的竞争对手，中国民族旅游企业面临着巨大的压力，受到了强有力的挑战。面对着错综复杂的旅游市场环境，旅游企业必须认真对待，细致分析，积极应对。

（四）差异性

旅游市场营销环境的差异性不仅表现在不同旅游企业受不同环境的影响，而且，同样一种环境因素的变化对不同企业的影响也不相同。不同的国家、民族、地区之间在人口、经济、社会文化、政治、法律、宗教等各方面存在广泛的差异性，这些差异对企业营销活动的影响显然是很不相同的。外界环境因素对旅游企业作用的差异性，导致企业为适应环境的变化所采取的营销策略各有特点。

第二节　旅游市场营销的宏观环境

旅游市场宏观环境是指那些给旅游企业造成市场机会和威胁的外部主要力量。每一个宏观环境因素都可能带来机会或威胁，对任何一个旅游企业来讲，都是无法回避的，也是无法控制的。旅游市场的宏观环境主要由政治法律环境、经济环境、社会文化环境、人口环境、科学技术环境五大环境因素构成。这五大环境因素都是旅游市场营销的重要影响因素。

一、政治法律环境

政治法律环境是旅游企业市场营销活动所处的外部政治法律形势和制度状况。一个国家的政治形势、法律制度、方针政策都会对旅游企业的营销活动产生影响。如果一个国家政局稳定，旅游者就有安全感，旅游市场就会面临着较多的机会；相反，一个国家的政局动荡，该国的旅游业就会受到很大的冲击。2001 年，美国发动了推翻塔里班的战争，导致阿富汗大量平民流离失所。人们每天连最基本的人身安全都得不到保障，不可能有好心情外出旅游度假。在这段时期，即使未被卷入战争的周边国家，诸如巴基斯坦、伊朗、乌兹别克斯坦等国的旅游业也受到了牵连。2015 年 11 月，遭“伊斯兰国”绑架的中国公民不幸遇害，我国外交部再次提醒：叙利亚、伊拉克、也门及土耳其与叙利亚边境等高危地区安全形势紧张复杂，恐怖袭击、爆炸、绑架等恶性事件频繁发生，出境的中国公民须密切关注海外安全形势，避免前往上述地区，也是这个道理。由于政治法律环境对一个国家的旅游业影响极大，旅游企业在进行旅游营销活动时，应时刻关注政治法律环境的变化，以便及时采取应对措施，抓住机会，降低风险，减轻损失。政治法律环境及其影响具体包括以下几方面的内容：

（一）国家法律制度

旅游企业必须懂得所在国家和客源国的旅游相关法律和法规并自觉遵守，才能在国内和国际营销中争取主动。还有些立法条款对旅游娱乐的消费需求会产生重大影响，比如某些地区关于喝酒者年龄限制的规定，交通运输中关于铁路客运票价、航空票价条款的规定，旅游娱乐消费税和扣除额的规定等都影响着旅游者的消费行为，从而影响旅游企业的营销。再如，自从我国开始实行每周五天工作制以来，居民大量参与到地区旅游当中，到市郊的风景游览点一日游或两日游。因此，接待的旅游企业就可针对法规调整自己的营销策略以适应市场的变化。

随着旅游业的发展，我国旅游市场的问题也日渐暴露。例如，旅游合同规定的住宿、交通工具的标准没有得到严格执行；少数导游与不法旅游购物店“宰客”，赚取高额回扣；旅游景点游览的时间得不到保障等。为解决这些问题，全国各大重要的旅游城市都纷纷建立起了旅游协会和旅游质量监督所，公开接受旅游消费者的投诉。2013 年 4 月 25 日，《中华人民共和国旅游法》（以下简称《旅游法》）经十二届全国人大常委会第二次会议通过，从 2013 年 10 月 1 日起开始施行。从《旅游法》的内容看，出现了一些实质性变化。一是以自由活动代替购物，《旅游法》规定：旅行社组织、接待旅游者，不得指定具体购物场所，不得安排旅游者购物。而欧美等地的奥特莱斯、巴黎春天等购物圣地，导游也不得带着游客前往。若游客本身有购物需求，可以在行程中的自由活动时间内自愿前往。二是小费包含在团费中，《旅游法》规定：导游和领队禁止向旅游者索取小费，不能诱导、欺骗、强迫或者变相强迫旅游者购物或参加另行付费旅游项目等。以往游客在境外旅游过程中，领队或导游经常会要求付给地陪或者司机师傅小费。通常都是领队和导游要多少钱，游客就给多少钱，但到底该不该给小费、该给多少小费，却没有人知道。将小费写到旅游合同中，既让游客明确知道在当地花了多少小费，也可以有效控制当地导游乱收小费的情况。三是自费项目全部取消，《旅游法》规定：旅行社组织、接待旅游者，不得安排另行付费旅游项目。以往游客报名低价团，旅行社为了降低团费，连一些必去的景点都改成自费项目。比如去法国旅游，凡尔赛宫的门票费需要游客自理，非常不合理。2013 年国庆假期过后，这些“必去”的景点全部含在团费中，游客不用再掏一分钱，当然团费价格也会相应地上涨。旅游法律制度必然会影响到每个旅游经营企业的市场营销活动。

国家有关部门制定的有关法律对旅游市场营销活动同样具有约束力。如《中华人民共和国自然保护区条例》《野生动物保护条例》《野生植物保护条例》《中华人民共和国文物保护法》《中华人民共和国环境保护法》《中华人民共和国水污染防治法》《中华人民共和国消防条例》《娱乐场所管理条例》《旅游安全管理暂行办法》等，这些法律法规都规定了旅游企业在从事经营活动时必须遵守的行为规范。

（二）国家方针政策

旅游企业作为国民经济的细胞，其旅游市场营销活动必然会受到国家各项方针政策的制约。旅游企业要自觉接受国家的行业管理，随时注意研究不同时期的各项具体方针和政策。

改革开放之后的较长一段时间里，我国旅游业大力发展入境旅游，千方百计地为国家赚取外汇。1997 年，“大力发展入境旅游，积极发展国内旅游，适度发展出境旅游”旅游发展方针提出来，国内旅游被给予了高度的重视。自 20 世纪末开始实施黄金周制度以来，假日旅游如狂飙般异军突起，从 1999 年“十一”国庆大假到 2015 年“十一”国庆大假，仅黄金周期间旅游人数就由 4 000 万人次快速攀升至 7.5 亿多人次，使国内旅游快速向大众化消费方向发展，但总体呈现粗放式增长。

我国在“十一五”规划时期，国内旅游由“积极发展”调整为“全面提升”，这是在当时形势下对国内旅游的战略性要求，也是与建设全面小康社会、实现旅游强国目标紧密相连的。当时已超过 10 亿人次、占旅游总收入 70% 的国内旅游成为是我国旅游业重要的发展基础。全面提升国内旅游，就是要进一步加强旅游基础设施建设；加强旅游景区精品化建设；提高旅游饭店管理水平和服务质量；完善旅游黄金周制度；提升假日旅游组织协调水平；建立健全旅游公共服务体系；完善旅游安全救援、信息引导、咨询服务、预订服务、纠纷处理机制。

“十二五”规划中，以信息化为代表的科技进步以及现代商业模式的创新，推动了我国旅游业的转型升级。随着信息技术和知识经济的发展，用现代化的新技术、新装备改造和提升旅游业，成为这个时期旅游业发展的新趋势。“十二五”期间，对外开放不断扩大，出境旅游的发展为旅游业的国际化提供了有利的市场环境。我国和世界主要大国、周边国家、发展中国家等的关系持续平稳发展，中国——东盟自由贸易区已正式启动，一批跨境经济技术合作规划已经在编制。我国还实施了互利共赢的开发战略，进一步提高了对外开放水平，我国旅游业的开放水平也不断提高。我国与其他国家和地区、国际组织的旅游交流合作蓬勃发展，我国已提前兑现“入世”关于旅游业的各项承诺，目前国际上著名旅游集团几乎全部进入中国，外资进入中国旅游业呈加速态势，并向二、三线城市纵深发展。与此同时，“十三五”规划已经启动，我国出境旅游继续持续快速增长，推动了我国旅游企业更快地“走出去”，使得中国旅游业越来越融入全球化发展的大格局当中。

而政府对出国旅游签证的控制也直接影响到出境旅游情况。简化烦琐的入关手续可以吸引更多的国外旅游者。反之，手续复杂的报关令相当部分的潜在旅游者闻风却步。此外，国家其他政府部门对旅游服务的质量和标准进行的一定程度的控制、两国外交关系等都会影响着旅游产业的发展。例如，2013 年许多国家进一步完善简化了对华签证政策：美国首次向中国公众提供在线预约服务，荷兰规定可邮递材料和申请，约旦国可申请落地签证。2016 年 3 月 1 日—12 月 31 日，马来西亚对中国赴马游客实行免签；赴法签证办理也只需要 2 天时间；中国游客可“一站式”申请英签证和申根签证。这些都是对中国游客赴外旅游的利好消息。

这么多年我国旅游业的发展方针在不断变化，旅游经营企业只有不断学习、研究，在整体发展战略和方针的指导下，更准确地看清楚未来旅游业的发展趋势，更精准地做好旅游市场营销活动。

二、经济环境

经济环境是指一定时期国家或地区的国民经济发展的状况，是旅游企业市场营销活动所面临的外部经济条件，表现为影响消费者购买力和支出结构的各种因素。它是旅游企业开展市场营销活动的基础。经济环境主要包含以下内容：

（一）个人可自由支配收入

旅游者进行旅游活动，一般要具有三个条件：旅游动机、足够的闲暇时间及个人可自由支配收入。个人可自由支配收入可以衡量一个国家或地区的消费者市场的容量和购买力水平，通常一个家庭可支配收入的高低决定着这个家庭消费水平的高低及这个家庭实现旅游愿望可能性的大小。世界旅游业最发达的国家集中在经济发达的欧美等国，这些国家的个人旅游消费占个人收入 4% ~6%。当一个家庭的收入不足以购买生活必需品时，这个家庭就很少会有外出旅游的打算。当然，并不是收入达到一定水平时就一定会外出旅游，有时这些收入往往被用来购买汽车、住房、教育等，还可能储蓄起来。这需要旅游市场营销人员善于创造机会、把握机会，以不断吸引现实的和潜在的旅游消费者购买旅游产品，扩大旅游消费者市场的容量。

★小贴士　**可自由支配收入是什么？**

可自由支配收入是指居民在一定时期内的全部收入，在扣除社会花费（个人所得税、健康和人寿保险老年退休的预支、失业补贴的预支等），和日常生活必需消费（衣、食、住、行等）以及预防意外开支的储蓄（突发事故所需费用）之后，剩下的收入部分。

（二）国民生产总值

国民生产总值（GNP）是一个国家某一时期内所生产和提供的以市场价格计算的最终

产品与劳务的市场价值总和。GNP 增长对一个国家的个人收入水平、消费结构等有着很大的影响。当某个国家或地区的经济增长速度较快、家庭收入增多时，旅游消费的支出也会相应地增加，选择远距离旅游的可能性也就增加，旅游市场机会也就越多。有研究表明，当人均 GNP（即国民生产总值除以总人口）达到 300 美元时，人们就会产生近距离的旅游需求；当人均 GNP 达到 1 000 美元时，人们会产生跨国的区域性旅游需求；当人均 GNP 达到 3 000 美元时，人们就会产生了跨国的洲际旅游需求。可见，国民生产总值对旅游市场的发展是何等的重要。一个国家或地区的 GNP 不断增加对旅游业的发展起着十分重要的推动作用。中国政治稳定、经济繁荣、人口数量名列世界第一，旅游市场存在着无限的商机和巨大的潜力。

★小贴士

GNP 与 GDP 的区别

国内生产总值（GDP）是按市场价格计算的国内生产总值的简称，它是一个国家（地区）所有常住单位在一定时期内生产活动的最终成果。GDP 是国民经济核算的核心指标，也是衡量一个国家或地区经济状况和发展水平的重要指标。国民生产总值（GNP）是一个国民概念，是指某国国民所拥有的全部生产要素在一定时期内所生产的最终产品的市场价值。因此，一个在中国工作的美国公民的收入要计入美国的 GNP 中，不计入美国的 GDP 中，而计入中国的 GDP 中。GDP 相对于 GNP 来说是衡量国内就业潜力的更好指标，且易于测量。

（三）消费支出模式

所谓消费者支出模式，是指消费者收入变动与需求结构之间的对应关系，也就是常说的支出结构。在收入一定的情况下，消费者会根据消费的急需程度，对自己的消费项目进行排序，一般先满足排序在前的，即主要的消费，如温饱和治病肯定是第一位的消费，其次是住、行和教育；再次是舒适型、提高型的消费，如保健、娱乐等。消费者支出模式主要受到消费者收入的影响，随着消费者收入的变化，消费者支出的模式也会发生相应的变化。一般而言，恩格尔系数越小，表明该国人民或该家庭的生活越富裕，越可能产生旅游需求；反之，该国人民或家庭的生活越贫困，旅游的可能性就越小。

★小贴士

恩格尔系数是什么？

德国统计学家恩斯特·恩格尔（Ernest Engel，1821—1896）早在 19 世纪就提出了著名的恩格尔定律。

（1）随着家庭日常收入的增加，用于购买食品的支出占家庭收入的比重就会下降；

（2）随着家庭收入的增加，用于购买住宅的支出比重保持不变；

（3）随着家庭收入的增加，用于购买服装、交通、娱乐、教育以及用于储蓄等支出比重会上升。

用于食品开支与家庭消费支出总额之比得出的数据就是恩格尔系数。它是衡量一个国家、城市、家庭的生活水平高低的标准。恩格尔系数在60%以上的属于绝对贫困，在50%～59%的为勉强度日，在40%～49%的为小康水平，在20%～39%的为富裕，在20%以下的为最富。美国恩格尔系数仅为16%～17%，美国人年平均出游次数较多，用于旅游支出也较高。随着经济收入的增长，中国的恩格尔系数在逐步下降，目前已降到了50%以下，跨过了温饱线。

中国的旅游消费也在不断地增长，特别是中国出境游的消费水平不断提高。据《中国旅游绿皮书》报道，中国游客平均每人每次在澳大利亚消费达3 000美元，在美国消费高达5 500美元，中国公民每年出境游总支出在200亿美元以上，中国游客在旅游地的消费支出高于到该旅游地的游客平均消费水平。由于高额的旅游消费，中国旅游者成为世界各国争夺的焦点。据报道，土耳其政府曾将2002年定为“中国游客年”，在其国内大力推动学习中文的热潮；而远在北欧的芬兰旅游机构也不甘落后，于2001年曾提出口号：“明年春节，我们可以为中国人在北极圈里煮饺子。”不少国家争相要求成为中国游客的旅游目的地国。2013年，我国出境旅游达9 819万人次。截至2014年，已经有150个国家和地区成为中国公民出境旅游目的地。

（四）国际收支状况

国际收支状况也是影响一个国家或地区旅游市场的重要因素。当一国的国际收支出现逆差时，本国的货币就会有贬值的压力。一旦本国货币贬值，会导致入境旅游价格的下降和出境旅游价格的提高。一些国家的政府往往会采取鼓励入境旅游和限制出境旅游的相关政策。例如，20世纪90年代后期，东南亚爆发金融危机，泰国的经济遭到沉重打击，泰铢大幅贬值，其中旅游业也不可避免地受到了严重的冲击，泰国政府迅速出台了多项鼓励和优惠的政策，以低价格和优质的服务等方式吸引外国旅游者来本国旅游消费。相反，当一国的国际收支出现顺差时，本国的货币就有升值的要求。一旦本国货币升值，就会导致入境旅游价格的提高和出境旅游价格的下降。

一些外汇节余较多的国家除继续鼓励外国旅游者来本国旅游外，也会采取鼓励本国公民出国旅游的政策。同样在东南亚金融危机期间，由于货币不断贬值，许多国家制定出境税等相关政策，以限制本国居民出境旅游，使我国损失了大量的东南亚游客。但中国当时人民币相当坚挺，又加上“韩国游”及“新、马、泰游”的旅游价格相对较低，有的价格甚至还远远低于国内旅游线路的报价，中国政府相应放宽了对出境旅游的限制，国内许多旅游者抓住机会，去东南亚国家旅游，圆了自己出国游的梦想。所以，国际收支状况对旅游市场的影响是很大的，旅游企业在营销活动中，一定要充分了解汇率变动等经济环境因素的变化，及时加强分析和研究，从汇率变动中瞅准市场机会。

三、社会文化环境

社会文化环境是影响旅游企业营销诸多变量中最复杂、最深刻、最重要的变量。社会文化是某一特定人类社会在其长期发展历史过程中形成的，它主要由特定的价值观念、行为方式、伦理道德规范、审美观念、宗教信仰及风俗习惯等内容构成，它影响和制约着人们的消费观念、需求欲望及特点、购买行为和生活方式，对企业营销行为产生直接影响。任何旅游企业都处于一定的社会文化环境中，企业营销活动必然受到所在社会文化环境的影响和制约。旅游企业所提供的旅游产品，大多数是面向来自于不同的旅游客源地的旅游消费者。每个旅游消费者在旅游活动中，都会受到自己多年所处的社会文化背景的熏陶和影响，表现出很多差异性。因此，旅游企业应了解和分析社会文化环境，针对不同的文化环境制定不同的营销策略，组织不同的营销活动。旅游企业营销对社会文化环境的研究一般从以下几个方面入手。

（一）教育与阶层分析

受教育程度的高低，影响到旅游消费者对旅游产品、旅游服务乃至旅游品质要求的差异性，从而影响者旅游营销活动。处在不同教育水平国家和地区的人们，对旅游的需求和服务是不同的。通常文化教育水平高的国家或地区的旅游消费者对旅游产品的内涵、质量和特色有更高的要求。而教育程度低的人，在接受宣传时，就不仅要设计文字说明，同时还要配以更多的简明图像说明、现场演示等直观方式。近几年，我国人民生活水平大幅提高，出境旅游的人越来越多，但有部分游客的自身受教育程度和文化素质达不到相应的水准，在国外进行旅游消费的同时，也把很多不好的行为，如吐痰、大声喧哗、乱扔垃圾等带到了国外，造成不好的国际影响。

因此旅游企业营销开展的市场开发、产品定价和促销等活动都要考虑到旅游消费者所受教育程度的高低，采取不同的策略。

（二）宗教信仰分析

宗教是构成社会文化的重要因素，宗教对人们消费需求和购买行为的影响很大。不同的宗教有自己独特的节日礼仪、商品使用的要求和禁忌。某些宗教组织甚至在教徒购买决策中有决定性的影响。据不完全统计，世界上信仰宗教的人约占总人口的60%。其中最著名的三大宗教分别为：基督教、伊斯兰教和佛教。信徒分布在世界各地。据估计，世界上伊斯兰教现有教徒约7亿多人，主要集中在西欧与西亚，每年有众多的伊斯兰教信徒会虔诚地来到圣地“麦加”进行朝圣，麦加每年仅接待此类旅游者的数量就十分可观。佛教信徒主要集中在东南亚各国或地区，信徒3亿多人，因为东南亚是中国最大的入境旅游市场，因而与中国旅游业的关系极为密切。基督教拥有信徒10亿之众，集中分布在北欧、北美和澳洲等地，基督教的宗教节日（如圣诞节、复活节、情人节等）对世界影响很大。不同的宗教信仰差异明显，各自有不同的宗教习俗与禁忌。例如，信仰伊斯兰教的客人忌讳吃猪肉和购买用猪皮制成的物品，也不喜欢看见女性在公众场合袒胸露臂。基督教信徒非常忌讳“13”，涉外饭店在安排住宿房间时应加以重视，不宜把这类客人安排到13号房间，旅行社在安排旅游行程中，也应尽可能避开每月的13日，特别又是巧遇星期五，因为这是基督教信徒们忌讳的日子。所以，旅游企业一定要了解目标市场旅游消费者不同的宗教信仰，并善于利用宗教的主要节日来推销自己的旅游产品，恰到好处地进行旅游营销活动，在营销活动中也要注意到不同的宗教信仰，以避免由于矛盾和冲突给企业营销活动带来的损失。

（三）价值观念分析

价值观念是指人们对社会生活中各种事物的态度和看法。不同文化背景下，人们的价值观念往往有着很大的差异，消费者对商品的色彩、标识、样式以及促销方式都有自己褒贬不同的意见和态度。旅游企业所面对的旅游者来自四面八方，他们都有着在长期的生活实践中自然形成并沿袭传承的文化传统和习俗，形成了属于自己的价值观念。中国本身就是一个拥有56个民族的多民族国家，即使在国内民族文化差异也非常大。中国主要旅游客源国社会文化差异也很大，价值观念存在差异。作为旅游营销人员，必须充分了解不同民族的文化习俗、价值观念差异，向具有民族差异的各类旅游消费者提供相应的产品和服务，以更好地满足游客的需求。

（四）消费习俗分析

消费习俗是指消费者受共同的审美心理支配，一个地区或一个民族的消费者共同参加的人类群体消费行为。它是人们在长期的消费活动中相沿而成的一种消费风俗习惯。在习俗消费活动中，人们具有特殊的消费模式。它主要包括人们的饮食、婚丧、节日、服饰、娱乐消遣等物质与精神产品的消费。不同的消费习俗，具有不同的商品要求。了解目标市场消费者的禁忌、习惯、避讳等是企业进行市场营销的重要前提。东、西方民族的生活习惯、价值观念等大相径庭。例如，美国人的价值观是个人中心论，他们强调个人的价值、个人的需要、个人的权力，他们努力改变客体以满足主体的需要，因此在消费行为上喜欢标新立异，不考虑别人的评价。而中国人不习惯于成为社会中独特的一员，而习惯于调节自身以适应社会，消费行为上常常考虑社会习惯标准以及别人怎么看自己、评价自己。研究消费习俗，不但有利于组织好消费用品的生产与销售，而且有利于正确、主动地引导健康的消费。

四、人口环境

旅游市场是由具有旅游动机并有购买力的旅游者构成的。旅游者是旅游活动的主体，因此，人口环境是影响旅游市场营销最活跃的因素。研究市场营销活动的环境必须对人口因素进行分析，具体包括以下三个方面：

（一）人口数量的增长

只有“人”才是市场真正的主体，若没有游客，即使旅游企业拥有再好的旅游产品，也不会存在旅游市场。纵观人口增长状况可见，过去数十年来世界人口呈现“爆炸性”增长态势。20世纪60年代，世界总人口仅为30亿，旅游市场的规模不大。随着生活水平的提高、科技的进步、医疗保健条件的改善，婴儿死亡率降低、人们的寿命延长，世界人口迅速增长。刚迈入21世纪，世界人口就超过了60亿，数量如此庞大的人口，孕育着巨大的潜在旅游市场，旅游企业应十分重视人口数量的研究，发现未被满足的市场需求。

（二）年龄结构的变化

不同年龄段的人往往有着不同的旅游偏好，所以营销人员必须及时了解人口年龄结构的变化，据此开发新的旅游产品，满足不同年龄段旅游消费者的需求。据预测，中国将成为亚洲老龄化问题的突出国家之一。再过20年，中国65岁以上的老人将占总人口的1/5。从全球来看，老龄化将席卷全球。经济合作与发展组织（OECD）统计中的高收入国家到2030年，人口平均年龄将达到42.8岁，属于中年国家，而在2010年，平均年龄为37.9岁。在2012年，仅有德国和日本的人口平均年龄大于45岁，但到2030年，欧洲和东亚很多国家，年龄在65岁以上的人口占总人口的比率将上升。这些变化将对旅游市场营销产生影响。对一个国家和地区人口的年龄预测，将使旅游企业在旅游市场营销活动中更有针对性地开展营销活动，如开发老年银发旅游市场等各项专题活动的旅游产品。

★小贴士

德国有一家名为萨加（Saga）的旅行社，这家旅行社是专为老年人服务的特色旅行社。它通过市场调查，发现德国50岁以上的老人约占人口的1/4，这些老人由于大多有较好的医疗条件和财政规划，享受高水平的休闲消费，加上长期的债务又已还清，小孩不需抚养等多种原因，这些人越来越强调通过消费来享受，而不再节省和克制自己消费。Saga公司就锁定这一目标市场，成为一家专为老年人服务的特色旅行社。目前已从一个单一经营的旅行社发展到身兼旅游、出版、金融服务的综合性机构。

（三）人口的地理迁移

世界人口地理迁移总的特点是从农村向城市地区大迁移，又从城市向郊区发展。而在中国，1978年时城市仅为193个，到了2000年达到了667个，其中200万以上人口的城市13个，建制镇约2万多个。目前，全球有大约50%的城市人口，未来将达到60%。根据联合国的报告，2011—2030年，中国城市人口将增加2.76亿，印度则增加2.18亿，这两个国家新增的城市人口加起来将占全球2030年新增城市人口总量的37%。未来20年，城市的增长模式将与20世纪末期的模式截然不同。目前27个超大城市（人口在1 000万以上）仍将继续增长，但土地、交通、基建、犯罪、健康医疗条件都会制约这类城市的扩大。反之，城乡交错区的发展要更快。到2030年，将至少有40个巨型城市区域。这些数据带来了这样一个信息：人们普遍对拥挤的城市、污染严重的环境和“鸽子笼”式的居住空间感到厌倦，更向往的是诸如度假休闲旅游、乡村式旅游、民俗风情旅游、自然风景旅游等回归自然或富有特色的旅游活动。营销人员需要及时把握这一动向，设计出“返璞归真”的旅游项目，以满足城市旅游者的需求。

五、科学技术环境

旅游是在一定的社会经济条件下所产生的，并伴随着社会经济发展而发展的一种综合性社会活动。它是社会进步的产物和标志。“科学技术是第一生产力”表明了现代科技对经济社会发展的重要作用，同时也说明了科学技术对发展现代旅游有推动作用。现代科技是产生旅游活动的基础，是现代旅游产业形成的必备条件之一。纵观当今各国的旅游业，一个国家的科学技术水平越高，经济越发达，就越能给该国的旅游业提供强有力的物质支持和技术保证。科技因素对旅游企业营销既带来机遇，又带来挑战。

（一）机遇

1. 信息技术全面推动了旅游业的发展

旅游产品不同于一般商品，它具有异质性、无形性、易逝性和国际性等特性，而这些特性使旅游业比其他行业更加依赖于信息的交流和信息技术的发展。从旅游供给的角度看，信息技术在旅游资源和产品管理、旅游市场开拓等方面发挥着重要作用。计算机预订系统使旅游供给者在全球范围内控制、销售和推广自己的产品。这一技术的应用进一步增加了市场占有率，减少了季节性变化带来的损失，同时简化并加快了文件的处理，增加了可处理的交易量，提高了旅游的经济效益。从旅游目的地的角度分析，以旅游目的地为整体的计算机信息及预订管理系统使所有目的地成为一个交叉且相互作用的整体，并在市场开发、旅游行业管理和开发旅游资源等方面都发挥着重要的作用。目前，这一系统正在成为各地区发展区域旅游经济的战略武器。传统的营销方式有可能让位于以信息技术为基础的互联网营销。

★小贴士

利用丰富的创新科技产品是旅游企业迅速建立竞争优势的捷径，尤其是如今在欧美移动设备已非常普及。1. 社交网络技术改变了旅游业的形态：据美国旅行社协会2012年的一项调查显示，39%的旅行社应用了社交媒体。而其中1/5的企业称并未将社交媒体用作市场营销渠道。与此同时，航空业和酒店业正在大力投资发展自己的社交媒体营销与客服渠道。2. 新效率激发全新客户体验：在不断升温的客户忠诚度竞争中，新技术使得企业能以更方便、更快捷、更低成本的方式为客户提供服务。社交媒体让小部分工作人员一天处理上百个问询成为可能；还能提供自动更新的航班延误信息和行李追踪服务，让旅客清楚等待时长。3. 旅游分销企业需要在整个旅游周期中采取更新的做法：旅行代理、差旅管理公司和OTA们的新任务是基于旅客的需求，向他们提供最具相关性的信息，将所有信息和交易都转移到数字平台上，并让旅客能通过社交媒体来获得。4. 新的内容趋势挑战产品分销模式：如今，GDS使得小型创业公司的在线预订网站也能够使用相似的机票与酒店预订技术。这使得客户能通过全新的、更好的方式来筛选产品。它也让散客可以摆脱传统的预订平台，找到心仪的航班与票价。5. 近场通信技术改进旅游流程：带有追踪功能的行李牌、E-ZPass通道和迪士尼的新魔力腕带都是近场通信技术的成果。它们是实现旅游流程自动化的先锋。尤其是在支付领域，现金交易都快淡出旅游体验了。

（资料来源：环球旅讯：http：//www. traveldaily. cn/article/75395，2013. 11. 11）

2. 生物技术促进了旅游业的发展

随着旅游业的发展和全球环境问题的产生，与旅游相关的环境问题也日趋严重，特别是生物多样性的破坏、生态的失衡等问题已经成为阻碍旅游业可持续发展的主要因素。生物技术的应用能够解决一些旅游环境问题，促进旅游业的发展。例如，利用微生物与酶相互作用的原理和方法，将复杂的有机物氧化分解为简单物质，把有毒物质转化为无毒物质；通过细胞技术或基因技术，对濒危动植物形成有效保护，从而保持了旅游动植物环境的吸引力。

3. 空间技术促进了旅游业的发展

人类充分利用空间技术的全球性、连续性、位置高远、直观形象等优势，对地球环境进行监测，取得了重大的经济和社会效益，促进了旅游业的发展。例如，利用航天器的优势，建立生态环境监测系统，以便对可能发生的灾情进行预报，从而减少甚至避免灾害造成的旅游业损失。而且对各地旅游景区的自然状况进行预测和预报，也可以方便游客旅游行程的安排，提高游客旅游质量。

4. 高新技术的综合应用提升了传统景观的吸引力

高新技术的发展和应用，可创造出新的旅游资源和产品，也可以使一些原来不具备旅游吸引力的资源成为新的旅游吸引物或提升它们的吸引力，如主题公园和游乐场的各种高科技模拟技术和游乐设施，以及农业和工业中的高新技术等。另外，应用高新技术后，许多文物古迹资源得到了保护，增强了它们可持续发展的能力。

（二）挑战

1. 旅游管理决策的难度加大

现代科技的发展，使旅游管理决策者的决策环境变得更复杂，简单通过局部游客市场预测得到适用于全部游客购买习惯或服务的途径，现在已经行不通了。旅游和休闲行为间的界限变得模糊，方式多种多样，市场细分起来非常困难。在现代旅游规划中，超出旅游常规研究范围的科学技术常常更加戏剧性地影响着旅游业的供求模式，科学技术是随机的因素，常常呈现出难以预料的特性，而且会产生新市场或对目前市场赋予新的含义。所以旅游业必须根据其特性来规划，要明确旅游发展的现存资料与广泛获得的有关科技情报和信息之间的判断差异。正确地处理这种特性是做出正确决策的关键。

2. 用现代科技制作的“虚拟旅游”对传统旅游的挑战

信息技术的发展对人们到现实的自然环境中出游产生抵消效益。科学发展使人们可能在家中观赏各种各样的自然景观，骑着自行车就可在家中通过电视屏幕在密林或城市的风景线上“旅游”，同时还伴有令人激动的背景音乐。随着模拟技术变得越来越真实，人们不需要离开家就能够欣赏、见识到高度冒险、惊心动魄的娱乐活动，如跳伞、攀岩、水下探险等，这对传统的、离开居住地到旅游地旅游的活动形成了挑战。旅游经营者怎样应对科技发展带来的这种挑战成为不可回避的问题。

3. 现代科技的负面效益对旅游活动的影响

现代科学技术是一把双刃剑，在促进社会经济发展的同时，对社会也产生负面影响，如环境污染、生态失衡、对传统伦理的挑战等。这些都会对旅游业产生不良影响，使旅游地的自然环境和人文环境受到严重的破坏，旅游可持续发展变得艰难。通过了解现代科学技术发展对旅游业产生的影响，我们要充分认识到现代科技给旅游业带来的机遇和挑战，重视科技的这种作用力，在发展旅游中要善于应用现代科技手段，同时也要谨防现代科技对旅游业的负面影响，要充分应用科学的管理思想和方法来促进旅游业的全面、持续发展。

综上所述，科技因素给旅游业带来很大的影响，这就要求旅游企业的营销人员紧跟科技发展步伐，不断关注与旅游业密切相关的新技术信息，以高新技术开发旅游产品，不断满足“E 时代”的旅游消费者需求，以科学技术手段促进企业经济效益的提高。

★小贴士

2013 年旅游行业七大事件值得我们表扬

人生就是一场旅行，途中既有欣喜欢乐也有酸甜苦辣，有激动憧憬也有欣喜若狂，最终都会趋于平静，2013 年这一年旅游业可真谓是跌宕起伏，一出接着一出，又惊又喜。

1. 国家出台《新旅游法》预计国庆节施行，业界哀鸿遍野，怨声载道，旅行社纷纷涨价，原本火爆的市场瞬间萧条好多，就如蝴蝶效应一般，也打乱了打算出行游客的预算。当然，短期内会为市场带来不小的震荡，相信沉淀一段时间后，不管是旅行社还是游客都会越来越看清国家出台的新旅游法的益处。

2. 春秋航空新开了一条国内航线，那就是深津航线，可比其他航空公司的同类航线要优惠三到四成哦，对国庆节有要去天津旅行的人来说可真是一件大好事呢！春秋航空本来就是实行低价策略，相比其他交通工具，这条航线要经济划算的多呢，反正本人觉得性价比较高。

3. 深圳文体旅游局为了更好地维护来深游客的权益，出台了一条政策，那就是凡是被宰或者被旅行社及导游强制性购物的都可拨打12301电话投诉，目的是让游客实实在在地感受到广东12301热线为广大游客解决问题的效果，让游客出游时遇事都能想着打12301，不过可要注意：一旦遇到宰客或者强制性购物的情况一定要掌握真凭实据，法律社会凡事都要讲究证据。

4. 新西兰旅游业越来越注重中国市场，开始大力挖掘中国市场，专门研究中国游客的脾性和习惯等，因为近几年全世界似乎都非常看好中国游客所带来的经济效益，就像新西兰还专门开培训班研究中国和中国人，大概这就叫知己知彼百战不殆！

5. 邮轮旅游已经渐渐成为了中国旅游市场新热点。中国各省市大力建设邮轮母港，因为内地人要乘坐邮轮进行旅游就必须要到第三地中转，一定程度上制约了邮轮旅游的发展，要乘坐邮轮进行旅行的游客因为这一点就会犹豫不决。

6. 南极游成为了爱旅游的人士茶余饭后的谈资。由于南半球的炎热夏季，催生了南极航线的火爆，更是由于人们想要去那神秘又神圣的地方一饱眼福。但还是提醒那些向往南极的旅游者不要盲目跟风，要明确自己真正需要什么，旅行旅的是心情和心境。

7. 广东深圳邮政EMS新推出微信办理港澳证签注的便民服务，只要证件收发地在深圳的广东户口居民便可申请办理，并可在五个工作日内办好送到市民手中。这可是对想要去香港的深圳游客一大利好信息，在家微信扫一扫，足不出户便可轻松办理港澳通行证，再也不用担心出入境大厅的“长龙”了。

（资料来源：新浪旅游：http：//travel. sina. com. cn/news/2013 - 12 - 09/1523236077. shtml，2013. 12. 9）

第三节　旅游市场营销的微观环境

旅游市场营销的微观环境影响着企业为目标市场服务的能力。旅游市场营销的微观环境与宏观环境都属于旅游企业外部因素，但它们是有区别的：首先，微观环境比宏观环境对旅游企业的影响更为直接；其次，企业经过努力可以不同程度地控制微观环境中的一些因素。微观环境影响着旅游企业为市场服务的能力，存在于企业周围，与企业形成协作、竞争、服务和监督的关系。它包括旅游供应商、旅游中间商、旅游者、竞争者和社会公众。

一、旅游供应商

旅游供应商是指向旅游企业提供生产经营活动所需各种资源的企业。例如，向旅游公司提供客房、餐饮产品的酒店，提供旅游资源的旅游景点，提供交通运输服务的运输企业，向酒店提供餐具和其他酒店用品的酒店用品公司等。供应商所提供的资源是旅游企业进行正常运行的保障，也是向市场提供旅游产品的基础。旅游供应商所供资源的数量、质量、价格、供应的及时性与稳定性对旅游企业的营销活动形成影响。企业在选择旅游供应商时要特别慎重。旅游市场营销工作很重要的一个方面就是保持与旅游资源供应商的联系，在旅游资源供应的任何一个环节上都不能放松。那些物美价廉、交货及时、信誉良好、效率高的供应商是旅游企业最好的合作伙伴，应与之建立长期的合作关系，以保证供货的连续性和稳定性；但也不可依赖于少数几家供应商，而要使供货来源多样化，这样才能避免企业在市场变化或企业与供应商关系发生变化时陷入困境。把握旅游资源供应环境，不仅有助于保证货源质量，而且有助于降低成本。掌握供应商品的价格变化情况并尽可能加以控制，有助于综合报价中利润的构成达到最大限度。目前许多旅游企业采用“定点”制，使吃、住、行、游、购、娱形成一条龙服务，相互提供客源又相互优惠，收效颇佳。

★小贴士

供应商联盟的组建

近年来，伴随着电子商务、信息技术和互联网的普及，传统的国家、产业、行业或公司的分界线正在变得越来越模糊；不同国家、不同产业、不同行业、不同类型的企业正在进行新一轮的战略重组与整合，其中以电子商务网络和互联网平台为纽带的虚拟联盟发展尤为迅速。一大批跨行业、跨产业、跨地区、跨平台的虚拟联盟已初见雏形。例如1997年由美国联合航空、德国汉莎航空、加拿大航空、泰国航空、北欧航空等世界著名航空公司组建的“星空联盟”（Star Alliance），1998年由英国航空、美洲航空、加拿大国航、中国香港国泰、澳大利亚康达等航空公司组建的“寰宇一家联盟”（One World），2000年由新加坡君悦集团、中国香港马可波罗集团等5个亚洲地区酒店集团成立的“亚洲酒店联盟”（AHA），2002年由美国著名航空公司、饭店集团、租车公司等与旅游相关企业组成的“开放旅游联盟”（Open Travel Alliance），2003年由凯宾斯基（Kempinski）等4家国际饭店集团组成的“全球饭店联盟”（Global Hotels Alliance），2004年由中国8家本土饭店集团组成的“中国互联网酒店联盟”（Sino Internet Hotels Alliance）等。可以预见，在不远的将来，世界超级饭店集团或饭店联盟将竞相实施“网络主导型的多元化发展战略”，并将借助互联网公共平台来连接内外网、串通上下游、统一数据库、共享信息源，组建跨行业和跨产业的虚拟泛旅游联盟。

（资料来源：程道品，伍进，旅游市场营销学，中国林业出版社，2009.5）

二、旅游中间商

旅游中间商是指协助旅游企业推广、销售旅游产品给最终消费者的集体和个人。旅游中间商在旅游企业营销中起着十分重要的作用，它帮助旅游企业寻找旅游消费者并直接与旅游消费者进行交易，从而完成产品从生产者到消费者的转移。旅游中间商分为两大类，一类是旅游经销商，一类是旅游代理商。所谓旅游经销商，是指从事旅游商品购销活动，通过买卖产品的差价赚取利润的中间商。旅游代理商是协助商品买卖，对商品没有所有权，通过收取佣金赚取利润的中间商。随着互联网的产生与发展，也出现了在线网络服务商。由于旅游中间商在旅游市场营销中的作用不同，旅游生产企业与这些中介组织和个人的责权利关系不同，因而旅游中间商的类型也就呈多样化形态。

三、旅游者

旅游者是构成旅游的主体，是旅游三大要素的基本要素。没有旅游者，旅游自然就无法实现。旅游者，从字面上解释，就是游客，即从事旅游活动的人。

（一）旅游者市场

旅游者市场即最终购买并消费旅游产品和服务的家庭和个人。它包括国内旅游者和国际旅游者。

（二）中间市场

中间市场是指那些购买商品和服务并将之转售或出租给他人，以获取利润为目的的组织。

（三）机构市场

首先是政府机构市场。我国政府严禁公款旅游，但政府必要的接待需经常购买酒店、宾馆的旅游产品，政府拨款的事业单位亦同。其次是企业等机构市场。企业机构的接待需购买酒店、宾馆、景点的产品，企业的奖励旅游需购买旅游公司的产品。不同的市场各有其特点，旅游企业据此运作，有助于充分满足其需要。

四、竞争者

一般来说，为某一顾客群服务的企业不止一个，一个市场中有多个旅游企业提供相同或相似的产品，旅游企业的营销部门是在若干个竞争对手的包围和制约下从事自己的营销活动的。竞争对手不仅来自本国市场，而且来自其他国家和地区的旅游市场。竞争不仅发生在行业内，其他行业的企业也可能通过生产替代品而参与竞争。旅游行业市场竞争分析要点如下：

1. 旅游行业顾客的议价能力

行业顾客可能是行业产品的消费者或用户，也可能是商品买主。顾客的议价能力表现在能否促使卖方降低价格，提高产品质量或提供更好的服务。

2. 旅游行业供货商的议价能力

表现在供货厂商能否有效地促使买方接受更高的价格、更早的付款时间或更可靠的付款方式。

3. 旅游行业潜在竞争对手的威胁

从旅游消费者的角度，每个企业在其开展营销活动时，都面临着四种类型的竞争者：第一种是愿望竞争者，指提供不同产品以满足不同旅游需求的竞争者。例如，某个消费者攒了一笔钱，他既可以外出度假，也可以去游览风景名胜，或去考察民居。作为度假地，如何吸引更多的旅游消费者前来度假，这就是一种竞争关系。第二种是平行竞争者，指能满足同一旅游需求的不同旅游产品之间的竞争。例如，饭店的客房与商住写字楼竞争商务顾客的住宿办公需要；饭店的娱乐产品与电影院、电视机甚至书籍竞争消费者娱乐和休闲的需求。第三种是产品形式竞争者，指同类旅游产品的不同形式之间的竞争。例如，三星级饭店标准客房与四星级饭店级饭店标准客房的竞争，或同是三星级饭店、标准客房与豪华客房之间的竞争。第四种是品牌竞争者。这个层次是同一产品不同品牌之间的竞争。例如，假日饭店、希尔顿饭店、万豪饭店之间的竞争。对每个旅游企业来说，以上四种类型的竞争，完整描述了其竞争环境结构。因此，全面地认识各种层次的竞争，有助于看清竞争环境的重要变化。

五、社会公众

社会公众是指对旅游企业实现其市场目标有实际或潜在影响的任何团体，包括以下6种：

（1）金融公众，指银行、投资公司等影响旅游企业取得资金能力的机构。

（2）媒体公众，指报纸、杂志、广播、电视等联系旅游企业和公众的大众媒介。

（3）政府公众，指负责管理旅游企业业务经营活动的有关政府机构。

（4）民众，包括各种保护消费者权益组织、环境保护组织、少数民族组织等。

（5）地方公众，指旅游企业所在地附近的居民和社区组织。

（6）内部公众，指旅游企业内部公众，包括从总经理到一线职员的所有员工。

社会公众与旅游企业的营销活动有直接或间接的关系，旅游企业要高度重视社会公众的利益，了解社会公众的需要和意见，采取有效措施满足社会公众的各项合理要求，有选择地参与一些力所能及的公益活动，努力塑造并保持旅游企业良好的信誉和公众形象，为旅游企业的营销活动创造良好的环境。

第四节　旅游市场营销环境 SWOT 分析

美国营销学家彼得·德鲁克（Peter F. Delucker）认为："顾客要购买什么和认为什么具有价值时，即决定了一家企业的存在、生产什么以及是否成功。"因此，任何企业在决定营销战略与策略之前，都必须审视所面临的市场环境，做出正确的判断，旅游企业当然也不例外。在分析环境时不仅要对企业所面临的宏观环境（如国家的政治法律、经济、科技、交通、自然等环境因素，旅游业的发展趋势等）做出正确的评价与分析，同时也要对每个旅游企业自身所面临的微观环境（包括企业的客源市场、竞争对手的经营状况等方面）进行分析，密切注视宏观营销环境的变化趋势，及时采取措施，做出适当的反应。企业在进行环境分析时往往采用 SWOT 分析法。"SWOT 分析法"就是对一个企业的优势、劣势、机会、威胁的全面评估。其中字母"S"代表 Strengths，意为"优势"；字母"W"代表 Weaknesses，意为"劣势"；字母"O"代表 Opportunities，意为"机会"；字母"T"代表 Threats，意为"威胁"。

一、旅游市场营销环境各因素分析

（一）"S"——优势分析

旅游企业的优势所涉及的内容相当多，有旅游产品的市场占有率、质量水平、旅游产品的开发能力、营销能力等。例如，旅游地本身具有优越的自然资源对该地的旅游企业就是最大的优势之一，这也是每年有 2 500 万的欧洲游客涌向地中海地区度假的原因。因为许多北欧国家与地区的游客由于受所在区域的气候及地理位置因素的影响，非常向往到处是阳光、沙滩的旅游胜地，地中海地区的独特自然条件自然成为他们的首选之地。又如，作为一家饭店企业，具有较好的地理位置就是一种重要的优势，高科技、先进的设施与设备等也可以体现它的优势。旅游企业的竞争优势当然更离不开旅游服务。旅游服务具有与其他行业不同的特色，旅游服务重要的是要得到旅游者的认可。在旅游服务方面具备优势的旅游企业才能在激烈的市场竞争中处于有利地位。泰国东方大酒店的总经理库尔特先生曾说过："是服务，是职工对工作的态度，使得酒店出类拔萃。"这家酒店有豪华的设施设备，而它极其亲切的面对面式的服务，更让宾客为之感动，这是它能多次成为世界最佳酒店之首的最大奥秘所在。旅游企业的优势包容的内容虽然很广，不能一一罗列，但概括起来说，旅游企业的优势是其胜于竞争对手的、可识别的特色，其核心是具有独特的人才优势。旅游企业的营销人员只有在正确地认清自己的优势后，才能更好地进行市场定位，挖掘潜在的市场，赢得市场机会。

（二）"W"——**劣势分析**

每个旅游企业都有其自身的优势所在，同时也伴生着劣势。因为企业所面临的环境是复杂而又多变的，若企业不善于把握市场环境，企业所拥有的优势有时会成为竞争中的劣势。对于旅游企业的优势，经营者应有理性认识，不能只看到优势，却对劣势视而不见。企业的劣势所包含的内容同样有很多：一个老化的旅游饭店产品和旅游线路，导游人员、饭店服务人员对宾客的恶劣态度，旅游景点不符合当地的风俗习惯等。但有时"劣势"及时得到企业的认识与控制后就会减少、消除，甚至转化为企业的优势。

市场营销环境的变化对旅游企业可能产生的影响主要有两种：一种是环境的变化对企业形成新的市场机会；另一种是环境的变化对企业造成新的营销环境威胁。

（三）"O"——**机会分析**

所谓营销环境机会，是指由于环境变化形成的对旅游企业营销管理富有吸引力的、能享有竞争优势和获得差别利益的有利因素。

营销环境中的机会既可以来自企业外部不可控环境的变化，也可以来自企业直接控制的环境因素。所有重大的变化都可能会给企业带来极好的营销机遇。例如，2000 年的悉尼奥运会期间，旅游者就给澳大利亚带来了 3.7 亿美元的盈利。2008 年的北京奥运会收支结余超过 10 亿人民币，也让全世界的游客看到了东方古国中国的魅力。2010 年上海世博会圆满实现了入园游客 7 000 万人次、其中海外游客 350 万人次的目标。上海各大宾馆均告爆满，大批的游客如潮水般涌入上海，给当地的旅游业带来了滚滚财源。但为适应外部环境的重大变化，企业必须有超前的预测能力并及时采取行动，以免错失良机。旅游市场机遇只属于有准备的企业，所以，把握机会是营销活动中极为关键的一步。因把握机会获得成功的案例不胜枚举。对于所有一切能够预料的和无法预料的环境变化，旅游企业都应进行深入的分析与评价，正确估测各种环境对企业未来营销活动的影响程度，为旅游企业调整营销决策提供良好的依据。

（四）"T"——**威胁分析**

所谓营销环境威胁，是指由于环境的变化形成或可能形成的对企业现有营销活动造成冲击和危害的不利因素。

例如，汇率变动、国际恐怖组织的破坏活动、国家之间的战争等。这种威胁是一种不利于旅游的发展趋势所形成的挑战。旅游企业如果缺乏采取果断的营销活动，这种不利趋势将会侵蚀企业的销售额及利润。

二、旅游市场营销环境整体分析

一个从旅游企业生存环境出发来考察旅游企业竞争实力的 SWOT 分析步骤可以用图 2－1 来表示。

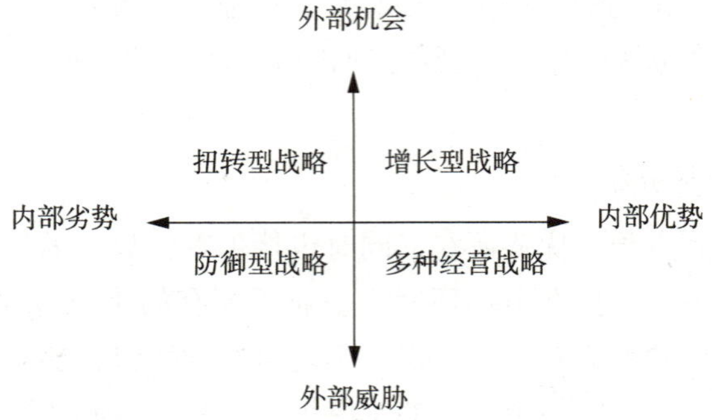

图 2－1　SWOT 分析矩阵

（1）罗列旅游企业的优势和劣势，面临可能的机会与威胁。

（2）把优势、劣势与机会、威胁相组合，形成 SO、ST、WO、WT 策略。旅游企业应依据企业的方针列出对该企业发展有重大影响的内部及外部环境因素，继而确定标准，对这些因素进行评价，判断是优势还是劣势，是机会还是威胁，从而制定企业的战略，如表 2－2 所示。

表 2－2　SWOT 战略选择图

企业内部因素 / 企业外部因素	优势（S）	劣势（W）
机会（O）	SO（增长型战略）	WO（扭转型战略）
威胁（T）	ST（多种经营战略）	WT（防御型战略）

（3）对 SO、ST、WO、WT 策略进行甄别和选择，确定企业目前应该采取的具体战略与策略。

图中的 SO，表明外部有许多机会，内部又具有强大优势，宜采用增长型战略，一般来说是最佳的营销战略选择。WO，表明外部有机会而内部条件不佳，可采取措施来扭转内部劣势，宜采用扭转型战略；ST，表明企业拥有内部优势但外部存在威胁，宜采用多种经营战略分散风险，寻求新的机会；WT，表明外部有威胁，内部状况又不佳，企业应设法避开威胁，消除劣势，可采用防御型战略。

旅游企业使用 SWOT 分析法，可以决定企业发展过程中的关键问题，常常用于企业制定发展战略和分析竞争对手状况，在战略分析中是最常用的方法之一。但是这种 SWOT 分析法也存在局限性，因为该分析法认为机会和威胁只存在于外部环境中，优势和劣势只存在于内部环境中，然而事实上优势和劣势可能出现在企业外部，机会和威胁也可能出现在企业内部。世界著名的巴林银行倒闭完全是内部管理不善所导致，而与外部竞争环境无关。

知识归纳

旅游市场营销环境就是旅游企业的生存空间，它是影响旅游企业营销目标实现的各种动态因素。旅游市场营销环境具有系统性、动态性、复杂性和差异性等特点。

旅游市场宏观环境是指那些给旅游企业造成市场机会和威胁的外部主要力量，主要由政治法律环境、经济环境、社会文化环境、人口环境、科学技术环境五大环境因素构成。这五大环境因素都是旅游市场营销的重要影响因素。

旅游市场营销的微观环境与宏观环境都属于旅游企业外部因素，但它们是有区别的：首先，微观环境比宏观环境对旅游企业的影响更为直接；其次，企业经过努力可以不同程度地控制微观环境中的一些因素。微观环境包括旅游供应商、旅游中间商、旅游者、竞争者和社会公众。

旅游企业在进行环境分析时往往采用 SWOT 分析法。“SWOT 分析法”就是对一个企业的优势、劣势、机会、威胁的全面评估。其中字母“S”代表 Strengths，意为“优势”；字母“W”代表 Weaknesses，意为“劣势”；字母“O”代表 Opportunities，意为“机会”；字母“T”代表 Threats，意为“威胁”。

案例解析

香港迪士尼重陷亏损，国内主题公园势力此消彼长

位于香港大屿山的迪士尼乐园总占地面积为 126 公顷，投资规模 141 亿元，2000 年动工，历时 6 年建成一期项目，并于 2005 年 9 月正式开园。2005 年开园首年，香港迪士尼迎客 500 万人次，此后随着游客尤其内地访客的大量增加，连续亏损 7 年的香港迪士尼乐园，终于在 2012 财年首次录得盈利。公开数据显示，2012 年度财年，香港迪士尼乐园录得入场人数达 673 万，较 2011 年上升 13%，全年营业额 42.72 亿港元，按年上升 18%，纯利润为 1.09 亿港元，酒店入住率高达 92%。彼时，到访香港迪士尼的内地游客占比已达到 45%。首次盈利后，2013 财年，香港迪士尼录得营业额为 48.96 亿港元，入场人次亦达到 740 万的新高，年内纯利润 2.42 亿港元，比 2012 年翻了一倍，酒店入住率再增至 94%。继续盈利的 2014 财年，香港迪士尼纯利润已达到 3.32 亿港元，同比增加 36%，全年业务收入 54.66 亿港元，到访游客 750 万人次，其中内地游客占比为 48%。这一年，香港迪士尼的业务收入及访客双双创下新高。然而，在高喊业务收入、入场人次和游客消费均连续第 5 年创新高后，业绩增长势头正猛，计划再推出漫威“铁甲奇侠”主题区、迪士尼探索家度假酒店等多个项目的香港迪士尼乐园，2015 财年却因 1.48 亿港元净亏损、访客跌近一成被泼了一头冷水。对于业绩的由盈转亏，香港迪士尼方面表示，虽然 2015 财年香港本地宾客入场人次创新高，但受内地及其他访港旅客人数下降的影响，乐园整体入场人次还是大幅减少。

分析指出，内地游客对香港旅游业的重要性是毋庸置疑的，由于近两年香港对于旅游、

出入境等政策的调整，以及部分负面事件的舆论影响，导致占据香港入境游客半壁江山的内地旅客锐减，香港旅游业亦因此整体陷入了困境。据香港入境事务处公布的数据显示，2015年全年访港旅客入境人次达5 930万，同比下跌2.5%；其中，截至2015年11月底，内地赴港游客人数连续6个月下滑；全年内地访客入境香港人次为4 562万，较2014年下跌了2.9%。2016年春节假期前6天，访港游客总计227.3万人次，同比缩减6.26%，其中内地游客74.4万人次，较上年减少11.65%。

香港迪士尼一直颇受内地游客追捧，很大一部分原因在于以往中国内地大型主题公园的缺乏。而2016年6月16日，位于上海的迪士尼乐园将开业，“这对于香港迪士尼的冲击是毫无疑问的。”有业内人士表示。

上海迪士尼乐园位于浦东新区川沙新镇，是继香港后的全球第6个迪士尼乐园，总占地面积390公顷，总投资超300亿元，将陆续建成“米奇大街”“奇想花园”“探险岛”“明日世界”“宝藏湾”和“梦幻世界”六大主题园区。即将于6月16日开业的一期项目包含了一个主题公园、两家酒店、一家零售店及餐饮综合体，开园期间以及节假日、周末、暑假等高峰期票价为499元，平日票价370元。值得注意的是，上海迪士尼乐园距浦东机场仅18.6公里，并紧邻外环高速等交通干线，周边不乏酒店、公共交通站点、停车场等。按规划，未来将重点覆盖距上海3小时车程内的3.3亿人口，覆盖目标人群数量为全球最大。于内地游客而言，大同小异的两个主题乐园，上海将是一个更便捷的替代选择。而上海迪士尼3.3亿的覆盖人群，足以分流香港迪士尼的大量游客。相关研究报告提到，上海迪士尼与香港迪士尼在时间跨度、地域环境、资本市场等特征方面都较为相似，而上海迪士尼的规模更大，且比香港迪士尼的450港元平日票价更低。预估上海迪士尼年客流量在1 000万至1 500万之间，未来更有望引发超预期的人气效应。业内人士指出，6月开园前，上海迪士尼乐园的宣传力度将不断加大。随着后期项目的陆续建成，上海迪士尼乐园的影响力也会进一步扩大，对于香港迪士尼甚至香港旅游业的冲击不言而喻。

除此之外，北京环球影城、南京世茂·梦工厂等大型主题乐园已先后落地，未来也将陆续建成。宋城演艺已在杭州、三亚、丽江、九寨落地主题公园+旅游演艺项目，发展步入成熟期，异地项目正尝试轻资产管理输出模式、持续输出模式。香港旅游业面临的挑战，只会更加严峻。此前，北京环球影城的中国合作方首旅集团相关负责人透露，选址北京通州的环球影城项目建设将在2016年10月启动，园区设计打造西游记、熊猫及中国儿童喜爱的动画片为主题的项目，且每天都会有中国元素的表演，并预留部分景区开发成以中国经典电影为主题的游乐场馆，票价或在600元左右，将采取一张门票包含全部景点的一票制定价。此外，一直驻扎华南本土的主题乐园发展商——长隆集团也在不断加码布局珠三角、粤港澳一个半小时经济圈。据介绍，2015年12月，珠海市政府与长隆签订了新的投资合同，在原有的珠海长隆海洋王国基础上，未来在横琴新建包括动物王国、海洋冒险乐园、水上乐园和未来世界科技主题公园在内的4个主题公园，投资超500亿元，预计建成后每年游客人数将达到5 000万。对于比邻而居的香港迪士尼而言，尽管占据品牌优势，这样的对手也是不可小觑的。

国金证券相关分析显示，主题公园行业大浪淘沙，上海迪士尼开园加速了IP知识产权，Intellectual Property消费热。未来具备IP内容生产或收购能力，并且有成熟线上线下渠道平台、延伸IP消费的主题公园将具有成长价值。其中包含两种类型：一类是从下游延伸至上游，以旅游景区为主营业务，通过培育成熟的景区业绩，为公司输送现金流，然后通过自身内容创作或外延收购IP，再借助于IP内容的品牌影响力异地复制项目，最后完成“内容创作与授权—线上线下渠道平台—衍生消费”的泛文化产业链的打造，如宋城演艺、海昌海洋公园、大连圣亚；另一类是从上游拓展至下游，以本身现有的IP为起点，向渠道端和消费端发力，布局影视、游戏、娱乐、主题公园等板块，如华谊兄弟。此外，“迪士尼+海洋公园”双雄并行，在全球三地成功实践，因此，后迪士尼时代，长三角海洋公园项目将迎来极大利好。海昌海洋公园投资的上海海昌极地海洋世界与大连圣亚投资的镇江魔幻海洋公园项目或将与迪士尼项目共同形成规模效应。特别是海昌极地海洋公园，将有望与迪士尼形成类似“美国奥兰多迪士尼+Seaworld”以及“香港迪士尼+海洋公园”的“同城双雄”格局，形成共赢的协同效应。

香港迪士尼乐园该何去何从，值得深思。

（资料来源：旅游圈 http：//www. dotour. cn/article/20192. html，2016. 2. 27）

思考与讨论：

1. 请分析香港迪士尼乐园的优势和劣势有哪些。
2. 请分析香港迪士尼乐园面临的机会和威胁有哪些。
3. 未来的香港迪士尼乐园该选择什么样的发展策略？为什么？

复习思考

1. 试讨论政局不稳是如何影响旅游市场营销活动的。
2. 经济环境对旅游者的消费选择会产生怎样的影响？
3. 怎样看待人口数量及质量对旅游市场营销活动的影响？
4. 试举例说明旅游企业对其面临的主要威胁和最好的机会应做出什么反应或可采取何种对策。

实务训练

班级同学合理分组，每组选取一个旅游企业，通过互联网或实地搜集该旅游企业的详细资料，运用SWOT分析矩阵对该旅游企业进行营销环境分析。

第三章

旅游市场营销调研与预测

学习目标

通过本章的学习，使学生：

1. 了解旅游市场营销信息系统的含义、组成及作用；
2. 掌握旅游市场营销调研的含义与内容；
3. 了解旅游市场营销调研的步骤与方法；
4. 能正确运用市场调研技术实地进行旅游市场营销调研；
5. 熟悉旅游市场营销预测的方法。

实训要求

1. 能制订旅游市场营销调查计划；
2. 能设计旅游市场营销调查问卷，进行旅游市场营销调研，并撰写调研报告。

案例导入

重庆 2015 年度出入境数据：女性仍是出境旅游的“主力”

2016 年 1 月 5 日，重庆市公安局出入境管理局发布 2015 年度出入境数据。去年，重庆市民总共办理了 190 余万本出国（境）证件，同比增幅 11%。在办证人群当中，女性依旧是出国（境）的“主力”。

香港仍居首位但人数下降

近 42 万人次，同比降 1.84%。

数据：2015 年，我市居民出境目的地排名前 15 位是：中国香港、泰国、中国澳门、中国台湾、韩国、日本、越南、美国、马来西亚、柬埔寨、印度尼西亚、意大利、新加坡、澳大利亚、法国。

前往香港近42万人次，但与2014年相比，同比下降1.84%，这也是近年来首次出现负增长；前往澳门近28万人次，同比增幅34.88%。

分析：2015年7月，出入境管理局曾发布上半年数据分析，公布了前10位出境目的地。对比半年前的数据，前10排位没有变化。

谁最爱去？出境人员女性超六成

数据：2015年出国（境）证件办理中，按年龄结构分：18～60岁的成年人近153万证次，占比79%；18岁以下未成年人和60岁以上的老年人各约20万证次，合占21%。

护照签发中，男性25万余证次，占42%；女性35万余证次，占58%。往来港澳通行证、往来台湾通行证签发中，女性占比均超过60%，达65万余证次；男性占比约为38%。

分析："世界那么大，我想去看看。"这句2015年的热门词汇，用在重庆女性身上一点都不为过。据出入境管理局民警介绍，办理出国（境）证件占大比例的女性，显然也成为出境人群的主力军。2015年，我市居民出境160万余人次，同比增幅超19%；其中男性占38.31%，女性占61.69%。

26万余证次，同比增57%

数据：2015年全市共签发出入境证件190万余证次，其中护照近60万证次，同比增幅15%；往来港澳通行证（签注）106万余证次，同比增幅1.6%；往来台湾通行证（签注）26万余证次，同比增幅57%。

分析：据出入境管理局民警介绍，近三年来，护照、港澳通行证、台湾通行证的证件比例呈现此消彼长的态势。其中，护照所占比例每年变化不大，占30%左右；港澳通行证所占比例略有下滑，从2013年的61.8%降到了2015年的55.2%；而台湾通行证所占比例以每年近4个百分点的比例逐年递增。可见，随着大陆赴台游越来越便利，也让越来越多的重庆市民选择去台湾。

渝东北渝东南签发量大增

数据：2015年，都市功能核心区出国（境）证件签发量为74万余人次，同比下降0.46%；都市功能拓展区证件签发量为22万余人次，同比增长7.83%；城市发展新区证件签发总量为50万余人次，同比增长19.36%；渝东北生态涵养发展区证件签发量为37万余人次，同比增长25.42%；渝东南生态保护发展区证件签发量为7万余人次，同比增长30.22%。

分析：随着生活水平的不断提高，越来越多的人选择出国（境）旅游、工作。除了主城核心区之外，重庆的其他区县市民也开始把我国港澳台、国外作为旅游、工作的目的地。城口县、武隆县、巫溪县、酉阳县、秀山县，成为签发量同比增幅前五的区县。

政策利好，意日越增长快

数据：出境目的地当中，前往意大利、日本和越南的增长率最高，分别同比增长233.81%、107.92%和110.56%。

分析：民警介绍，前往意大利的市民人数2014年仅为6 000余人次，2015年快速增长到约2.2万人次，这与今年意大利驻渝总领馆开始办理签证业务有关，市民在家门口就可以办理签证，方便了出行。而日本、越南的签证优惠政策和更多往来航线的开通也促使更多市民前往该国旅行。

春节和暑期，人们更爱出境

2015年2月27日，受理量为15 443人次。

数据：2015年2月，出境人数近15万人次，8月则逾17万人次。其他月份，在11万~14万人次之间浮动。相较2014年，每个月都有1万~2万人次的上升。

分析：全家团聚的春节，以及天气炎热的暑期，成为重庆市民出境的重点时段。2015年，单日受理量最大的为2月27日（春节节后），受理量为15 443人次，与2014年最高单日受理量9 731人次相比，增幅达60%。而最近两年的2—3月和6—8月均是办证的高峰时段。民警提醒，工作日期间周一仍是办证人群最集中的，上午10—11点是最拥挤的时刻，市民最好避开这个时段。

他乡重庆人有1万多人次申请

数据：2015年，我市居民在省外申请出国（境）证件有18 117人次，同比增长23.26%，申请量最多的为深圳5 887人次，其余地区超过1 000人次的有北京、成都、上海、厦门、广州。

非渝户籍居民在我市申请出国（境）证件有15 342人次，同比增长33.62%，其中，办证最多的为四川籍居民，达6 141人次，同比增长36%，其余省市居民办证量均未超过1 000人次。

分析：随着全国越来越多的省市开通省外户籍居民异地就近申请办理出入境证件业务，方便了暂住居民就近办理出国（境）证件。而异地办证数量每年均有大约5 000人次的增长。民警预计，随着该项便民政策的宣传、推广，以及办证手续的进一步简化，异地办证量还将持续增长。

（资料来源：酒店旅游网　http：//hotel. chinairn. com，2016. 1. 6）

第一节　旅游市场营销调研概述

商场如战场，《孙子兵法·谋攻篇》中写道："知可以战与不可战者胜。"旅游市场呈现的异地性、波动性、广泛性等特征，必然导致旅游企业之间的激烈竞争，因此只有了解旅游市场的相关信息才能把握其运作的方向。现代管理学大师彼得·德鲁克也曾写道：有些公司之所以成功，是因为它们能够深入认识与了解顾客，并能根据顾客的需求提供合适的产品，制定合适的价格，采用合适的促销和分销渠道，结果是顾客会很快购买该公司的产品。

德鲁克这一观点是以公司已经并且能够正确认识顾客为前提。所以，要实施正确的营销活动，管理人员必须拥有信息，这就是营销调研的目的，也是将营销调研作为营销工作一部分的原因。营销调研提供必要的信息，使营销管理者能够正确地与顾客交换对公司的创意、产品和服务的看法。

一、旅游营销信息系统概述

（一）旅游市场营销信息系统的含义

市场营销信息系统（Marketing Information System）是指有计划、有规则地收集、分类、分析、评价与处理信息的程序和方法，有效地提供有用信息，供企业营销决策者制定规划和策略，由人员、机器和计算机程序所构成的一种相互作用的有组织的系统。换句话说，营销信息是指一定时间和条件下，一切与企业市场营销有关的各种人和事的综合反映。它一般通过语言、文字、数据、符号等表现出来。照此说法，旅游营销信息系统（Tourism Marketing Information System，TMIS）是指旅游企业市场营销决策者、信息处理器以及运作程序构成的相互作用、相互影响的综合体，是旅游企业决策者获得市场信息的重要途径。

依据信息来源，市场营销信息主要分为外部信息和内部信息两大类型。外部信息主要包括经济环境、政治环境、法律环境、社会文化以及科学技术等；内部信息主要指企业的人、财、物、组织管理、发展战略等。建立完善的旅游营销信息系统是旅游市场营销重要的基础环节，对企业做出正确的营销决策起着重要的导向作用。

（二）旅游市场营销信息系统的构成

对不同的旅游企业而言，构建市场营销信息系统的侧重点是不一样的。就旅游饭店而言，营销信息系统能够实现内部管理的智能化，达到预订、排房、住宿、结算、客源市场分析、财会计划的全自动化；大力发展饭店网络，除了内部各业务环节之间联网，还要与旅游管理部门、公安、旅行社等部门之间联网以及实现饭店之间的联网。就旅行社而言，营销信息系统是加强内部管理的现代化，加快与饭店、航空公司等联网；提高外联组团，散客服务，出境旅游团体定位、结算、财务、接待等所有管理环节的自动化和联网水平。

尽管不同旅游企业的侧重点不同，但是，一个有效的旅游营销信息系统一般是由 4 个子系统组成，即内部报告系统（Internal Record System）、营销情报系统（Marketing Intelligence System）、营销调研系统（Marketing Research System）和营销分析决策系统（Marketing Decision Support System）。其系统之间的关系如图 3－1 所示。

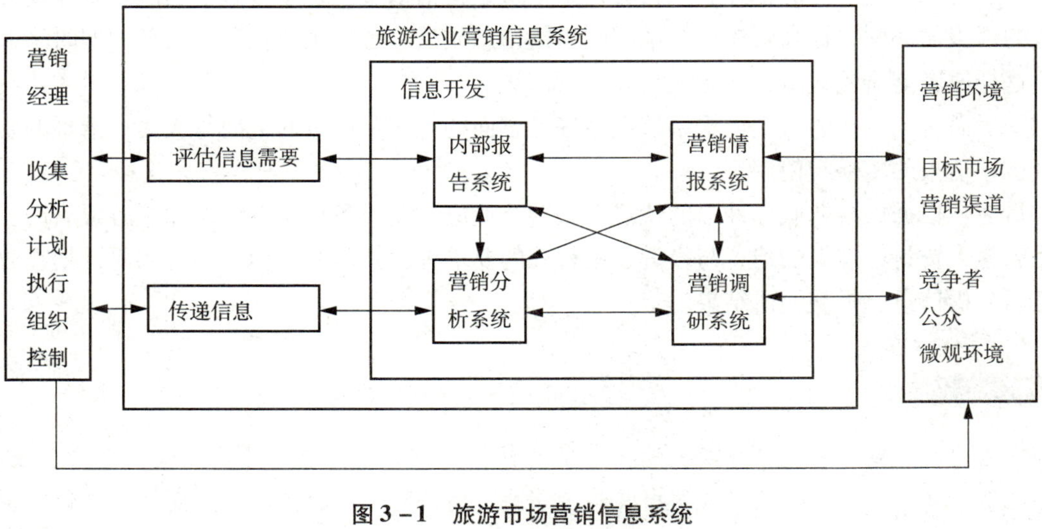

图 3－1 旅游市场营销信息系统

1. 内部报告系统

该系统的主要工作任务是向旅游企业决策人员提供有关销售、成本、存货、现金流量、应收与应付账款、预订数量等各种反映旅游企业经营现状的信息。该系统可以深入分析有关目前与过去的销售状况及成本信息，发现旅游企业的目标市场，做出战略调整；同时，预订、接待情况可以通过该系统得到及时、准确的汇集与传递。但应注意尽量避免该系统提供重复信息，这会造成营销成本上升，使相关人员陷入烦琐的资料整理工作中。实际上，信息泛滥与信息匮乏同样有害。

2. 营销情报系统

该系统是指用以了解有关外部环境发展趋势信息的各种来源和程序。在整个营销活动过程中，由销售人员、中间商和客户所产生或收集的有关公司的产品或服务、公司形象、竞争者、市场以及宏观环境变化的相关信息对公司具有重要的价值。

事实上，经营良好的公司都采取措施改进市场信息反馈和情报收集的质量与数量。公司训练和鼓励销售人员去发现和报告新发展的情况。销售人员是公司的“耳目”，他们在收集信息上处于一个有利的地位，他们能获得其他途径难以获取的信息。但是，由于各种原因，常常不能把重要的信息及时转告，这就需要公司建立一个沟通良好、反应快速的市场信息反馈系统，将他们所获取的最有价值的信息第一时间传递给公司。公司鼓励批发商、零售商和其他中间商把重要的市场信息或情报报告给公司，可以充分发挥分销渠道的作用。例如，有些中间商同时经营几种竞争产品，就可以从他们那里获取有关竞争者的相关信息；零售商同顾客接触最紧密，可以获取有关顾客购买偏好的变化或者新的需求信息。公司也可以直接从一些专门从事市场调查的公司购买信息。购买这些信息要比公司自己去做市场调查的成本低得多，同时可以有多种选择。

借助该系统，将环境最新发展的信息传递给有关的管理人员。一般而言，内部报告系统向营销决策者提供的是营销结果的信息，而营销情报系统提供的则是营销活动中正在发生的信息。营销环境的变化与企业的营销活动密切相关，其中既可能潜伏着企业营销危机的早期警告信号，也可能孕育着企业发展的各种营销机会。

企业可以通过广泛的途径获取相关信息，这是营销情报系统所特有的功能。企业要形成规范的情报循环网，提高营销情报系统收集的信息质量，帮助企业在营销活动中即时采取措施，这样或者能避免危险，或者能抢先占领市场。

一般而言，企业的营销情报系统要做好三方面的工作：情报的定向与收集；情报的管理与分析；情报的传播与使用。

目前，根据旅游业服务性强的特点，旅游企业应建立服务档案系统，如旅游饭店需要收集住店客人资料、客人的建议与投诉、旅行社的要求等，并研究目标、制订调研计划、收集信息、分析信息、提交调研结果。

★小贴士

在肯德基炸鸡开发其“小鸡三明治”的时候，只有公司上层的几位经理知道这个项目。在这之前，肯德基炸鸡店已经开发出某种特殊的三明治配方，而它的供应商必须签订某种保密合同。肯德基炸鸡店在把该产品投放到市场之前，根本不想让竞争对手听到一点风声。然而，一个拥有良好的营销信息系统的企业可能早就掌握了肯德基计划的蛛丝马迹。他们可能从一个面包供应商那里听到了肯德基计划的一些议论，他们可能已经风闻肯德基一位高层管理人员声言要采取措施加强午餐经营。即使是秘密协议，消息也会在不经意间泄露出去，管理人员只要耳目灵通，就能掌握竞争对手的动向。

3. 营销调研系统

在旅游企业的市场影响决策中，还要经常针对旅游企业的特定问题进行更为全面和深入的研究，这种研究必须要依靠营销调研系统来进行。其主要任务是收集、分析与评估，提供决策层制定决策所必需的各种信息。市场调研是针对特定的问题或机会而进行的。有效的市场调研包括下列步骤：

（1）确定问题。营销调研的内容十分广泛，首先要求调研人员认真地确定要研究的问题，从而商定要调研的目标。调研的目标主要包括：市场、消费者、产品、价格、分销渠道、促销。

（2）制订调研计划。制订调研计划包括拟订调查方案和工作计划。调查方案是对某项调查本身的具体设计，主要包括调查的具体对象、调查的地区范围、调查资料收集和整理的方法等内容。调查工作计划是对某项调查的组织领导、人员配备和考核、完成时间、工作进度和费用预算等事先进行的安排，目的是使调查工作能够有计划地进行，以保证调查方案的实现。

调研中所需资料既包括第一手资料，也包括第二手资料。通常调研从收集第二手资料开始，并以此判断他们的问题是否已部分或全部解决，以免再去收集昂贵的第一手资料。第二手资料为调研提供了一个平台并具有成本低、获取容易快速等优点。当调研人员所需的资料不存在或现有资料可能过时、不正确、不完全时，就需要进行第一手资料的收集。通过对所收集的资料和信息进行分析，从中提炼出恰当的调研结果。良好的市场调研要使用科学的方法，仔细观察、建立假设、预测和实验，采用多种方法相结合，避免过分依赖一种方法，强调方法要适应问题，而不是问题适应方法。

模型和数据的设计应尽可能清晰明了，要体现创新精神。调研人员同时应该评估信息的价值与成本的比例。价值与成本的比例能帮助营销部门确定哪一个调研项目应该进行，什么样的调研设计应加以应用，以及在初期的调查结果出来之后是否应该收集更多的信息等问题。调研的价值是由结果的可靠性和确实性以及公司对调研结果的接受程度而定的。

（3）书面报告。营销调研最终必须形成书面报告，并把调研结论送交有关人员和部门。调研报告没有一定的规定格式，但无论哪一类调研报告，都必须突出调研目的，内容要简明、客观、完整。

★小贴士

垃圾不只是垃圾

帕林是柯的斯出版公司的经理，上世纪初，他就在公司设立了世界上最早的调研组织。当时，柯的斯公司的业务代表向美国鼎鼎有名的 Campbell 汤料公司推销“星期六邮刊”的广告版面。但对方告诉他：邮刊不是汤料公司好的媒体，因为邮刊的主要读者是工薪阶层，而 Campbell 的汤料则是以高收入家庭购买为主，工薪阶层主妇为了省钱，往往自己凑合着烧汤，只有高收入家庭才愿意花 10 美分买已经调好的 Campbell 汤。

帕林要想办法反驳对方的观点。为此，他抽取了一条垃圾运输线，让人从该线路的各个垃圾堆中收集汤料罐，他发现从富裕区收集到的汤料罐几乎没有，因为富裕家庭总是让仆人动手准备汤料，大部分汤料罐从蓝领区收集到。帕林认为对蓝领阶层妇女来说，节约做汤的时间可以更多地为家人做衣服或者做其他挣钱的活。在摆出这些发现后，Campbell 很快成为邮刊的广告客户，从此，“垃圾调研法”产生了。

4. 营销分析决策系统

营销分析决策系统的任务是从改善经营或取得最佳经营效益的目的出发，通过分析各种模型，帮助市场营销决策人员分析复杂的市场营销问题。该系统包括一些先进的统计程序、模型和数据库，借助这些程序、模型、数据库，可以从信息中发掘出更精确的调查结果。

统计程序是指用各种定量分析方法，如时间序列法、回归分析法等从数据中得出某种结论。

模型是通过某些系统或过程的一组变量及它们之间的相互关系，帮助经营决策者做出较好市场经营决策的过程。例如，帮助回答假设在某条件下，可能出现的情况及其中的最佳情况，如价格模型、最佳产品特征模型等。

营销数据库是用来有组织地收集关于当前客户或者潜在客户的综合数据和资料的信息系统，这些数据和资料是为营销目的所用。它可以引导产生名单、审核资格、销售产品或服务、维持客户关系。数据库可以帮助完成下列营销活动：更精确地确定产品或服务营销目标；识别那些最可能购买新产品和提出新的服务要求的潜在客户；强化客户忠诚度；促进重复购买；使公司的营销功能更容易解释说明；加强广告与促销、产品经营和分销渠道之间的联系；大大提高销售效益。

上述 4 个子系统不是孤立的，它们互为作用、互为影响，从而构成了完整、有效的旅游营销信息系统。只有子系统相互配合，才能确保旅游营销信息的全面性、真实性、时效性、适用性和经济性，才能使旅游企业正确选择目标市场，并为制订合理的旅游营销计划打下基础。

二、旅游市场营销调研的含义与内容

（一）旅游市场营销调研的含义

美国营销大师菲利普·科特勒将营销调研定义为：企业系统设计、收集、分析和提出数据资料以及提出与公司所面临的特定的营销状况有关的研究结果。

美国营销协会 1960 年将市场营销调研定义为：系统收集、记录和分析有关产品及服务的营销问题信息。

所谓旅游市场营销调研，是指系统地、客观地设计、收集、分析并报告与旅游目的地和旅游企业有关的数据和研究结果，用以帮助营销管理人员制定有效的市场营销决策。

（二）旅游市场营销调研的意义

随着世界旅游业的发展，旅游市场地理区域不断扩大，地区旅游市场营销逐步发展到全国乃至国际市场，使旅游企业需要比以往更多的旅游市场信息。现代信息技术的突飞猛进，企业拥有自己的数据库和信息系统已变得越来越容易。然而，信息的收集和分析毕竟是个动态的过程，即便建立了强大的信息支持系统也不能指望一劳永逸，因此旅游企业必须求助于系统的旅游市场调查分析，掌握旅游市场动向。由于信息具有时效性强、更新性强、双向性的特点，同时决策人员又要求所获得的信息要准确、及时、稳定、系统、经济，只有不断通过有针对性的旅游市场调查，更新系统信息，维护系统资源，才能了解旅游市场需求及竞争者的最新动态，因此旅游市场调研对旅游企业具有很重要的意义。

为了正确制定市场营销决策，旅游企业市场营销调研人员必须有针对性地收集相关的资料和信息，这些资料和信息构成了旅游企业市场营销调研的主要内容。一般而言，市场营销调研可以分为宏观市场营销调研和微观市场营销调研。旅游市场营销调研的内容包括所有与旅游企业有关的社会、政治、经济、环境及各种经济现象。涉及范围十分广泛。

（三）旅游市场营销调研内容

1. 旅游市场营销宏观环境的调研

旅游市场营销环境主要指旅游企业不可控制的宏观环境。它包括政治环境，即政府有关方针政策、有关法令及政局的情况；经济环境，即人口、国内生产总值、旅游者收入及消费水平、物价水平、通货膨胀情况、能源和资源情况特别是旅游资源情况；科学技术环境，即先进的科学技术对旅游业的促进；社会文化环境，即教育文化水平、职业习惯、宗教信仰、民族分布、家庭状况等。旅游行业的突出特点就是受政治经济影响特别大。特别在当前国际国内社会稳定工作任务比较严峻的情况下，旅游企业更要做好政治环境的调研，为顺利开展旅游工作铺好路。

一般来说，旅游企业很少直接进行其他不可控因素的调研，大部分通过新闻媒体收集情报，如消费者的收入、消费者的购买动向等。有的国家设有专门的调研公司，为企业提供有关这方面的资料。

2. 旅游市场需求信息的调研

旅游市场需求很大程度上决定旅游供给。因此，收集和分析旅游市场需求以及影响各种需求的旅游消费者心理、偏好、购买行为等信息，是旅游企业市场调研的核心。旅游市场需求是在一定时期内、一定价格上，旅游者愿意并能够购买旅游产品的数量。旅游需求是决定旅游市场购买力和市场规模大小的主要因素，主要包括以下几个方面：

（1）旅游者规模及构成调研。它主要包括旅游客源地经济发展水平与人口特点，旅游者可自由支配收入和闲暇时间，旅游者的数量和消费构成，旅游者对旅游产品质量、价格、服务等方面的要求和意见。

（2）旅游动机调研。旅游动机是推动人们进行旅游活动，达到旅游目的的内在驱动力。动机调研广泛用于分析游客选择某一旅游企业而不选择其他企业的原因。美国学者罗伯特·麦金托什和沙西肯特·格普特在他们合编的《旅游的原理、体制和哲学》一书中将所有人的旅游动机分为四类：第一类，身体健康的动机。这个动机的特点是以身体的活动来消除紧张和不安。它包括休息、运动、游戏、治疗等动机。第二类，文化动机。这类动机表达了一种求知的欲望。它包括了解和欣赏异地文化、艺术、风格、语言和宗教等动机。第三类，交际动机。这类动机表现为对熟悉事物的一种反感和厌倦，出于一种逃避现实和释放压力的欲望。它包括在异地结识新的朋友，探亲访友，摆脱日常工作、家庭事务等动机。第四类，地位与声望的动机。这类动机表现为在旅游活动交往中搞好人际关系，满足旅游者的自尊。它包括考察、交流、会议以及满足个人兴趣所进行的研究等。

（3）旅游者消费行为调研。旅游者消费行为调研主要是运用心理学、社会学等知识分析旅游者的消费偏好、消费习惯和购买行为等。

（四）旅游市场营销组合因素调研

营销组合中的四大要素（4P）是旅游企业可以控制的因素。旅游企业为了增强自身的竞争实力，对这四种因素的调研是重要工作内容之一。

1. 旅游产品（Product）调研

旅游产品是旅游企业一切经营活动的主体。旅游产品调研主要涉及旅游产品需求的特点，旅游产品的市场占有率和销售潜力；旅游新产品的开发与组合；旅游产品的生命周期；旅游者对旅游产品的隐性需求或意见等。

2. 旅游价格（Price）调研

价格高低与旅游需求的多少关系密切。旅游企业必须制定正确的价格策略才能获得长久的更高的利润。价格调研包括：旅游产品定价现状及变化趋势、旅游者的心理价格状态、旅游产品的供给弹性和需求弹性、替代品和互补品的供给和弹性等。

3. 旅游分销渠道（Place）调研

要提高销售的效率，降低销售费用，旅游企业必须选择合适的产品分销渠道。调研内容包括：销售渠道的数量、分布和营销业绩，即销售渠道的宽度和长度；旅游中间商的业绩以及对本旅游产品的要求；市场上类似产品销售的权威机构等。

4. 旅游促销（Promotion）调研

营销的实质是需求管理。促销的实质是沟通信息，也就是建立起旅游企业与旅游者的良好沟通关系。旅游促销调研包括促销对象调研、促销方法调研、促销投入调研、促销效果调研、企业形象调研、公共关系调研、人员推销调研和企业推广调研等。

（五）旅游企业经营效益调研

1. 经济效益调研

旅游企业和其他企业一样，目的都是追求利润最大化。现代旅游企业经济效益的指标主要包括旅游企业的产品市场占有率、企业总成本、销售总量、营业总收入、营业总利润等指标。

2. 社会效益调研

旅游企业在提高经济效益的同时还关注企业和产品良好形象的树立，希望与公众建立良好的社会关系，形成公众对企业和产品的认可，甚至赞誉。评价旅游企业社会效益的指标主要包括：企业从业人员的综合素质、企业目标市场顾客的满意度、企业和产品的形象树立、企业核心竞争力以及企业与公众良好关系的建立等。

3. 环境效益调研

旅游业与生态环境休戚相关，旅游业的发展必须关注生态环境效益。在追求企业发展的过程中，注重对生态环境的保护已经成为旅游发达国家或地区旅游业企业的共识，同时也能顺应旅游业可持续发展战略要求的趋势。

三、旅游市场营销调研的程序和方法

旅游市场营销调研是一种有计划、有组织的活动，必须遵照一定的工作程序，才能有条不紊地实施调查，取得预期的效果。和其他市场调研一样，旅游市场营销调研一般分为六个步骤，如图 3－2 所示。

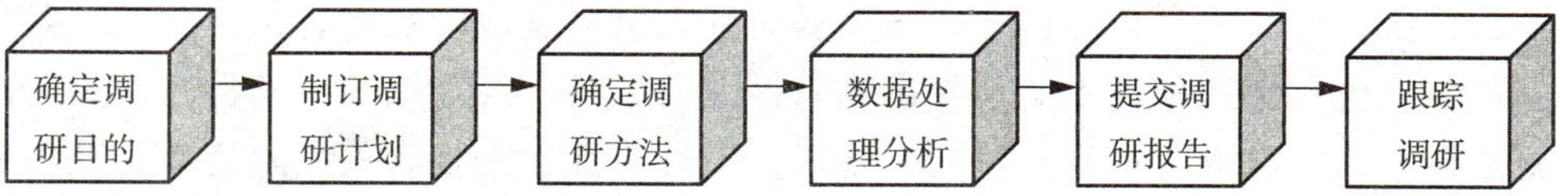

图 3－2　旅游市场营销调研步骤

（一）确定调研目的

爱因斯坦说过："一个问题的明确陈述要比其解决方法更为关键。"对于营销者而言，这句话强调了对调研问题的明确界定可以引导调查的方向。如果调研的目的非常明确，那么就更有可能只收集必需的资料，避免收集多余的资料。专题的调研不能太空太宽，避免专题不明确、不具体。应当努力使需要调研的问题定量化，提出具体的数量目标，利于对调研结果的审核和评估。例如，把调研目标定为"景区旺季游客接待量是否很大?"旺季是指哪个时间段?"很大"是个什么范围? 如果设定为6～8 月份为旺季，游客接待量达到300 万为规模很大，那么目标就很明确。这一阶段的调研要解决三个问题：为什么调研（Why），调研什么内容（What），调研结果向谁负责（Who）。

（二）制订调研计划

明确调研目的后，紧接着要制订具体的调研计划，包括确定调研人选的范围、调研方式、途径、时限，以及通过收集和分析现有资料而获取旅游企业及其外部环境的信息，确定调研方案。通常调研方案包括：摘要、调研目的、内容和范围、方针与方法、进度与经费预算和附录部分。

（三）确定调研方法

营销调研分为正式与非正式调研。非正式调研即营销人员与旅游企业的中间商、竞争者、合作伙伴、顾客群等进行非正式的交流。它可以为正式调研打下基础。

正式调研就是调研方案的实施过程。这当中涉及一个确定调研资料来源的问题。调研资料按其来源分为第一手资料（直接资料）和第二手资料（间接资料）。收集第一手资料的费用一般比较高，费时费力，但所得资料通常与所需解决的问题密切相关。第一手资料往往来源于现场调查。它要求收集的资料是在其他任何（二手的）资料中找不到的。例如，一家航空公司委托有关机构调查商务旅行者对在同一航线上竞争的其他航空公司的态度，这项调查获得的资料就是原始资料。第二手资料是已经存在的现有资料。这种资料可以在很短的时间内从图书馆、政府机构、行业协会、学术团体等大量获取。收集二手资料，必须保证资料的准确性和可靠性。人们都知道，获得和利用二手资料永远都比收集原始信息快捷省钱。对于任何需要以调查信息为依据的决策，最初的调查都应该从二手资料入手，如果二手资料并没有所需要的资料，或者即使有，也可能不够切题、不够精确、不够及时、不够全面，则必需调查一手资料。例如，一家行业杂志曾经想要确定在公司商务旅行者和旅行代理商心目中最好的饭店联号是哪些家。该杂志将调查表作为杂志的插页分发出去，而结果只有不足0.05%的回收率，但该杂志还是以这种不可靠的反馈信息对饭店进行了排序，并公布出去。所以当二手资料无法满足信息需要时，就有必要再次进行原始资料的收集。

1. 文案调查法

文案调查法又称二手资料分析法，是市场研究人员对现成的数据、报告、文章等信息资料进行收集、分析、研究和利用的一种市场营销调研方法，经常用于探索性的研究阶段。这种方法通常根据旅游市场营销调查目的和要求，有针对性地查找有关文献资料，从中分析和筛选出与旅游企业市场营销有关的信息情报。例如，某旅游企业要收集有关我国旅游者旅游消费支出状况的统计数据。就可以通过《中国旅游统计年鉴》查找不同年龄阶段、不同职业状况的旅游者在不同城市旅游消费支出状况，并且可以进而查出旅游者在餐饮、住宿、市内交通、购物、娱乐方面单项旅游消费支出的状况。由于文献资料具有传播广泛、查找记录方便的优点，因而文案调查法是旅游企业获取技术与经济情报的最主要来源。

2. 实地调查

实地调查也叫一手资料收集，是为了特定的研究目的，调查员依照调查方案直接向被访者收集第一手的信息资料。实地调查的方法又可以具体分为调查法、询问法、观察法和实验法。

（1）调查法。调查法是调查员利用事先拟定的调查提纲，直接向被访者询问的一种调查方法。由于调查法能够收集到广泛的信息资料，因而在市场营销调研中最为常用。调查法又可分为访谈法、小组座谈法、投射法和行为数据法。

访谈法是由具有访谈经验并掌握一定访谈技巧的调查员对被访者进行面对面的深入访谈，以揭示对某一问题的潜在动机、态度、信念和情感。它是一种无结构的、直接的、一对一的访问，主要用于探索性研究。访谈法的优点是：答复率高，可以解答问题，可以采用开放式问题，允许有各种答案，可以观察被访者的反应，获得完整的信息。访谈法的缺点是：调查人员本身可能具有的偏见，被访者的时间难以约定，费用高，被访者不愿回答私人问题，被访者可能较紧张，被访者的回答可能是调查员所期望的回答而非其真实想法。

小组座谈法，又称焦点访谈法，是以一种松散的组织形式，将一组（通常6～12人）具有代表性的消费者或客户召集在一起，由一个受过专门训练的有经验的主持人就某个问题进行无结构的、深入的讨论，从而获得对该问题的深入了解的一种调查方法。这种调查方法基于这样一种假定，即人们处于小组讨论氛围下时更愿意分享自己的观点。这种调查方法一般选择在一个装有单面镜和录音录像设备的房间内进行，它是一种典型的定性研究方法，几乎是定性调查的代名词。小组座谈法的优点是：与访谈相同，比人员访谈更随意和放松，可以更深入分析和研究问题，比人员访谈的答案更真实。小组座谈法的缺点是：很难安排到合适的时间和地点，需要回答问题者花费时间和精力，有些人可能操纵整个讨论或使之跑题。

投射法，或称投影技法，它通过设置某种刺激物让被访者解释他人的行为，从而将自己所关心的问题的潜在动机、态度或情感间接投射出来。这是一种无结构的、非直接的调查方式。

行为数据法，即通过商店的扫描数据、分类购买记录和顾客数据库来记录顾客的购买行为。通过分析这些数据可以了解许多情况。顾客的实际购买所反应的喜好常会比顾客反映给营销调研人员的话语更能反映真实情况。人们经常会说出那些常见的品牌，而实际购买时，常会是另外的一些品牌。例如，调查百货商店的数据表明，高收入的人们并不会像他们所说的那样购买较贵的品牌，而许多低收入者也会购买一些较昂贵的品牌。航空公司通过对其售出机票记录的分析，可以很清楚地从中找到一些关于乘客的有用信息，教师、IT 精英等高强度脑力劳动者出游意愿和付诸行动的比率远远高于个体从业者。

（2）询问法。询问法是一种最适合收集描述性信息的方法。询问法可以是结构性的，也可以是非结构性的。结构性询问使用正式的表格，其中列举需要向被调查者询问的所有问题。非结构性询问任由访谈人员与各个被调查者交谈，并根据他们的回答来控制整个访谈过程。询问法又可分为面谈式询问、电话式询问、邮寄式询问和网络调查法。

面谈式询问，指营销人员直接访问被调查者，以直接当面交谈的形式或递送问卷的形式收集第一手资料。可以采用个人访问的方式，也可以采用召开座谈会的形式，调查对象可以是游客、旅游中间商、供应商或其他企业、个人。其优点在于可以直接判断被调查者的态度和意见，得到真实的第一手资料。方式灵活，启发性好。但这种方法成本较高，调查过程难以控制，调查结果受调查人员的技巧等主观因素的影响较大，在调查范围大时难度更大。

电话式访问，指营销人员根据抽样要求，选取样本，用电话询问被调查者，以此获取有关信息的方法。电话式访问的最大优点是获取信息速度快，经济省时。它适用于那些工作繁忙，不愿接受来访者的被调查者。其缺点是缺乏面对面的接触，可能会抑制人们对某些问题的深入回答，并且会产生样本选择上的偏差。因此较难判断信息的真实性，需要和其他方法配合使用。

邮寄式询问，指调研人员按照事先设计好的调查表邮寄给被调查人，由其填写好并在规定时间内寄回。这种调查方法通常成本较低，调查范围广，被调查者可以在自由时间内回答问题；但这种方法回收率低，也不及时，另外因为网络信息技术的发达，该方法用的越来越少了。

面谈式询问法、电话式询问法、邮寄式询问法的优点和缺点，如表 3－1 所示。

表 3－1　三种不同接触方式的优点和缺点

项目	面谈	电话	邮件
灵活性	极好	好	差
能收集到的资料的数量	极好	一般	好
对调查者可能发生的影响的控制	差	一般	极好
样本的控制	一般	极好	一般
收集资料的速度	好	极好	差
反馈比率	好	好	差
成本	差	一般	好

（资料来源：［美］菲利普·科特勒等：《旅游市场营销》，谢彦君译，北京，旅游教育出版社，2002）

网络调查法。互联网的迅速普及和运用，使调研人员可以借助网络通过专业调查网站或著名的公共网站，把问卷传到网上。其优点是简化问卷的发布、收集、整理工作，减少企业开支，降低成本。但是受到浏览专业网站人数少、类型不丰富的限制。

（3）观察法。观察法是调查者在现场对被调查者的情况直接进行观察、记录，以取得市场信息资料的一种调查方法。常用的观察法有两种：一种是人员观察，调研人员从侧面观察人们的行为，系统地记录某种行为发生的频率、地点和时间。例如，调研人员可观察、记录午饭高峰期在商业中心快餐店用餐的人的年龄、性别、衣着、消费水平等，做好记录，最后统计，找出规律；另一种是器械观察，调研人员通过使用录音机、摄像机、照相机等设备观察被调查者的行为。观察法的好处是可以直接记录行为，而不必依赖来自应答者的报告。例如，"神秘顾客"则是由特定的访问员扮作顾客，伪装旅游消费，可以观察旅游行业销售人员的一举一动，也可以进行比较，以了解竞争者旅游零售网点的价格。

★小贴士

芝加哥科学和工业博物馆想了解其展品的受欢迎程度，它本来打算采取调查方法。但是，一位熟悉调研设计的富有创造力的调研人员提出了一种成本更为低廉的调研方法—不引人注意的观察法。这位调研人员指出，博物馆只需记录每个展品前地板砖的更换频率，就能够了解哪些展品前参观的人数最多。经过观察，博物馆发现小鸡孵化展最受欢迎。这种方法得出了与调查法一致的结论，而成本却低得多。

观察法可以得到一些人们通常不愿或不能提供的信息。倘若观察到餐桌上剩下了大量的没有吃完的盘子，那么就可以推断这些食品客人不喜欢。但另一方面，观察法并非像清点人数那么简单，其任务的难度也远远超过没有经验的调研人员的想象，因为很多信息是无法观察到的，如态度、想法、动机以及其他无形的思想状况，而且有时被顾客发现了会引起反感和争执。

（4）实验法。实验法是研究人员通过设计一定的实验条件，将调查项目置于实验环境中收集信息的一种方法。这种方法主要用于因果关系研究，是最科学的调查方法。有实验室实验和现场实验两种情况。例如，为获取价格与乘客对空中电话服务购买量之间的关系变化，美洲航空公司选择在从芝加哥到东京的正常航班上进行实验。在第一个星期的航行中，它宣布每次服务的收费是 25 美元。在第二周的同一航班上，它又宣布每次收费为 15 美元。假设每次航班上的头等舱载客人数相同，并且在一个星期内天天如此，那么，在通话次数上的任何重要变化都可能与收费价格有关。实验法的优点是应用范围广，客观性强，有很好的应用价值。旅游企业在改变其产品的品种、旅游路线、价格、分销渠道等都可以进行实验，来调查客户的反应，然后决定是否大规模推广。其主要缺点是时间较长，费用较高，而且有时难以控制现场的各种变量。

（四）数据处理分析

信息和数据收集完毕后，旅游企业的市场营销人员应当使用恰当的统计分析方法，将收集到的信息进行处理和分析，找出各种数据之间的内在联系，预测企业的营销趋势。

（五）提交调研报告

通过对调研信息的分析，旅游企业调研人员最终需向企业提交一份书面报告，调研报告根据不同的提交对象可分为一般报告和技术报告两种。

（六）跟踪调研

调研机构要本着对旅游企业高度负责的态度，调研报告的可行性需要在实践中检验，有必要进行跟踪调研，及时反馈，总结经验，修正调研结论，提高决策的准确性。否则调研就成了费时费力费钱的一纸空文，给旅游企业带来较大的负面影响。

四、旅游市场营销调研问卷设计

（一）问卷的概念

问卷是调研人员用来收集原始数据的最主要的方法，通过精心设计的格式来展现调研人员期望受访者回答的问题，它是调研过程中一个非常重要的部分。事实证明，问卷设计不仅关系到对所获取的资料能否顺利进行加工处理，还会直接影响数据收集的质量。

（二）问卷的基本结构

一份完整的问卷应包括标题、说明部分、问卷设计的原则、调查的问题、编码和结束语等内容。

1. 标题

标题是调查问卷内容的高度浓缩，表明问卷调查的倾向。

2. 说明部分

说明部分常置于问卷前页作为附在问卷上的一封短信。用于介绍研究者的身份，问卷调查的目的和意义，同时解释如何填写问卷，并且表明研究者的态度，目的是取得被调查者的信任和理解并引发其参与调查的兴趣。

3. 问卷设计的原则

因为调查问卷的内容和被调查者的素质、调查环境、调查技术等都是制约问卷回收率和有效问卷份数的因素，所以问卷设计一定要讲究科学性。一份调查问卷的设计要遵循一些基本原则：便于收集必要的资料、避免过度冗长、语言清晰明确、便于理解与回答、有利于资料的整理和分析等。

4. 调查的问题

调查问卷的内容包括各类问题和问题的回答方式，这是问卷的核心部分。问卷中的提问类型主要有：事实类问题、知识类问题、观点类问题、评价类问题、动机类问题、行为类问题等。从问卷设计的形式分，可以有开放式、封闭式和混合式三大类。

开放式问答题只提问题，不给具体答案，要求被调查者根据自己的实际情况自由作答。开放式问答题包括：自由回答法和词句联想法。

自由回答法。旅游调查人员提出问题，不准备答案，由被调查者根据问题用文字形式自由表达。这种方式获得的资料较多，但难以整理和统计；主要用于深度谈话和直接访问，在调查问卷中一般在正文结尾处提出一个问题。

例：您认为我国目前出境游火热的原因是什么？

词句联想法。旅游调查人员列出一些不完整的语句由被调查人员完成该句子或者旅游调查人员列出一些词汇，每次一个，由被调查人说出或写下其脑海中涌现的相关信息。

例：当您听见下列词语时，首先想到的是什么？

旅游营销自助旅游

封闭式问答题只提问题，不给具体答案，被调查者只需在选中的答案中答“是”或“√”，“否”或“×”。

混合型问题，又称半封闭问答，是在采用封闭型问答题的同时，最后再附上一项开放式问题。其主要包括：单项选择法、多项选择法、语义差别法和顺位法。

单项选择法。调查人员就一个问题提出两个答案，供被调查者选择，如是与否、有或无等。答卷时间短，但它使被调查者无法表达意见的程度差别。

例：您以前是否去过西藏旅游？

A. 是（√）　　B. 否（×）

多项选择法。对一个问题给出三个以上答案，被调查者可以任意选择其中一项或几项。

例：您游览过北京以下哪几个景点？

A. 天坛（√）　　B. 长城（√）

C. 故宫（√）　　D. 颐和园（√）

E. 亚运村（×）　　F. 军事博物馆（×）

语义差别法。在两个意义相反的词之间列上一些标度，让被调查者选择自己的意愿方向和程度的某一点，它可以用文字形式提问，也可以以表格形式进行调查。

例一（以文字形式）：请问您对此次三峡之旅的感受。（请您在同意的程度上划“√”）

很满意（×）　　满意（√）

一般（×）　　不太满意（×）

很不满意（×）

例二（以表格形式，见表3－2）：请问您对此次三峡之旅的感受。（请您在同意的程度上划“√”）

表3－2　您对此次三峡之旅的感受

项目	导游服务	旅游餐饮	旅游交通	旅游购物
很满意	√			
满意		√	√	
一般				
不太满意				√
很不满意				

顺位法。调查人员为一个问题准备若干答案，让被调查者根据自己的偏好程度定出先后顺序。

例：请您对以下五种旅游商品的创意性进行编号，设计最有创意的旅游商品为1号，依次类推。

A（2）　　B（1）　　C（4）　　D（3）　　E（5）

5. 编码

编码一般应用于大规模的问卷调查和回收工作中。为了充分利用问卷中的数据，提高问卷的录入效率和分析效果，需要对问卷中的数据进行科学编码。编码就是对一个问题的不同答案给出一个电脑能够识别的数字代码的过程。在同一个题目中，一个代码只代表一个观点，然后将其以数字形式输入电脑，将不能直接统计计算的文字变成可以直接计算的数字，将大量的文字信息压缩成一份数字报告，使信息更为清晰和直观，以便对信息进行分组和后期分析。这就使问卷编码工作成为问卷调查中不可或缺的流程。

6. 结束语

结束语一般置于最后，用来简短地表示对被调查者的感谢或征询被调查者对问卷设计和问卷调查本身的看法和感受。

★小贴士

一份有问题的调查问卷

假设下面的问题是一位餐厅经理为了解潜在客人情况而设计的。作为消费者，你认为这份问卷怎么样呢？

1. 您最近的 100 美元收入从何而来？

人们不必知道他们最近的 100 美元收入从何而来，也没有必要详细说出他们的收入来源。况且，调查问卷也不应该以这样的问题开头。

2. 你多长时间去一次餐馆？

这是一个非常武断的问题。它没有明确餐馆和饮食的类型，对于一个描述性的问题，应该加入对类型的询问。

3. 在工作日内，你通常吃几次早餐？

1 ____　2 ____　3 ____　4 ____　5 ____

这个问题没有穷尽全部答案，如果一顿早餐也不吃呢？应该加上第六个答案 0 ____

4. 您在午餐上平均花多少钱？

____0 ~ $2.00　____ $2.00 ~ $4.00　____ $4.00 ~ $6.00　____ $6.00 ~ $8.00

这个问题的答案有重叠，花 $2.00，$4.00，$6.00 的人可能会选择两个答案。这个问题也没有穷尽全部答案，花 $8.00 以上的人就不能回答了。

5. 您愿意在周五和周六的晚上来本餐厅享受乐队表演吗？

是（　　）　　　　　　否（　　）

“愿意”这个词不表示直接的购买行为，许多人会回答“是”，因为这个答案让他们感觉很愉快。但这并非出于他们的平常心。这里应该标明成本。如果要求客人支付最低消费或较高消费的饮料费用，在问卷中应该加以强调。而且，这个问题也没有指明乐队的类型。一些人认为是乡村音乐或西方音乐的人会回答“是”，但当他们看到的是重金属乐队的时候，自然会非常失望。

6. 今年或是去年的四月份，你是否得到了更多的优惠券？

这个问题谁记得清？

7. 在你对餐厅的评价中最重要的和起决定性作用的因素是什么？

什么是“最重要的和起决定性作用的因素”呢？不要使用应答者难以理解的、含义模糊的词汇。

（资料来源：［美］菲利普·科特勒等：《旅游市场营销》，谢彦君译，北京，旅游教育出版社，2002）

第二节　旅游市场预测

调研为预测服务，预测为决策服务。为了提高管理的科学水平，减少决策的盲目性，我们需要通过预测来把握经济发展或者未来市场变化的有关动态，降低决策可能遇到的风险，使决策目标得以顺利实现。

一、旅游市场预测的概念和内容

（一）旅游市场预测的概念

所谓旅游市场预测，就是在旅游市场营销调研获取的各种资料与信息的基础之上，运用科学的定性和定量的方法，针对旅游企业的需要，对旅游市场未来发展变化做出分析和推断。

旅游市场预测根据不同的标准可以划分为不同的类型。

1. 按旅游市场预测范围划分

按旅游市场预测范围分为旅游宏观市场预测和旅游微观市场预测。

2. 按旅游市场预测期的长短划分

（1）长期预测：5 年以上的预测，是对战略性决策的预测。

（2）中期预测：1 ~5 年的预测，主要是为制订中期发展规划提供依据。

（3）短期预测：1 年以内的预测，适用于产品生命周期短、企业能迅速调整产品营销战略的情况。

3. 按旅游预测采用方法的性质划分

（1）定性预测：指市场预测人员根据所掌握的营销调研资料和主观经验，通过对预测目标性质的分析和判断，估计在未来一定时期内旅游市场变化趋势的预测方法的总称。定性预测着重于旅游市场变化趋势的预测。

（2）定量预测：根据市场调研取得的数据资料，运用数据和统计方法，找出变化的一般规律，并依照所发现的规律对市场发展的前景，做出量的估计的预测方法的总称。定量预测着重于旅游市场变化的量化。

（二）旅游市场预测的内容

凡是影响旅游企业市场营销的因素都可以成为预测的内容。因此，旅游市场预测内容十分广泛，需根据实际情况决定选择何种预测内容，一般包括旅游市场的旅游供给和旅游需求两方面。

1. 旅游市场环境预测

旅游业是一个具有高度依托性的行业，受外界环境影响较大。所以，旅游营销环境是旅游企业决策者必须关注的因素。旅游营销环境主要包括国内国际重大的政治、经济、法律、科技事件和新闻，自然、人文环境和生活条件变化趋势，国家产业结构变化趋势，旅游企业所属地区的政府政策导向等。决策者必须运用科学的方法对这些因素做出正确的估计与预测。

2. 旅游市场需求预测

旅游需求预测始于20世纪60年代，但预测方法的快速发展是在20世纪80年代。旅游市场需求预测可分为：旅游市场需求总量预测、旅游客源预测和旅游需求结构预测三种。

（1）旅游市场需求总量预测。旅游市场需求总量主要是指在一定区域和一定时间范围内，旅游者可能的购买力及购买力投向的总量。旅游需求总量可以标识旅游企业在一定时期和一定营销费用条件下，可能达到的最大销售额。通常测量旅游市场需求总量的公式为：

$$Q = \sum P_n \times q(N - 1)$$

式中：Q——市场需求总量；

N——特定产品的可能购买人数；

P_n——第 n 个旅游平均购买数量；

q——特定产品的平均单价。

（2）旅游客源预测。旅游客源预测指预测客源地旅游者变动情况，包括旅游者数量变化、旅游季节变化、旅游者地区分布状况、旅游者构成变化和旅行游览时间长短变动等。

（3）旅游需求结构预测。旅游者在餐饮、住宿、交通旅行、游览、娱乐、购物方面的消费是旅游企业的主要收入组成部分，其变化直接影响旅游市场需求潜力和旅游产品的销售。

3. 旅游容量预测

旅游需求与供给是旅游市场的两个主要因素，在预测市场需求的同时，也应对旅游供给的发展趋势进行预测。确切地讲，是对旅游容量或旅游承载力进行预测。旅游容量包括旅游心理容量、旅游资源容量、旅游生态容量、旅游经济发展容量和旅游地域社会容量等。应准确测定旅游地的既有旅游容量，旅游极限容量，力争使旅游地的接待能力处在一个合理容量之内，维持供需的相对平衡，以保持旅游资源的吸引力和维护自然生态环境。

4. 旅游价格预测

旅游价格是旅游市场波动的主要标志和信息载体，一般情况下，价格下降，需求量增加，价格上涨，需求量减少。各种旅游产品对价格的需求弹性不同，旅游企业必须预测旅游市场价格变化对旅游市场需求带来的影响，以及确立在旅游企业可控制范围内的最优价格和供给水平的变动趋势。

5. 旅游效益预测

旅游效益预测的内容包括市场占有率预测和旅游收益预测。

（1）市场占有率预测。市场占有率是旅游企业的旅游产品的销售量占该产品市场总销售量的比重。对它的预测，一方面可以预测本企业的销售量，另一方面可以预测竞争对手的实力以及本企业在旅游行业中的竞争力和所处的地位，以便掌握市场竞争的动态状况，采取相应的市场竞争策略。

(2) 旅游收益预测。旅游企业通过对营销成本和利润的预测，可以了解旅游收入的数量、构成与收入水平，反映旅游经济活动的成果，包括经济效益、社会效益和生态效益，有助于提高企业经营管理水平，并为投资决策和营销决策提供依据。

二、旅游市场预测的程序

市场预测是将市场调查获得的资料，针对企业的经营目标，运用已有的知识、经验和科学方法，对市场的未来发展趋势及与之相关的营销环境因素做出分析和判断，必须以科学合理的步骤进行。其基本程序如图 3－3 所示。

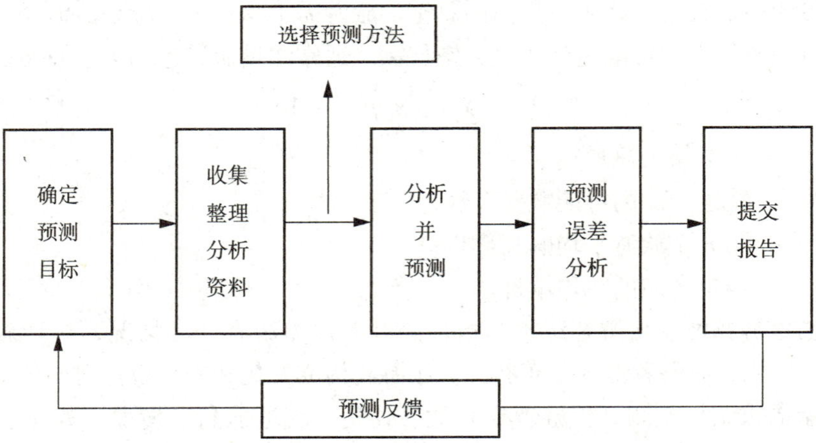

图 3－3　旅游市场预测基本程序

(一) 确定预测目标，拟定预测计划

旅游企业的市场预测首先要明确预测目标。不同的预测目标，需选择不同的预测对象以及选用不同的预测方法，从而拟定预测计划。预测计划要解决为什么预测、预测什么、什么时候预测、在什么地方预测、什么人预测等问题。

(二) 收集、整理和分析资料

资料是预测的基础，所需资料须具备针对性、准确性、系统性和可比性。因而须对收集的资料进行审核、整理，分析资料结构的性质，以尽量减少预测过程中因资料引起的误差。

(三) 选择预测方法，进行预测

适宜的预测方法是提高预测质量的主要因素，应在预测目的确定、统计资料分析、整理及预测费用确定的综合基础上，选择恰当的预测方法。同时，做出定性或定量分析，进行归纳、总结，推测、判断未来市场的发展方向和趋势。

(四) 预测误差分析

预测误差的大小，反映预测的精确程度，若误差过大，则失去预测的意义。因此，在每一个预测结果产生之前，应分析误差产生的原因，测定误差的程度，把误差控制在允许的范围内。

（五）提交预测报告

对预测结果进行评价、修正之后，确定预测值，以书面报告的形式反映预测结果，供有关部门决策时参考。

三、旅游市场预测的方法

旅游市场预测的方法是指在旅游市场调查的基础上对预测目标进行定性和定量的分析、测算和推断的各种方法的总称。旅游市场预测，按预测方法的性质，可分为定性预测和定量预测。

（一）定性预测

定性预测是预测者根据自己挖掘的实际情况，结合实践经验、专业水平，对旅游企业发展前景的性质、方向和程度做出的判断，也称为判断预测或调查预测。这种方法的准确程度取决于预测者的经验、理论、业务水平、掌握的情况和分析判断能力。定性预测综合性强，需要的数据较少，能考虑到无法定量的因素，其具体方法有以下 5 种：

1. 经营管理人员意见预测法

这种方法是由旅游企业的经理召开熟悉市场情况的各业务部门主管人员的座谈会，将与会人员对市场商情的预测意见，加以归纳、分析和判断，制定企业的预测方案。这种方法的优点是：有利于调动业务管理人员市场预测的积极性；预测结果比较准确可靠；预测成本低；对市场的变动较为敏感。其缺点为：对市场变化了解不深入，主观因素影响大。

2. 销售人员意见调查预测法

对旅游企业销售部人员进行调查，征询其对产销情况、市场动态及未来销售额的估计，加以汇总整理，对旅游企业市场前景做出综合判断。其特点是：销售人员熟悉市场，预测经过多次审核、修正，较接近实际。但由于岗位有限，对经济发展和市场变化全局不够了解，致使预测结果有一定局限性。

3. 旅游交易会、博览会调查预测法

通过参加旅游交易会、博览会直接向游客或中间商发起调查，以了解消费者对旅游企业产品的质量、价格的意见和需求，加以汇总整理，综合判断旅游企业产品销售的前景。

4. 旅游消费者购买意向调查预测法

这种方法是采用随机抽样或典型调查方法，从住店客人中抽选一定数目的消费者，通过表格、询问等方式进行调查，将消费者的购买意向加以汇总分析，以推断旅游企业产品的未来需要。

5. 专家评估法

专家评估法，是由美国兰德公司于 20 世纪 40 年代发明的一种应用较为广泛的定性预测法。它是指以匿名方式，向一组专家轮番分别征询意见，加以综合整理，逐步取得一致意见而进行预测的方法，又称为“德尔菲法”（Delphi Method）。

★小贴士

德尔菲法（Delphi Method）：德尔菲是古希腊地名。相传太阳神阿波罗（Apollo）在德尔菲杀死了一条巨蟒，成了德尔菲主人。在德尔菲有座阿波罗神殿，是一个预卜未来的神谕之地，众神每年到希腊阿波罗神殿所在地德尔菲（Delphi）集会以预言未来。于是人们就借用此名，作为这种方法的名字。

专家评估法的基本步骤为：

（1）准备阶段。成立预测小组，确定预测课题；选定专家；设计征询表。

（2）征询阶段。第一轮，将预测课题征询表及背景材料，提交给每一位专家征询意见；第二轮，将第一轮意见汇总，补充新的背景材料，反馈给专家进行第二轮征询意见；第三轮，重复第二轮工作；第四轮，对修正后的专家意见予以汇总，并分析、判断定案。

（3）处理数据阶段。用统计方法对预测值的典型水平、代表性的意见加以集中整理。

专家评估法的优点：集思广益，发挥专家的集体智慧，避免主观性和片面性，提高预测质量，理论、经验与实践相结合，缺少数据时也可应用，简单易行。但由于责任分散，只适用于总体预测。对旅游企业不同种类产品的预测，其可靠程度较低，同时，经验判断也有一定局限性。

（二）定量预测

定量预测是根据准确、及时、系统、全面的调查统计资料和经济信息，运用统计方法和数学模型，对旅游企业的经济现象和未来发展的规模、水平、速度和比例关系的测定。定量预测的方法和模型很多，定量预测方法主要包括时间序列法和回归预测法两类。

1. 时间序列法

时间序列法是指将过去的旅游市场历史资料和数据按照时间顺序加以排列，构成一个数字序列，根据其动向预测未来趋势，主要有以下 4 种方法。

（1）算术平均法。算术平均法是指以预测目标以往历史的某一研究指标的算术平均值预测未来发展趋势的一种方法。这种方法简单易行，适用于短期数值变化不大的预测，但不能反映趋势变化和季节变化。

$$X = \frac{\sum_{n}^{i=1} X_i}{m} \quad (i=1，2，3，\cdots，n)$$

式中：X——观测期内预测目标的算术平均值；

X_i——预测目标在第 i 期内的实际值；

n——观测的期数。

（2）加权平均法。越是近期的资料越能反映预测期的趋势和状况。为使预测更加准确，一般给予近期数据较大的权重数，所得的加权平均数作为下一期的预测值。

（3）移动平均法。移动平均法是指在掌握了若干期资料的基础上，按照事先确定的期数逐期分段计算。其中，n 期的算术平均数，并以最后一个 n 期平均数作为未来 $n+1$ 期预测值的一种方法。所谓“移动”，指的是预测值随着时间往后推移，计算的预测平均值也不断往后推移。

$$X = \frac{\sum_{t=1}^{t} D_t}{t}$$

式中：X——观测期内预测目标的移动平均值；

D_t——第 t 期的实际数值；

t——移动资料期。

例：某饭店 7—11 月的每月销售收入分别是 20 万元、22 万元、21 万元、24 万元和 23 万元。现分别采用算术平均法、移动平均法、加权平均法来预测 12 月份的销售预测值。

算术平均法：

$$12\text{ 月份销售预测值} = \frac{20+22+21+24+23}{5} = 22\text{（万元）}$$

加权平均法：

对近 3 个月的资料，分别采用 1、2、3 的权重数，则：

$$12\text{ 月份销售预测值 } X = \frac{21\times 1+24\times 2+23\times 3}{1+2+3} = 23\text{（万元）}$$

移动平均法：

假定采用 9、10、11 月份为移动资料期，则：

$$12\text{ 月份销售预测值 } X = \frac{21+24+23}{3} = 22.67\text{（万元）}$$

（4）指数平滑法。利用过去的资料用平滑系数进行预测的一种方法。相对于移动平均法，指数平滑法减少了对历史数据储存量的要求，同时，根据数据离预测期的远近分别给以不同大小的权数，也较合理。指数平滑法有一次、二次和多次指数平滑法，这里仅了解一次指数平滑法，其计算公式为：

$$X_t = aD_{t-1} + (1-a)\ X_{t-1}$$

式中：X_t——观测期内预测值；

D_{t-1}——本期实际数值；

X_{t-1}——本期预测值；

a——平滑系数（ $0<a<1$ ）

平滑系数 a 系经验值，由预测者给定。a 值越大，则近期变动趋向对预测值的影响越大；反之则越小。一般取 0.1 ~0.3，变动幅度较大的数据，a 值取大些。

例：某企业预测本月销售额是 180 万元，而实际销售额为 160 万元，若采取 $a=0.2$ 的平滑系数，则下月的预测值应为：

$$0.2\times 160 + (1-0.2)\times 180 = 176\text{（万元）}$$

2. 回归预测法

回归预测又称为因果预测，通过研究自变量与因变量之间的相关关系，建立表达两者关系的数学模型，通过输入自变量数据，预测因变量的发展趋势。根据自变量与因变量之间关系拟合的直线或曲线称为回归直线或回归曲线，表现这条直线或曲线的数学公式叫回归方程。

回归预测按自变量的多少分为一元回归和多元回归，而按自变量与因变量的关系又分为线性回归和非线性回归。

★相关链接　《2013 年中国在线旅游市场研究报告》发布

中国领先的旅游市场研究咨询机构劲旅咨询最新发布《2013 年中国在线旅游市场研究报告》，报告显示，2013 年中国旅游市场总交易额约为 29 475 亿元，其中在线旅行市场交易额约为 2 522 亿元。

一、2013 年中国在线旅行市场规模

（一）2013 年中国旅游市场在线渗透率监测

2013 年，中国旅游市场总交易额约为 29 475 亿元，其中在线渠道交易额约为 2 522 亿元，中国旅游市场在线渗透率为 8.6%（见图一）。

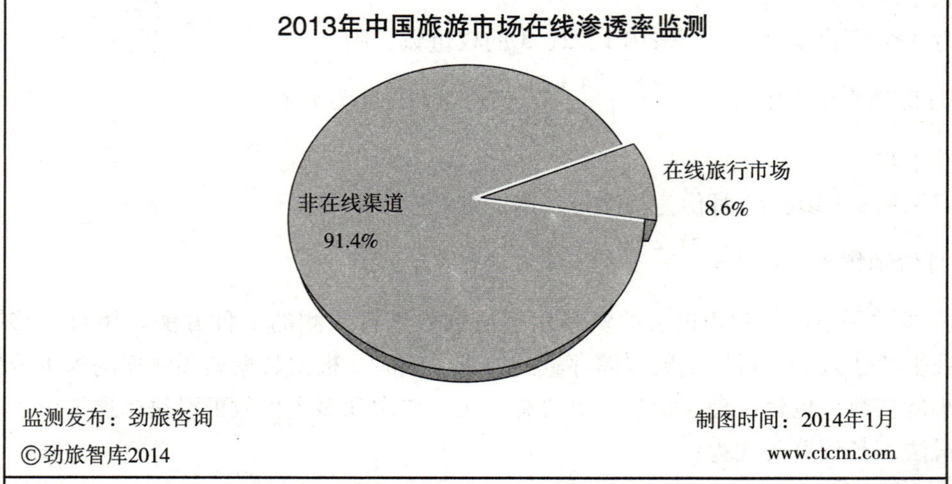

数据来源：综合中国国家旅游局相关统计、相关企业财报及行业访谈数据，进行汇总分析、预测、谨供参考。

图一　2013 年中国旅游市场在线渗透率监测

（二）2013 年中国在线旅游市场结构监测

2013 年，中国在线旅游市场总交易额约为 2 522 亿元。其中，在线机票业务总交易额约为 1 544.6 亿元，在在线旅游市场中占比为 61.2%；在线酒店业务总交易额约为 614.6 亿元，于在线旅游市场中占比为 24.4%，在线旅游度假业务总交易额约为 293 亿元，于在线旅游市场中占比为 11.6%（见图二）。

二、2014 年中国在线旅游市场运行态势分析预测

劲旅咨询分析认为，2014 年，中国在线旅游市场将呈现如下特点：

1. 线上线下融合加速

随着在线渗透率的持续提升，在线旅游企业向线下服务拓展、传统旅游企业向线上延伸已成为必然，可以预见，3～5 年后，或将不再有线上线下企业之分。

2. 在线产品形态丰富

酒店和机票是最先被在线化的旅游产品种类，得益于酒店和航空公司等上游资源方的信

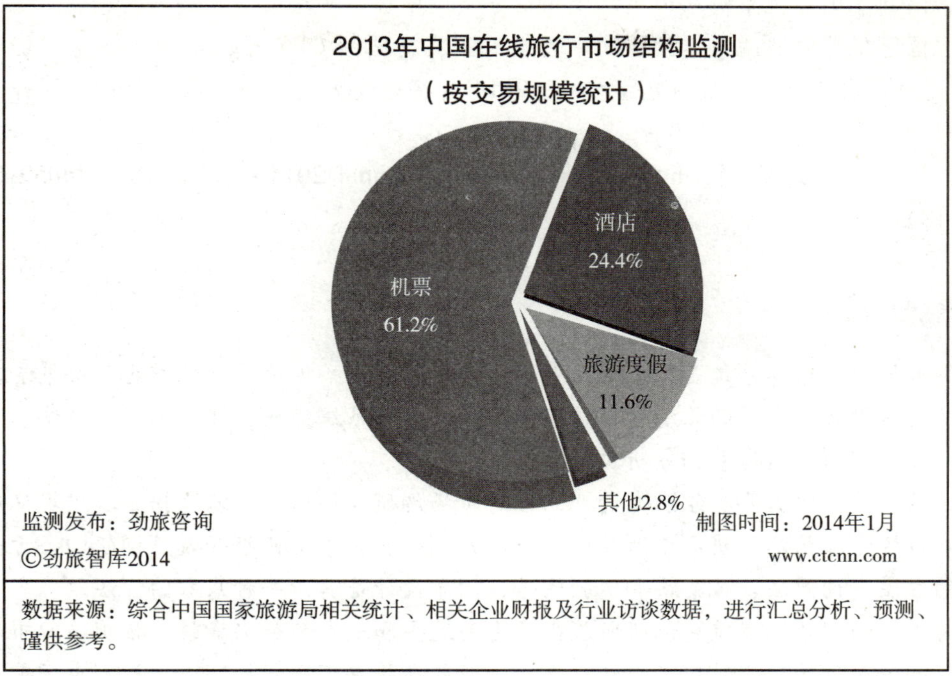

图二　2013 年中国在线旅行市场结构监测

息化进程起步较早。在互联网大潮的推动下，旅游度假产品、租车、景区门票、签证等产品形态在线率将快速提高，在线旅游产品形态将更加丰富、信息更加透明、价格更加趋向合理，游客的满意度将因此得到较大提高。

3. 攻略游记分享发力

以攻略和游记分享为特色的旅游网站在之前三四年的时间里，进行快速的用户积累、品牌积淀和融资扩张之后，将加速商业模式的探索进程，毕竟赚钱才是王道。预计 2014 年或有所突破。

4. 景区门票竞争加剧

同程、携程、驴妈妈三家在线旅游网站在景区门票市场的战争经过马年春节一役，各有斩获。在春暖花开、旅游旺季即将到来之际，各家均已“装弹在膛”，阵地战即将打响。由于景区门票在线渗透率目前仍然处于小到可以忽略不计的阶段，2014 年将是预选赛，仍将是以开拓景区资源和加强产品丰富度为主，预计 2014 年在线景区门票价格战或将不会是最惨烈的一年。

5. 低端酒店加速上线

随着团购网站大力度进军酒店团购业务和在线旅游网站加快拓展中低端酒店的策略狭路相逢，本来和传统意义上的在线旅游没有关系的团购网站一时间成为搅局者，并且出手不凡，斩获颇丰。一时间，曾经被在线网站视为“重资产”“累赘” 的地推团队重新被组建和重视，一场中低端酒店签约大战在 2014 年将劲爆上演，必将极大推动整个酒店业在线化进程。

6. 国际机票加速白屏

受国际 GDS 尚未开放、机票代理人分级体制、国际票市场集中于大票代、黑屏操作等诸多因素限制，国际机票被誉为旅游众多细分领域中唯一一块蓝海和高利润领域。随着互联网技术向国际机票领域的快速渗透和中国政府正式向国际 GDS 开放市场，一场“资深程序员”VS“资深出票员”的战争已经打响，2014 年将是战火较为激烈的一年，但预计尚不是决战之年。

（资料来源：劲旅网，http：//www. ctcnn. com/html/2014 - 02 - 18/921405916. htm，2014. 2. 18）

知识归纳

旅游市场营销信息系统是旅游企业营销活动的重要影响因素，是旅游企业决策者获得市场信息的重要途径。有效的旅游营销信息系统由四个子系统组成，即内部报告系统、营销情报系统、营销调研系统和营销分析决策系统。

营销信息的获取需要有组织有计划的旅游市场调研。调研的内容包括旅游宏观环境的调研、旅游市场需求信息调研、旅游营销组合因素调研和旅游企业经营效益调研四个方面。市场调研的方法有询问法、观察法和实验法等，问卷设计是其中一种基本的方法。

旅游市场预测是根据市场调研所获得的有关过去和现在的数据资料，推测旅游市场未来发展。旅游企业市场预测的内容十分广泛，一般包括旅游市场营销环境、旅游市场需求、旅游容量、旅游价格和旅游效益预测，可通过定性预测和定量预测两种方式进行预测。

案例解析

报刊信息变财富

1960 年，日本石油化工设备公司从我国公开发行的《人民画报》上惊奇地发现：北京市公共汽车的气包不见了！

当时，气包是中国汽油匮缺的标志。气包不见了，那不就说明中国人现在开发了很大的油田吗？

那么，油田在哪里？规模有多大？他们公司是否有利可图？日本人对这些照片展开了深入细致的研究。

不久，《人民画报》上又刊登了一副宣传铁人的照片。大雪漫天飞舞，铁人王进喜肩扛钻机零件，冒着暴风雪艰难却又顽强地跋涉在一望无垠的皑皑雪原。照片的背景有一块半掩着的火车站的标牌，上面“萨尔图”3 个字依稀可辨。照片下部印的是铁人气吞山河的豪言壮语：“有条件上，没条件创造条件也要上。”

日本人仔细研究后，以照片上漫天飞舞雪花断定：中国新近开发的油田肯定在冰封千里的东北高寒地带。奇怪的是，他们在许多中国地图上始终没找到“萨尔图”这个火车站的名字。他们由此推断，这是新增加的运送工人上下班的火车台，并由此进一步推断，如果靠人拉肩扛将笨重庞大的钻机运到井位，那就可以肯定油田就在火车站附近。

就是这样一幅普普通通的照片却帮了日本人的大忙。他们通过反复研究论证，终于得出了正确答案：中国新开发的油田在东北松嫩平原人迹罕至的沼泽地带。

1966 年，王进喜出席全国人民代表大会。日本人据此又推断出大庆油田大量出油了，否则，他当不了人大代表。后来，他们又根据《人民日报》的一副钻塔照片上钻台手柄的样式推算除了油井的直径，再根据国务院的工作报告套算出来大庆油田的产量。根据这些资料，精明的日本人又对中国当时的国情进行了细致的分析，得出结论：中国开发这些大规模的油田，一定要引进技术和设备。冬季外运石油困难，运输量过大，中国肯定要搞综合利用。他们据此还设想在这样的气候和环境中开发油田需要什么样的技术和综合利用的设备，并快马加鞭进行设计，然后高枕无忧地一心等待中国人来购买。

日本人的构想比中国人自己的心思整整提前了4年。当中国以石油的综合利用向外国招标时，美国、英国、德国等国的方案均未被采纳，而日本石油化工设备公司却顺利地中标了。

思考与讨论：

1. 日本石油化工设备公司营销成功的原因是什么？

2. 结合我国旅游市场营销的历史和现状，谈谈如何运用营销调研方法为旅游企业营销服务？

复习思考

1. 一般来说，旅游市场营销的主要调研内容有哪些？
2. 简述旅游营销调研的程序。
3. 旅游市场预测有什么作用？
4. 调查问卷的结构与设计需要注意哪些方面？

实务训练

1. 调查问卷设计与分析：

与当地某旅游企业（饭店或旅游景区）合作，将本班同学分成几个小组，注意小组成员在知识、技能、沟通等方面的互补性，并选出小组长，负责组织协调工作。

实训内容：对合作的某旅游企业（饭店或旅游景区）的旅游者偏好进行调研，要求调研内容包括：二手资料搜集、针对客人满意度的问卷设计、数据的基本统计与分析。最后分析得出主要顾客来源及其习惯，为旅游企业下一步发展计划提供帮助。

2. 根据表3－3提供的数据，用算术平均法、移动平均法和加权平均法预测2016年四川省国内旅游人数，其中对近三年2013年、2014年、2015年的数据分别给予1、2、3的权重。

表3－3　2011—2015年度四川省各月份旅游情况汇总

项目＼年份	2011年	2012年	2013年	2014年	2015年
旅游总收入（亿元）	2 449.15	3 280.25	3 877.40	4 891.04	6 210.50
入境游客（万人次）	164.00	227.34	209.56	240.17	273.20
国内旅游（万人次）	35 000	43 500	48 700	53 500	58 500

（数据来源：四川旅游政务网 http：//www.scta.gov.cn/sclyj/lytj/index.htm）

第四章

旅游者购买行为分析

学习目标

1. 了解旅游者购买行为的含义；
2. 熟悉旅游者购买动机与心理；
3. 掌握影响旅游者购买行为的因素；
4. 理解旅游消费者的购买决策过程。

实训要求

1. 能够根据旅游者购买动机与心理原理，分析旅游市场中旅游消费者的行为特点，及时做出营销反应并解决问题。

2. 能够模拟旅游者购买决策过程并提出阶段性的营销策略。

案例导入

中国游客国庆伦敦人均花8万　中东富豪自叹不如

据中国之声《全球华语广播网》报道，如今中国人出国旅游，消费能力是有目共睹的。这个黄金周，来伦敦的中国游客人均消费8 000英镑（约合78 400元人民币），他们大多年轻富有，花起钱来毫不心疼，出手阔绰连中东富豪们都自叹不如。另外，大量的中国留学生也为英国经济和就业市场源源不断地提供动力，甚至盘活了教育、餐饮等五大行业。

中国人在英国的消费到底有多少？钱都花在了什么地方呢？

英国观察员侯颖指出：中国消费者已经成为全球旅游零售领域最大的消费群体，支撑了欧洲本土奢侈品市场的半壁江山。根据之前英国媒体披露的数据，中国游客在英国每年消费已经超过3亿英镑，也就是约合27.8亿元人民币。在伦敦的希思罗机场，中国游客大约占全部游客的1%，但是却创造了25%的免税收益。就在刚刚过去的“十一”黄金周，有媒体报道，平均每一位中国游客在英国会购买8 000英镑的商品，也就是超过78 000元人民币。众所周知，手袋、鞋子、手表、服装等奢侈品是主要的消费产品，但是近几年也有其他的产品，比如儿童食品和用品，特别是孩子的奶粉和辅食都会从国外买回。此外还有教育消费，根据英国媒体报道，一个调查报告显示大学生给英国经济带来的直接价值超过800亿英镑。如此庞大的数目无不凸显着大学生对于英国经济的巨大贡献，而中国留学生作为留学英国的主力军之一，对英国的经济和就业市场提供了源源不断的动力。

英国一定会想尽各种办法来吸引国人进行消费吧？

侯颖指出：为了吸引更多东方的顾客，英国人也可以说想尽了各种办法。根据一家媒体最新报道，英国历史最悠久的古堡的主人邀请了中国明星前去参观，希望以此来吸引更多的亚洲顾客，进一步打入中国旅游市场。为了更好地向新的中国游客介绍古堡悠久的历史和独特的魅力，古堡内也专门聘请了中国导游。在购物方面，著名的塞尔福里奇百货公司除了接受中国的银联卡消费之外，还特意配备了40位中文翻译随时提供服务。而哈罗兹百货公司更是配备了100名中文翻译，该公司去年接纳的中国游客平均每人消费3 500英镑，即使不会说中文的店员也受到了培训，根据中国的礼仪他们需要双手接过客人的信用卡。而除了女性之外，男性的消费也受到了特殊的照顾。英国人设法创造更加适合男性的购物环境，引入最好的男性品牌，他们想引入一种俱乐部的气氛，你可以在一个地方找到公文包、男性护肤品和手表。此外，由于中国游客还会青睐打折的奢侈品，为此提供名品折扣的比斯特购物村成了中国游客的必到之地。英国首相卡梅伦还曾经向中国驻英外交人员询问如何吸引更多的中国人前往英国，而得到的答案就是再建更多的名品打折村。

所有这些中国的消费给英国社会带来哪些好处？

侯颖指出：首先国人的消费对于英国的经济推动是不言而喻的。如果每一位中国游客来到英国的花销是1 600英镑，这就意味着从中国飞来的每次航班将为英国创收达到100万英镑，也会给英国社会带来将近20个工作岗位。说到就业率，英国媒体报道留学生直接支持了英国43万个工作岗位，这占到英国所有工作的2.8%。英国政府每1英镑投资高等教育便可获得3.22英镑的收益，而中国赴英留学生人数每年保持稳定增长，中国已经成为英国第一海外生源国，其学生比例占国际学生总数的15%，而且这个比例还有不断增加的趋势。留学生对于英国经济的贡献，在教育行业、餐饮行业、房产中介以及零售业等行业受到的支持是最明显的。

（资料来源：新华网：http：//news.xinhuanet.com/overseas/2013－10/09/c_125502914.htm，2013.10.9）

第一节　旅游者购买行为概述

旅游营销市场竞争愈来愈激烈，旅游消费者是旅游活动的主体，是旅游企业的生命线，只有那些能够针对旅游消费者需求推出的有价值的产品，并且能运用恰当的方法将产品有效地呈现给消费者的企业和个人，才是成功的旅游营销者。最近几年，从不在二线城市以下开设分店的美国快餐连锁麦当劳也进入到三线城市开设分店。总部设在美国、中国香港等地的饭店公司已经开始侵入新加坡和日本等市场。各国及地区间为争夺消费者市场份额而展开激烈竞争。为了力求获胜，各个企业斥资进行充分的市场调研。

旅游消费者的需求及其购买行为，是旅游目的地与旅游企业制定经营战略的依据和出发点。想要制定适合的旅游市场营销策略，必须了解旅游消费者行为的特点和购买行为模式，并研究影响购买行为的各种因素及购买决策过程的各个阶段。只有这样，旅游目的地与旅游企业才能在营销活动中取得成功。

一、旅游者购买行为概述

旅游者购买行为是指旅游者为满足旅游需要和欲望而购买旅游产品的活动及与这种活动有关的决策过程。旅游者购买行为是旅游者个人特征、社会影响因素及环境影响因素共同作用的结果。一个旅游企业要想在激烈的市场竞争中取胜和求得发展，就必须生产和销售旅游者喜欢和愿意购买的旅游产品，满足旅游者的需要，同时获取相应的利润。因此，旅游企业最关心的是让本企业的旅游产品具有广阔的销路，在同类产品中受到旅游者的偏爱。

旅游营销人员了解并研究旅游者购买行为，就是为了回答在既定的营销环境和营销活动作用下有关市场的类似问题：旅游者为什么购买（why）？购买何种产品和服务（what）？如何购买（how）？何时购买（when）？在何地购买（where）？与谁一起购买（who）？由谁来购买及购买多少等（who）。这些问题可以被归纳为“6W1H”。一般说来，营销人员对于旅游消费者购买行为中这 7 个方面了解得越清楚，也就越能把握市场需求和顾客偏好的变化规律，也就越能策划出有效的营销计划。同时，旅游营销人员还应了解旅游者的购买决策动机及决策过程。

二、旅游者消费行为类型

旅游者购买决策随其购买决策类型的不同而变化。研究表明，旅游者对比较复杂的和花钱多的决策往往反复权衡并征求多人意见。旅游企业把消费行为依据不同标准进行划分，其目的在于更好地研究各类旅游消费者的需求特点和消费行为特征。

这里主要按照不同旅游消费者性格特点的标准来划分：

（一）习惯型

因为消费经验的积累，在价格低廉、经常购买、品牌差异小的商品面前，旅游者不需要太多的思考就能进行购买，其消费行为呈现出反复性的特征，形成一种习惯性消费行为。例如：许多学生旅游者在选择近距离旅游路线时习惯放弃团队旅游而选择散客旅游方式，住宿上选择借宿同学或朋友的宿舍，这样既节约开支，又有自主选择的权利。

（二）理智型

这种旅游消费者具有头脑冷静、经验丰富的特点。他们对旅游产品的品质、用途、价格等都有自己的见解，主观性强，不容易受外界因素的影响，很少感情用事。他们会在选择旅游消费产品之前广泛收集信息，了解市场行情，进行认真分析，权衡各种利弊，然后才实施购买行为。

（三）经济型

此类旅游消费者特别重视旅游产品的价格，专爱选择价格较为低廉的旅游产品。他们往往善于发现别人不易察觉的旅游产品之间的价格差异。例如：许多低收入旅游消费者由于受到收入水平的限制，往往选择淡季出游，享受价格上的优惠；此外，他们还非常关心如何安排线路、住宿以减少开支。

（四）冲动型

冲动型是指旅游消费者未经事先考虑，受现场情景激发而消费，以直观感觉为主，临时做出决定的消费行为。这类旅游者的情绪容易波动，心境变化激烈，容易受广告和他人行为的影响。这种类型的消费者往往先天性格比较随意和感性，喜欢追求新产品，从个人兴趣出发，不大讲究产品的性能，易受旅游产品外观、广告宣传的影响。

（五）感情型

这种类型是指旅游消费者由于受感情因素的影响而进行消费行为。这类旅游者的消费行为大多数属于情感的反应，即以丰富的想象力来衡量旅游产品的意义。例如：有些旅游者由于感情受挫，导致心情低落，从而选择外出旅游来缓解情绪，这就是典型的情感型消费。

（六）疑虑型

旅游消费者在消费旅游产品前反复仔细对比考虑，消费过后还疑心上当的消费行为就是疑虑型消费行为。这类旅游者一般性格内向多疑、言行谨慎，对营销人员抱有不信任感。

（七）随意型

随意型是指旅游消费者在购买旅游产品时无固定偏好，进行顺便购买或尝试购买的消费行为。这类旅游者缺乏经验或主见，既不苛求也不挑剔，消费行为比较随便。

此外，按照不同旅游决策购买的单位划分，可以分为个体旅游消费者购买行为和组织机构旅游消费者购买行为。按照不同参与程度的旅游者购买行为划分，可以分为低度参与、中度参与和高度参与。这是指旅游者在购买过程中做决策时的构成是否复杂，所需信息是否容易获得；如果复杂就是高度参与，反之则是低度参与。按照旅游消费者购买目标的确定程度可以分为确定型、半确定型和不确定型。

三、旅游者购买行为模式

许多研究消费行为的专家曾设计出许多模型来研究和描述旅游者购买决策的心理过程以及影响其购买行为的因素，比如恩格尔－科拉特－布莱克威尔模式（Engel-Kollat-Blackwell，也称 EKB 模式或恩格尔模式）、霍华德－谢思模式（Howard-Sheth）、马歇尔模式、维布雷宁模式、尼科西亚模式等。这里主要介绍比较通行且适用于旅游消费者的三种模式。

（一）刺激－反应模式

刺激－反应模式是较为科学且有代表性的模型。行为心理学的创始人约翰·沃森（John B. Watson）建立的刺激－反应原理指出，人类的复杂行为可以被分解为两部分：刺激和反应；人的行为是受到刺激的反应。刺激来自两方面：身体内部的刺激和体外环境的刺激；而反应总是随着刺激所呈现的。美国著名营销学家菲利普·科特勒（Philip Kotler）在《市场营销管理》一书中归纳了消费者的刺激－反应模式。

科特勒认为，消费者购买行为一般由外界刺激、消费者黑箱和购买者决策三部分构成。外界刺激分为两种：一种是营销刺激（企业可控的内部因素），一种是外界刺激（企业不可控因素）。图 4－1 显示了营销和其他刺激因素如何进入旅游者的“黑箱”并产生反应的过程。从图左边，可以看出营销刺激因素由四个“P”组成：产品（Product）、价格（Price）、渠道（Place）和促销（Promotion）。环境因素指的是购买环境中的重要事件：经济、技术、政治和文化等。所有这些都进入旅游者的“黑箱”当中。图中间所谓的“黑箱”，就是指那些既不能打开，又不能从外部直接观察其内部状态的系统。旅游者进行购买决策的心理过程及影响购买行为的因素是如何起作用的？旅游消费者的“黑箱”由两部分组成：第一，旅游者的基本特征，它对旅游者如何处理对外部刺激做出的反应具有重大影响；第二，旅游者购买决策过程，它影响旅游者的最终购买决定。营销人员无法直接去了解“黑箱”，但却可以通过多种外部刺激手段，如广告、人员推销等，促使旅游者做出如图右边的多种反应：产品选择、品牌选择、经销商选择、购买时机和购买数量，然后根据旅游者的“公开”反应来推断出“黑箱”内部是如何发生变化的，从而有针对性地开展营销刺激。

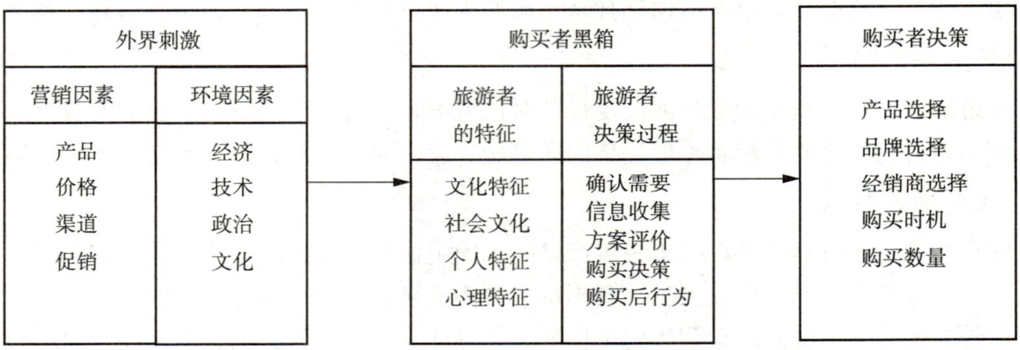

图 4－1　消费者购买行为模式

（二）科特·莱文（Kurt Lewin）模式

旅游消费者行为是旅游者购买和使用旅游产品或服务的决策过程中的各种活动。在旅游活动中，旅游消费者的心理和行为是极其丰富和复杂的，旅游者的购买行为必然直接或间接受到许多外部和内部因素的影响。

$$CB = f(P, S, E)$$

式中：CB——消费者行为；

P——消费者特点；

S——社会影响因素；

E——环境因素。

科特·莱文模式指出，旅游消费者的购买行为受到消费者自身特点、社会因素和环境因素三方面的影响，可以定量测评，但是实际上，把握各因素之间的关系相当困难。

（三）边际效用模式

边际效用模式也称为边际贡献，是指消费者在每增加一个单位消费品的时候，带来的单位效用变化。这当中需要明确几个概念：

（1）总效用，指消费者从消费一定数量的商品中所得到的总满足程度，如图4-2所示。设Q为一种商品的消费数量，则 $TU=f(Q)$。

（2）边际效用，指消费者每增加一单位某商品的消费量所增加的满足程度，如图4-3所示。其公式为：$MU=\Delta TU(Q)/\Delta Q$

（3）边际效用递减规律，人们在消费一种商品时，每增加一个单位消费其增加的效用是递减的，最后一个单位即边际单位的效用最小，这被称为“边际效用递减规律”。

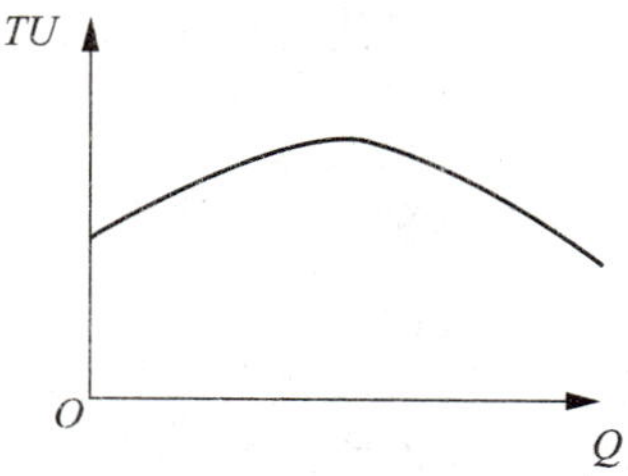

图4-2　*TU* 曲线

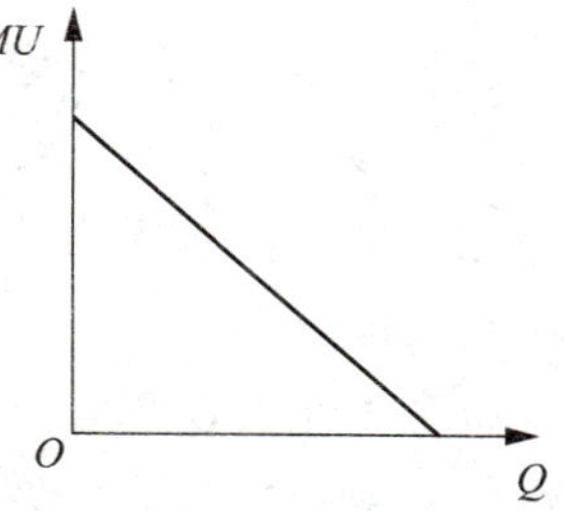

图4-3　*MU* 曲线

边际效用模式是把经济学里面的边际效用原理用于消费者购买行为分析。旅游消费者购买旅游产品，是为了获得效用最大化，而且产品效用越大，消费者愿意支付的价格越高。运用边际效用递减规律理论来分析旅游者的购买行为，能够使旅游企业的经营者明确：旅游者购买某种产品次数的增加，必然使得产品的边际效用趋于递减。所以旅游企业在推出旅游产品的时候，必须考虑在市场竞争激烈的情况下，旅游产品能给消费者带来多大的效用，要分析消费者心理，了解其偏好。

第二节　影响旅游者购买行为的因素

旅游者购买行为的产生主要依赖于社会、政治、经济、文化、个人、心理等多种因素。从旅游者的实际情况来看，对其影响最深的是社会、文化、个人和心理四个因素的综合体。

一、外部因素

（一）文化因素

文化是指在人类发展过程中所创造的物质财富和精神财富的总和。文化因素主要指文化和亚文化。这里主要指精神文化，包括思想、道德、哲学、艺术、宗教、价值观、审美观、信仰、风俗习惯等方面的内容。文化是影响旅游者购买行为的重要因素。每一个社会都有与其相对应的文化，文化对人们行为的影响主要取决于旅游者的文化背景和文化水平。

1. 旅游者文化背景

生活在不同文化背景下的旅游者，会形成民族文化、宗教文化、地域文化的差异，如东西方在语言、饮食、服饰、艺术、风俗、习惯、爱好、居住、建筑、价值观念、伦理道德、宗教信仰等方面都有明显的差异。这些都会影响旅游者的购买欲望和购买行为。目前根据中国人境旅游者的文化特点，可将其分为三大部分：欧美文化、东亚文化和中国传统文化背景的港澳台文化。

★小贴士

各国礼仪风俗文化

*法国。服饰保守，除非在南部，偶尔有些人穿得花哨一点。不要直呼其名——法国人对陌生人是很正式的。

*德国。非常讲究准时。一位被邀请到某德国人家里做客的人应该携带鲜花作为送给女主人的礼物。

*意大利。意大利的商人往往很讲究风度。要约见一定要提前。你要对意大利的官僚作风有心理准备，还要有耐心。

*英国。即使在正餐上也常常会提供吐司面包。如果对主人的吐司面包很满意，一定要准备好赞赏的话语。商务性的款待常常利用午餐进行，很少在晚餐上。

*沙特阿拉伯。尽管男人之间可以以接吻的方式相互问候，但在公共场合他们从来不吻女人。一位女士在与沙特阿拉伯男士会面时，要等他先伸出手来才握。如果他给你提供食物，一定要接受——拒绝是对他的侮辱。

*日本。除非你真正了解日本人的鞠躬礼节，否则不要模仿。谁向谁鞠躬，鞠躬几次，在什么时候鞠躬，这是一套复杂的礼节。

2. 旅游者文化水平

旅游者的受教育程度是影响旅游者购买行为的又一重要文化因素。首先，文化水平的提高强化了旅游者购买行为的自觉性、主动性。其次，旅游者的文化水平影响着其旅游消费结构。一般来说，旅游者受教育程度越高，出游的可能性越大，对生活中的精神产品追求越多；反之，受教育程度越低的旅游者出游的可能性越小，对提供物质享受的产品怀有浓厚的兴趣。

此外，每种文化都由更小的亚文化组成，一个社会的某一群体亚文化可以为旅游者带来更明确的认同感和归属感。亚文化指根据共同生活地域或集体而产生的共同价值体系的一群人所遵循的文化标准，包括共同的信仰、偏好以及行为方式。一种亚文化不仅包含着与主文化相通的价值与观念，也有属于自己的独特的价值与观念。在特定的社会中，由于国籍、宗教、民族、地域、语言、年龄、社会阶层等不同因素而形成一种特定的亚文化群体。许多亚文化群体构成了重要的细分市场，不同的亚文化价值观影响着亚文化群体成员的旅游态度。例如：东亚文化中又分为以中国为主的儒家文化、日本的大和文化和东南亚地区的佛教文化等。

（二）社会因素

旅游者都处在一定的社会环境中，其行为包括旅游购买行为自然会受到各种社会因素的影响，这些社会因素包括社会阶层、相关群体、角色和地位等。

1. 社会阶层

在现代社会中，社会阶层是根据人的地位、声望、职业、收入、财产及生活方式等因素划分，而形成的较为持久稳定的群体层次。由于同一社会阶层的人的行为具有较大的相似性，所以处在同一阶层的旅游者，其购买行为也大致相同。他们倾向于选择相同种类的产品及品牌，对旅游企业的营销活动也有基本一致的反应。一般而言，社会阶层较高的人更加自信和开放，愿意接受外界的新鲜事物，对旅游有基本相同的积极态度，一般入住星级饭店，选择飞机作为旅游交通工具，也更愿意购买一些无形的历史、文化、艺术产品。而社会阶层较低的工薪阶层，一般入住经济型酒店，选择汽车、火车作为旅游交通工具，对旅游没有太高要求。需要指出的是，在一些历史比较短的国家，如美国、加拿大、澳大利亚和新西兰，社会地位并非是用单一的因素（如收入）加以衡量的，而是将职业、收入来源、受教育程度、健康和其他变量结合起来加以衡量。在许多历史悠久的国家，社会阶层几乎是天赋之物。在这样的社会当中，血统往往排在第一位。坐落在美国上曼哈顿的四季餐馆只把目标市场定位在上流社会的顾客，而坐落在下曼哈顿的乔伊咖啡店则把目标市场定位在下层社会的顾客。各个阶层之间也存在语言上的差异，营销者们必须根据目标市场所处的社会阶层撰写适当的广告文本和采取恰当的对话方式。

2. 相关群体

所谓相关群体，是指能影响一个人的偏好、态度、行为和价值观的群体，如家庭、邻居、亲友、同事、周围环境等，或是因相似的生活方式、相关的生活环境而形成某种购买需求倾向的群体。

（1）相关群体主要分为三类：

一是主要群体，指与消费者个人关系密切、接触频繁、影响最大的团体，如家庭、朋友、同学、同事等。

二是次要群体，指与消费者关系一般、接触不太密切、不保持持续联系影响的群体，如行为协会、社会团体等。

三是崇拜性群体，也称渴望团体，即渴望成为团体中的一员，仰慕此类团体成员的名望、地位，狂热效仿其消费模式与消费行为。这类团体的成员一般为社会名流，如影星、歌星、体育明星、政界要人、学术名流等。

（2）相关群体对旅游者的影响。

相关群体促使旅游者在旅游消费中做出相近的选择，因为旅游者可以从相关群体中获得大量的购买经验和知识，从而在做出购买决策时减少失误。此外，相关群体不仅对选择旅游产品产生影响，而且对旅游产品品牌的选择产生更大的影响。相关群体的交往过程越有效，对旅游者的影响程度就越高。

相关群体主要从以下三个方面来影响旅游者的购买行为：

第一，给旅游者带来新的旅游消费模式和生活方式。

第二，影响人们的消费态度和自我观念，主要体现在“口碑效应”上。

第三，促使旅游消费者的消费行为趋于一致化，也就是产生趋同效应。

3. 角色和地位

一个人在一生的社会活动中会参加各种群体，如家庭、工作单位和各种社会组织。在不同的群体中作用不同，即角色不同。角色是一个人周围的人期望其履行的社会职责，在不同场合起着不同的作用。例如：一个人在家里是慈爱的父亲，在公司里是营销总监，他就会在营销工作中以严谨的工作态度和作风来要求员工，一改在家中的形象。每个角色都代表了一定的地位，这一地位反映了社会总体上对该角色的尊重程度和总体评价，这就是社会地位。人们常常通过购买、使用不同档次的商品来表明其社会地位。不同阶层选择的商品或购买行为有所不同。因此，企业应了解和识别每个消费者在社会上充当的角色和地位，有针对性地开展营销活动。

二、内部因素

（一）个人因素

影响旅游者购买决策的个人因素很多，较为突出的有以下几个方面：年龄、性别、受教育程度、家庭生命周期、职业、经济状况、生活方式、个性以及自我想象等因素，将直接影响旅游者购买决策。而成功的旅游企业应始终如一地将其市场营销活动与旅游者的个人特征联系起来。通过对旅游者个人因素的研究，更好地将产品信息传递给旅游者，从而打开市场，扩大销售。除此之外，旅游者购买行为是以个人经济状况为基础的，因此，旅游者可自由支配收入的水平、储蓄率的变化、价格等因素对旅游者的购买决策起决定性作用。

1. 家庭

家庭是社会组织中的一个基本单位，也是旅游者最基本的参考群体之一，对旅游者的购买行为影响甚大。家庭是由居住在一起的、彼此具有血缘关系、婚姻关系和抚养关系的人群组成。现代社会中，典型的家庭形态有三类：夫妻式（丈夫和妻子）、核心式（丈夫、妻子和子女）和延续式（丈夫、妻子、子女和祖父母或外祖父母），其中核心式最具代表性。每个家庭都有独特的文化，这种文化主要体现在购买倾向、兴趣爱好、信仰价值观等方面。每个家庭成员的购买决策都会受到家庭文化的影响，而家庭对旅游购买行为的影响最为强烈，因为旅游是一个家庭的生活必需品得到满足之后的文化和精神消费产品，参加决策的成员多，决策模式也相对复杂。不同类型的商品，家庭决策的重心也不同。旅游产品对于已婚人士来说，一般属于夫妻共同协商决策型。一般丈夫决定是否外出旅游和何时旅游，而到何处旅游和花多少费用是由妻子来决定的。在当今社会的家庭中，孩子们对旅游的购买决策具有越来越大的影响。对于未婚成年人来说，一般属于自主决策型。家庭所处的不同阶段，即不同的家庭生命周期也会对旅游方式产生重大影响。因此，旅游营销人员设计开发旅游产品时必须协调好家庭成员各方面的需求与兴趣偏好。表 4 – 1 为不同家庭生命周期对旅游者行为的影响。

表 4 – 1　家庭生命周期对旅游者行为的影响

家庭生命周期	家庭特征	旅游者行为特征
单身阶段：年轻且不与家人同住的单身	没有经济负担，潮流观念的倡导者	喜爱娱乐、度假
新婚夫妇：年轻且无子女	经济状况比下个阶段要好，消费开支大	旅游率最高，爱度假
满巢一期：最小的孩子不到 6 岁	缺少流动资金，经济状况不好与银行储蓄不足	对旅游新产品感兴趣，喜爱广告宣传的旅游产品

续表

家庭阶段	家庭特征	旅游者行为特征
满巢二期：最小的孩子 6 岁以上	经济状况较好，购买大包装、多组合的产品，开销较大	受旅游广告信息的影响较小
满巢三期：老夫妻，身边还有未自立的子女	经济状况较好，耐用品的平均购买量很大	很难受旅游广告信息的影响，喜驾车旅游
空巢一期：老夫妻，身边没有子女，户主仍在工作	有住宅高峰期，对经济状况与银行储蓄满意	对旅游、娱乐、自我教育感兴趣，对旅游新产品不感兴趣
空巢二期：老夫妻，身边没有子女，户主退休	收入急剧下降，仍拥有住宅	喜欢医疗器械以及有助于健康、睡眠与消费的旅游保健产品，适合老人特点的娱乐项目和旅游项目
鳏寡就业	收入不错，但可能买房	需要医疗与健身疗养产品，休闲旅游娱乐
鳏寡退休	收入急剧下降，需要照顾、关怀	需要医疗与保健产品，休闲旅游娱乐

（资料来源：[美] 菲利普·科特勒等：《旅游市场营销》，谢彦君译，北京，旅游教育出版社，2002）

2. 职业

一个人的职业在很大程度上决定了这个人在社会结构中所处的地位，因为职业决定一个人的收入水平、闲暇时间和旅游偏好等。闲暇时间是实现旅游消费的不可缺少的因素，而不同的工作强度决定人们选择旅游目的地的类型。例如，工作压力大的教师群体，社会收入居于社会中等水平，旅游意愿十分强烈，在寒暑假时期，他们趋向选择远离喧嚣、嘈杂的宁静环境或领略异国情调的旅游项目。自由职业者则不受闲暇时间控制，他们当中有的具有丰富的旅游经验，愿意采取自助旅游方式，去一些生态环境较好、游客较少的旅游地，细细品味。而公司负责人等人群收入高，闲暇时间少，尽管旅游次数较多，消费等级较高，但每次都是匆匆而来，匆匆而去。

（二）心理因素

旅游者购买行为还受旅游动机、对旅游产品的感觉、对促销信息的知觉、在旅游经历中不断学习，以及对旅游产品品牌的信任和在旅游实践中形成的态度等主要心理因素的影响。旅游者购买旅游产品的一般心理过程包括：对产品的认知、注意、记忆、联想、想象等心理活动，旅游企业为使旅游者在众多旅游产品中选择自己的产品，就要利用品牌名称和品牌的视觉形象来引起旅游者的注意和兴趣，产品品牌才会日渐渗透到旅游者的心中。旅游企业在进行品牌营销时，只有将其与旅游者心理结合起来，才能让旅游者对旅游企业的产品一见钟情，深入人心，确保旅游企业能在激烈的市场竞争中永立不败之地。

1. 动机理论

动机是发动和维持人的活动，并使活动指向一定目的的心理倾向。国外心理学发展较早，最著名的有三种心理学理论：弗洛伊德理论、马斯洛理论和赫茨伯格理论。

（1）弗洛伊德的动机理论。弗洛伊德认为在人类行为形成过程中的真正心理因素大多是无意识的。人在成长和接受社会规范的过程中又有很多欲望受到抑制。然而这些欲望既无法消除，也无法百分之百被控制，他们会出现在梦里，无意的话语中或意念活动中，或最终反映在心理上。但个人也无法真正了解自己的动机。将弗洛伊德动机理论用于营销实践中，必须透过现象看本质，即探究消费者无意识的需求。如果旅游者要去度假，旅游者也许会称自己的动机是摆脱工作。但在深层次上，可能需要旅游休假以便回来能更有效地工作。

（2）马斯洛的需要理论。马斯洛的需要层次理论分别是生理需要、安全需要、社会需要、尊重需要和自我实现需要。需要层次理论可以帮助推出潜在旅游者真正需要的旅游产品。在满足生理需要和安全需要的同时，旅游者可能追求的是更高层次的社会需要，会和朋友一起出去度假；如果为了向朋友炫耀，旅游消费者可能去国外度假，这将满足尊重的需要和自我实现的需要。有时会突破低级的生理和安全的需要，去探险旅游，是为了自我实现的需要。

（3）赫茨伯格的双因素理论，也称为激励保健理论。赫茨伯格将马斯洛的五个需求层次分为两类，即比较低级的需求和比较高级的需求。比较低级的需求包括生理、安全，社交需求，而比较高级的需求才会产生激励作用。赫茨伯格认为：满足比较低级的需求的因素称为保健因素，而满足比较高级的需求的因素称为激励因素。他指出保健因素并不是好的激励方式，因为较低级的员工需要比较容易获得满足，还不能使员工变得非常满意，也不能激发其积极性，从而提高产值。赫茨伯格认为调动人的积极性主要是从人的内部，从工作本身来调动人的内在积极性，通过丰富工作内容，提供获得成就感、认同感，承担责任和更有挑战性的工作机会，这些因素才是激励因素。只有激励因素才能够给人们带来满意感，而保健因素只能消除人们的不满，但不会带来满意感。

2. 动机的分类

动机一般具有以下三种功能：

一是激活功能，即动机会促使人产生某种活动。

二是指向功能，即在动机的作用下，人的行为将指向某一目标。

三是强化功能，即当活动产生以后，动机可以维持和调整活动。

旅游动机是在旅游需要的刺激下，直接推动人们去从事旅游活动的内部动力。简言之，旅游动机就是推动人们进行旅游的内部驱动力。

德国的格里克斯曼于 1935 年最初尝试将旅游动机进行分类，他将旅游行为的动机分为心理的、精神的、身体的和经济的四大类。日本旅游研究先驱者之一田中喜一 1950 年在格里克斯曼的基础上把心理的动机又细分为思乡心、郊游心和信仰心；把精神的动机区分为知识的需要、见闻的需要和欢乐的需要；把身体的动机区分为治疗的需要、休养的需要和运动的需要；把经济的动机区分为购物目的和商务目的。田中喜一的分类方式更趋向于对旅游目的进行分类。

日本的心理学家今井省吾指出，现代人的旅游动机含有消除紧张感的动机、社会存在的动机和自我完善的动机。今井省吾的观点和马斯洛需要结构理论的三个高层次的需要不谋而合，揭示了旅游与人们丰富多样的需要息息相关。

美国的麦金托什把人的基本旅游动机分为四类。身体健康方面：包括休息、运动、消遣娱乐及其他与身体健康直接有关的动机。另外，还可能包括医嘱和建议，如洗矿泉浴、药浴及健康恢复活动。这类动机的共同特点是通过身体的活动消除紧张和疲劳。文化方面：了解其他国家的文化，如音乐、艺术、民俗、舞蹈、绘画和宗教等。交际方面：接触其他民族、探亲访友、旧地重游等。地位和声誉方面：这类动机与自我需要和个人发展有关。出于这类动机的旅游包括事务旅游、会议旅游、考察旅游，以及实现个人兴趣爱好的旅游和求学旅游。通过这些旅游可以使被承认、被注意、被赏识、被尊重以及获得良好声誉的欲望得到满足。

事实上，人们产生旅游消费的行为是受多种需要的影响，所以旅游营销者要注意旅游线路和旅游产品设计的多样性，这样才能满足旅游者的需求。

三、感知对旅游者行为的影响

旅游者在选择旅游地和进行旅行决策时，除了考虑距离、时间、交通方式和旅行成本等因素外，还非常重视所谓旅游地的感知这个吸引因素，这种生动如图画、鲜明而强烈的感知就是旅游目的地形象。

（一）感知过程

旅游者会对相同事物产生不同的感觉，这是因为有三种感知过程：选择性注意、选择性曲解及选择性记忆。

1. 选择性注意

人们日常生活中会接触众多的旅游刺激。但他不可能注意到所有这些刺激，其中大部分会被过滤掉。因此，真正的困难是要解释旅游者会注意哪些刺激。

2. 选择性曲解

即使是旅游者注意到的刺激，也并不一定会产生预期的作用。每个人总是按自己固有的思维模式来接受信息。选择性曲解是指旅游者倾向于将所获得的信息与自己的旅游意愿结合起来。

3. 选择性记忆

旅游者往往会忘记大多数接触过的信息，他们只会记住那些符合自己的态度与信念的信息。

这三种感知因素——选择性注意、选择性曲解与选择性记忆，意味着旅游市场营销人员必须尽力把旅游信息传递给旅游者。这就说明了旅游市场营销人员在将信息传递给目标市场时为什么需要生动与重复。

（二）感知与旅游条件

感知的定义：感觉与知觉的统称，是客观事物通过感官在人脑中的直接反应。

感知的意义范围很广，主要意思是客观事物通过感觉器官在人脑中的直接反映。而感知能力则是说通过感觉器官感觉某样不可视或者肉眼无法直接观察的物体，并能通过感觉描绘出其具体形状或者运动状态的一种超能力。这个能力不是每个人都具有的，但是通过后天大量的艰苦练习以后可以获得一定程度的能力。比如，可以感觉出背后某物体的形状、颜色、运动状态。其实质是物体向外辐射的红外线被人体向外辐射的脑电波所擒获，在脑部形成对该物体一定的判断。

旅游由吃、住、行、游、购、娱六大因素构成，与这六大因素有关的事务就是基本的旅游条件，如居住地到旅游区的距离、交通、吃住、旅游景区、娱乐服务等。旅游者对旅游条件的感知，对具体的旅游决策、旅游行为、旅游收获的评价等都有显著的影响。

1. 旅游者对距离的感知

旅游行为发生在时间和空间之中，时间的长短和空间的远近，都可以用来感知距离。不论旅游者用什么标准计算距离，具体的距离感知都会影响旅游者的动机、态度、决策以及随之而来的旅游行为。距离感知对旅游行为的影响，主要表现在以下 4 个方面：

（1）阻止性。旅游者都知道，旅游是需要付出代价的消费行为，距离越远，要付出的金钱、时间、身体、生活舒适，甚至是情感等方面的代价就越大。使用距离阻止性的原理，可以在一点范围内解释离客源地越近的旅游区，旅游者越多；反之，旅游者就越少。

（2）激励性。当人们感觉距离遥远时，可能阻止旅游行为的产生，也可能激励旅游行为的产生。距离遥远激励人们旅游行为的产生，尤其在以观光为目的的旅游中作用最大。使用这一原理可以解释人们的某些旅游行为，如在经济条件许可的情况下，美国旅游者选择距离更远的塔希提比选择夏威夷的可能性更大。

（3）空间差异性。旅游者行为常常是由环境的空间差异引起的。因此人们力图通过旅游获得最大的环境信息量，以便从感知上消除或减少这种环境差异。对最大信息收集量的追求使人们在选择旅游地时有以下倾向：首先，选择最有名的旅游地旅游。知名度大的旅游地往往比知名度小的旅游地有更大的稀缺性，人们通过旅游消除的稀缺性越大，获得的信息量越大。其次，选择自然环境和文化环境与居住地差异较大的旅游地旅游。比如，在体验不同的中国文化和生活方式方面，来自欧洲和美洲的游客比来自亚洲的游客更有浓厚的兴趣。

（4）相对性。由于现代交通工具使心理距离变短，而旅游者对于国际交通的承受能力又与其收入和消费水平相关，故交通方便程度的影响使旅游业与交通运输业，尤其是国际航空业的联系愈加紧密，使距离因素成为一个复杂函数。

一般地说，距离越远，环境差异越大，越能引起旅游者的兴趣。距离感知对人的旅游行为既有阻止作用，又有激励作用，还有空间差异作用和相对作用。但是，哪种作用更大，以及影响的程度怎样，则因人而异，因环境而异。旅游市场营销人员为了吸引旅游者、不断扩大市场，应积极开展旅游宣传，给那些潜在的旅游者留下深刻印象，引导旅游决策，必然能够使旅游者远近皆宜。

2. 旅游者对交通条件的感知

在国内旅游者中，绝大部分人旅游选择汽车和火车作为交通工具。旅游者对汽车旅游的感知印象受下列因素的影响：车窗的宽敞程度，有无空调，座椅是否舒适，路面状况及车上减震功能好不好，导游工作和视听设备等。此外，车上空间是否拥挤和能否按时发车与到达，也会影响旅游者的感知印象。旅游者对火车旅游的感知印象取决于三个印象：首先是运行速度，其次是发车时间，最后是舒适程度。旅游者对飞机旅游的感知印象，受到下列因素的影响：第一，飞机起飞和到达的时间是否符合自己的需要。第二，中途着落次数的多少。第三，机上服务的好坏。第四，飞机的机型、驾驶员的技术水平、飞机的新旧以及飞机上的休息和娱乐等。综上所述，旅游者对交通条件的感知印象主要建立在时间、安全与舒适的基础上。

3. 旅游者对旅游目的地的感知

旅游目的地的范围非常广泛，大到一个国家，小到一个公园，只要能够为旅游者提供吃、住、行、游、购、娱的活动场所，都可以称为旅游目的地。人们在感知旅游目的地时，通常乐于广泛接受有关事务的各种信息，从自己的旅游需要和旅游动机出发，对旅游目的地做出综合的识别、理解和评价，最终形成自己的旅游目的地感知印象。良好的感知印象能够促使潜在的旅游者选择其作为目的地，同时也能够促使旅游者做出关于对旅游目的地和自身旅游满意感的中肯或良好的评价。

4. 旅游者对娱乐服务的感知

娱乐是旅游行为的六大因素之一，并且贯穿旅游行为的始终，是旅游的主要目的之一。旅游者对娱乐服务的感知，主要注意的是服务质量，感知印象取决于服务质量的高低。可以用物质的、状态的、行为的三个方面因素评价服务质量，即娱乐服务提供什么、提供的环境和怎样提供，涉及娱乐服务的设施、环境、主客交往、服务方式等主要方面的问题。旅游者对娱乐服务的感知过程及结果，提醒旅游从业者建设娱乐设施并使他们服务于旅游者，只是娱乐服务工作的第一步，而且是最基础的工作。

总之，旅游者的购买行为是文化、社会、个人和心理因素之间相互影响和作用的结果。其中很多因素是市场营销者无法改变的，但这些因素在识别那些对产品有兴趣的旅游者方面颇有用处，尤其是在买方市场到来的今天，旅游者的购买欲望已经上升到更高层次的需求，旅游企业要想使自己的产品畅销，就要不断研究影响旅游者购买行为的各种因素，这样才能“号”准旅游者的脉搏，用全新的营销理念和服务技巧赢得让顾客“怦然心动”的感觉，由此产生“感觉真好”的魅力，使顾客买到称心满意的产品，进而打开行销大门，达到促销目的。

第三节　旅游者购买决策过程

旅游者的购买过程是由一系列的相关活动构成，它们早在旅游活动之前就已经开始，并且一直延续到旅游活动结束之后。这个购买过程包括引起需求、收集信息、评估可选方案、购买决策和购后行为五个步骤（见图4－4）。这五个步骤代表了旅游者从产生旅游需求到最后结束旅游活动的全过程。因此。旅游营销人员必须注意旅游购买全过程的各个阶段。

图4－4　旅游者购买决策过程

一、引起需要

需要是购买行为的起点。当旅游者感觉到需要外出旅游，并且准备购买某种旅游产品以满足这种需要时，购买决策过程就开始了。人们的旅游需要可以由内在刺激或外在刺激引起。内在刺激引起的旅游需求一般来自现代人紧张的工作、生活压力、环境污染等；外在刺激引起的旅游需要来自人体以外的刺激，如旅游产品的创新、促销、有吸引力的价格等。

二、收集信息

在消费者决策过程中，信息搜索无疑是最重要的步骤之一，这也是营销者为消费者提供信息并影响其决策的一个重要阶段。

当旅游者产生旅游需求后，就会有意地或下意识地寻找旅游产品信息。旅游营销人员应分析旅游者接受信息的途径和方式，为旅游者提供获得信息的便利条件。旅游者的信息来源可分为四类：一是相关群体来源，即从家庭、朋友、邻居、同事和其他熟人处得到的信息；二是商业性来源，即从广告、促销活动得到的信息；三是公众来源，即从大众传播媒体、旅游组织等处得到的信息；四是经验来源，即通过旅游者自身的旅游经历和体验得到的信息。对于某种特定的旅游产品，旅游者接触最多的是商业性来源的信息，而对旅游者决策起最重要作用的则是相关群体来源和公众来源以及经验来源。当购买的旅游产品价格越高、性质越明确、特征越复杂时，旅游消费者的信息收集参与度就越高，因为这类产品往往带来更高的感知风险。因此，旅游营销人员应特别注意产品质量，以便使相关群体来源和公众来源起到良好的宣传作用。

★小贴士

日立数据系统公司的信息收集

日立数据系统公司（Hitachi Data Systems）每9个月与20名顾客咨询小组成员举行3天的会议。他们共同讨论服务问题、新技术和顾客对公司的新要求。讨论的气氛是自由的，双方都受益不少：公司获得有价值的顾客需要的信息；顾客感到公司听取了他们的意见，离他们更近了。

三、评估可选方案

旅游者收集了各种有关信息后，必然要进行分析、对比，做出最佳选择。不同的旅游者在比较评估的标准和方法上有很大的差别，目前还没有一个能够适用所有旅游者的评估选择模式。但旅游者通常考虑的是根据自己的兴趣和偏好，在产品的众多属性中选择自己认为比较重要的属性；给出产品属性的重要性权数；根据产品品牌的优劣程度形成品牌信念；对产品价值与自己的期望进行衡量；对不同的品牌进行评估和选择。

四、购买决策

购买决策，是指旅游者做出消费决定和实现对旅游产品的消费的过程，它是旅游消费行为的中心环节。通过对可选方案的评估，旅游者已经初步产生了购买意图。购买意图如果不受其他不同意见和信息的干扰，就会演变为购买决策与购买行为。一般而言，购买意图和购买决策包括品牌决策、中间商决策、时间决策、数量决策、地点决策和支付方式决策。但旅游者购买意图经常会受到他人意见和突发因素的干扰。

他人的态度会影响到各种决策的进行。他人对旅游购买决策的影响程度取决于以下两方面的因素：他人对某项旅游购买决策的否定程度和他人意见对旅游者的影响力。他人对该项旅游购买决策的否定程度越强烈而且他人与旅游者的关系越密切或对旅游者越重要，旅游者就越有可能改变购买意图。

突发因素也可能使旅游者改变购买意图。突发因素可分为与产品相关的突发因素和与产品无关的突发因素。与产品本身相关的突发因素可能是旅游者突然发现了有关产品的不利信息，比如旅游目的地突变的社会政治环境使前往该地区的不安全因素增加、同类产品有更具吸引力的产品要素、旅游中间商突然改变价格等。与产品本身无关的突发因素包括旅游者个人收入、社会地位、身体状况、心理状态等。这些因素的变化，也会影响购买决策。

旅游营销人员要认识到，旅游者对某种产品具有了购买意图，并不一定有相应的购买行为，并尽量使与产品本身相关的不利因素减少到最低。

五、购后行为

旅游者在旅游结束后，一般会有三种感受：满意、不满意和疑虑。每一种体验都会伴有特定的购后行为，而这种体验和行为又会影响该旅游者下次是否出游以及旅游结束后消费者的满意程度。因此，购后行为对于旅游营销人员仍具有重要意义。旅游后的满意程度是以下两个因素共同作用的结果：产品实际质量和顾客期望的产品质量。

用公式表示：

$$S = f(E,\ P)$$

式中：S——旅游消费者对消费活动的满意度；

E——消费者对旅游产品的期望；

P——旅游产品的可觉察性能；

若 $E = P$，则消费者会感到满意；

若 $E > P$，则消费者会感到不满意；

若 $E < P$，则消费者会感到很满意。

一般而言，如果产品和服务的期望质量与实际质量相符，那么旅游者会感到满意；如果产品和服务的实际质量低于期望质量，那么旅游者会感到不满意。所以，高质量的实际服务水平并不一定意味着顾客也有高度的满足感。旅游营销人员在提供旅游信息时一定不能夸大产品和服务的实际水平，否则就会在期望质量和实际服务水平之间形成较大差距，从而导致旅游者的不满。

旅游营销人员一方面要使提供的信息与实际水平相一致，另一方面要创造自己产品的特色，形成积极的“品牌效应”，以增强旅游者的满意程度，这既满足了现实旅游者的需要，又能获得持久的品牌效应，达到刺激和培养新的旅游消费群体的目的。

旅游项目的购买者在购买时不一定要经历这五个阶段，只有价值高、数量众多或重要性强的旅游购买才需要经历这个完整过程。

综上所述，旅游者做出旅游购买决策是相当谨慎的。因此，了解旅游者的购买行为是旅游营销的关键环节。只有通过对影响旅游者购买行为的各个因素及购买过程的考察，旅游营销人员才能有针对性地制订有效的营销计划，这是旅游企业经营成功的唯一出路。

知识归纳

旅游消费者的购买行为是旅游市场营销者制定策略的重要依据。旅游消费者是整个旅游市场的核心，观察和分析旅游消费者购买旅游产品的前后过程是旅游营销者的重要任务。旅游消费者的购买行为受到多种因素的影响，在今天市场信息日益丰富、竞争日趋激烈的条件下，旅游营销者的调研工作变得复杂和艰巨。

旅游消费者购买决策过程一般包括引起需要、收集信息、评估可选方案、购买决策、购后行为五个阶段，分析消费者的购买行为模式和影响因素并评估其效用，是掌握消费者旅游购买行为规律的关键。

案例解析

中国游客境外旅游调查报告2015：中国人都最想去哪儿？

《中国游客境外旅游调查报告2015》显示：中国出境游市场的影响力不容小觑，千禧一代、高消费群体和高科技拥趸成三大新兴话题。中国旅客表示，澳大利亚、日本及法国成为未来12个月中国游客愿望清单上的三大首选目的地。法国被认为是最受中国游客欢迎的欧洲目的地。在中国之外的地标式景点中，中国游客有生之年最想去的景点前三位是金字塔、富士山和埃菲尔铁塔。在今年的调查中，80%的中国境外游游客通过手机、台式电脑以及笔记本电脑预订和规划行程，该比例在去年仅为53%。当您在海外旅游时，是否也会不时邂逅中国同胞的身影，而这在如今俨然成了非常普遍的现象。根据全球酒店预订专家好订网最新发布的第四期《中国游客境外旅游调查报告》(Chinese International Travel Monitor，简称CITM)，中国出境游热潮正不断席卷全球，中国出境游人数更是在2014年突破1亿达1.07亿人次，增幅为20%，且这一趋势仍在延续。与此同时，中国出境游旅客的整体趋势开始呈现出年轻化、思想独立、精通科技和资金充裕等特点。

中国游客境外目的地愿望清单前十名排名：1. 澳大利亚；2. 日本；3. 法国；4. 中国香港；5. 韩国；6. 美国；7. 马尔代夫；8. 德国；9. 泰国；10. 中国台湾。有生之年一定要去的地标景点，除国内的地标以外，中国游客有生之年最想前往的景点排行中，吉萨金字塔、日本富士山和巴黎埃菲尔铁塔荣登榜单前三甲。

最受中国游客青睐的五大境外地标：1. 吉萨金字塔（埃及）；2. 富士山（日本）；3. 埃菲尔铁塔（法国巴黎）；4. 凡尔赛宫（法国巴黎）；5. 威尼斯（意大利）。

韩国成为中国游客眼中最热情好客的境外国家，紧随其后的则是泰国和日本。

中国游客眼中最热情好客的境外目的地排名：1. 韩国；2. 泰国；3. 日本；4. 新加坡；5. 马尔代夫；6. 中国香港；7. 中国台湾；8. 法国；9. 澳大利亚；10. 中国澳门。

本次CITM报告中的其他要点：2014年，中国境外游游客的日均消费（包括住宿）达人民币3 324元（536美元），其中绝大部分花费都用于购物、餐饮和观光。这其中前10%的游客日均消费达人民币13 800元（2 225美元），是普通游客的4倍；而前5%的游客日均消费更是达到了人民币20 896元（3 368美元），是普通游客的6倍。基于2014年好订网的酒店预订数据，中国游客于新西兰、瑞典和阿根廷均为酒店花费最高的游客群体。CITM报告揭示了“千禧一代”游客日益壮大的影响力，该人群指的是偏爱高科技产品、年龄在

18～35岁的年轻人。59%的受访酒店均表示在过去一年中，他们感觉到年龄在35岁或以下的中国游客有所增长，该趋势将有望延续。而“千禧一代”游客的增长态势在亚太地区则更为显著，78%的受访酒店称该人群比例在过去一年中有一定增长。在过去的12个月里，80%的中国境外游游客通过手机、台式电脑以及笔记本电脑预订和规划行程，该比例在去年仅为53%。此外，约有一半的游客称会通过智能手机的应用程序来规划和预订行程，2014年该比例仅为17%。

（资料来源：腾讯网：http：//fashion. qq. com/a/20150721/044046. htm，2015. 7. 21）

1. 中国人旅游消费高的主要原因是什么？

2. “千禧一代”游客日益壮大的原因？

复习思考

1. 什么是旅游消费者购买行为？旅游消费者购买行为过程包括哪几个阶段？

2. 消费者购买行为有哪几种模式？什么是“黑箱”？

实务训练

1. 通过各种途径，找寻一些旅游者的照片。请同学们根据照片分析旅游者的个人特点，并判断他（她）们可能产生的旅游消费行为，请同学和老师评议。

2. 考察学校所在区域的旅游景点，结合本章所学理论，分析旅游景点的旅游者的类型、消费能力等，总结出该旅游景区的旅游者的消费特点，并做出相应的营销对策。

模块三　营销战略战术

第五章

旅游目标市场营销

学习目标

通过本章的学习，使学生：

1. 了解旅游市场细分的目的、原则、意义；
2. 掌握旅游市场细分的一般原理和方式；
3. 掌握旅游营销的特点和原则以及构成要素。

实训要求

1. 学习如何运用营销战略以及市场定位；
2. 培养学生根据旅游企业的竞争状况提出各自企业的竞争策略的能力。

案例导入

美国“假日旅店大王”科尔斯·威尔逊，在世界上拥有“假日旅店”（包括饭店）达3 000家之多，他个人拥有的财产在2亿美元以上，早已踏入巨富之列。

威尔逊原来从事过好几种职业。1952年的一天，他到一家旅店投宿，看到旅馆环境很脏，服务很差，使他十分不悦。失望之余，他忽然兴起一个念头：我何不也开设一家旅馆，好好经营，将这些旅馆的生意抢过来？

当时，美国的汽车工业发展很快，他预测到：“汽车化社会”即将来临，可以创办一种新型旅馆——“汽车旅馆”，专门为汽车司机服务。这年冬天，威尔逊便在田纳西州的孟菲斯开了第一家“汽车旅馆”。这家旅馆房租低廉，味美、量多的食品，使顾客能以普通的价钱吃到三餐。旅馆专门建有停车场，驾驶汽车的人来到这家“汽车旅馆”住宿，处处感到方便，因此，这家旅馆生意十分兴旺。威尔逊雄心勃勃，不到几年工夫，就陆续在美国各地开设了数百家这样的汽车旅馆，形成了庞大的连锁组织。

20世纪50年代后期，旅游业兴起，世界各地每年有数百万的游客涌来美国。威尔逊又决定创立“假日旅店”，为国外游客服务。他四处寻找兴建这种旅店的地皮。采用专利方式组织连锁旅社，大力扩展业务。“假日旅店”仍然是以清洁、方便、价廉为经营宗旨，旅社内专门设有“犬屋”，给喜欢带着爱犬外出旅游的人提供服务。饮食限于适合大众化的品种，讲求价廉味美且量多；酒也不卖进口的高级品，只卖大众化的“假日旅店牌”威士忌。总之，威尔逊一切为旅客着想，使“假日旅社”迅速扩大，达到1 500多家，获得丰厚的利润。

威尔逊成功的关键是什么呢？是因为他“专门为汽车司机服务”和“专门为国外游客服务”。从营销理论上讲，这就是目标市场营销。

旅游目标市场营销要求从旅游者需求的差异性出发，把旅游产品和服务的整体市场划分成具有不同需要和购买行为特征的若干个旅游者群体，然后从中选择一定旅游者群体作为旅游企业的目标市场，针对目标市场的需要和购买行为特征，提供相应的旅游产品，采用相应的旅游市场营销策略，以更好地满足特定旅游者的需要，实现旅游企业的营销目标。旅游目标市场营销包括市场细分、选择目标市场、市场定位三大步，其中旅游市场细分是旅游目标市场营销的前提和基础，选择目标市场是旅游市场细分的必然结果和目的所在，旅游市场定位则在很大程度上决定着目标市场营销的成败。三者相辅相成，缺一不可。

第一节　旅游市场细分

一、旅游市场细分的概念

第二次世界大战以后，国际经济迅猛发展，消费者需求多样化、个性化特征更加显著，市场竞争已进入了非价格的时代。任何一个企业要想仍以单一的产品、单一的营销模式去满足整个市场和所有消费者的需要，已经不可能了，市场营销跨入了以市场导向为核心的现代市场营销阶段。这一飞跃是以1956年美国哈佛大学教授温德尔·史密斯提出的市场细分概念为标志的。市场细分要求企业的生产经营活动必须从消费者需求出发，分析企业产品和服务的所有潜在顾客，按照一定的标准，把他们划分成若干个较小的顾客群，在此基础上选择一定的顾客群作为企业的目标市场。只有这样，才能帮助企业找到市场机会，明确营销策略，战胜竞争对手，并最终实现营销目标。

在旅游市场上，任何一个旅游目的地或旅游企业都不可能满足整个旅游市场和所有旅游者的需要，也必须进行市场细分。所谓旅游市场细分，实际上就是在旅游市场调研和预测的基础上，依据旅游者需求的差异性，把一个整体旅游市场划分成若干个旅游者群体的市场分割过程。市场细分后的每一个旅游者群体都有具有相似的需求和购买行为特征，每一个旅游者群体就是一个细分市场。例如，旅游企业根据旅游者的不同年龄，将整个旅游市场划分为青少年、成年、中年、老年等多种细分市场。从中可以看出，对同一种旅游产品的需求和购买行为，在以上四个细分市场之间存在着明显的差异性，而在四个细分市场的每一个细分市场内部则具有较大的相似性。

二、旅游市场细分的作用

通过旅游市场细分的概念可以看出，市场细分的核心是对旅游者的需求和购买行为的分析和把握，这直接决定着旅游企业市场机会的发掘、营销策略的制定和竞争地位的树立，决定着旅游企业的成败。

旅游市场细分可以使旅游经营者更清晰地认识市场，通过对旅游者的各种特性进行整理、观察和分析，进而发掘新的市场机会，开发出新的、富有吸引力的目标市场。

通过市场细分，可以使旅游企业更加详细地、动态地掌握目标旅游者的需求，有的放矢，制定不同的旅游产品、价格、渠道、促销等营销组合，以利于更好地满足各类旅游者不断变化着的需求。

在旅游市场被按照一定特性切割之后，旅游企业可以准确地把握竞争对手的优势和劣势，集中自己的优势力量为目标旅游者服务，从而战胜竞争对手，实现营销目标。

三、旅游市场细分的原则

要使旅游市场细分真正发挥其作用，还必须符合某些原则，即一个有效的细分市场必须具备足够的容量、可以区分、可以衡量的。

（一）可衡量性

可衡量性是指细分后的各细分市场的需求、购买行为特征等有明显的差异性，各细分市场的规模和购买力大小等能被具体测量到，从质和量两个方面为制定营销决策提供依据。要做到这一点，就要保证所选择的细分标准能够反映旅游者或某些旅游购买行为的差异性，同时该标准必须清楚明确，能被定量地测定，这样才能使各细分市场的界限明确、范围清晰、特征明显。例如，气质因素对旅游者的购买行为会产生很大的影响，但用气质作为细分标准时就不能定量地测定，因为现实生活中大多数旅游者都是多种气质的综合体。

（二）可赢利性

可赢利性是指细分市场的需求量足以保证企业取得良好的经济效益。细分市场的需求量既涉及旅游者的数量，又涉及旅游者的购买力大小，旅游细分市场要有足够的规模，就要求细分市场要有足够的旅游者，或者在人数较少的情况下有足够的购买力。何为“足够”，其基本判定标准就是，旅游企业在细分市场上的收入要高于开发该细分市场的全部投入。同时可赢利性原则还要求该细分市场应具有一定潜力，不仅在短期内可以获利，而且通过努力扩大该市场，使旅游企业可以获得长久利益。

（三）可进入性

可进入性是指细分出的市场要能使旅游产品有条件进入并占有一定的市场份额。首先，该细分市场应未被竞争对手控制或未完全控制，也就是说该细分市场的需求未被竞争对手完全满足；其次，旅游企业要有能力提供相应的旅游产品，开展相应的市场营销活动去满足细分市场的需要。如果该细分市场竞争十分激烈，或竞争不太激烈但本企业不具备占领该细分市场的能力和条件，则该细分市场是不可进入的。

（四）稳定性

稳定性是指细分后的市场所具有的需要和欲望的差异，应在一个足够长的时间内得以保持，这样才能使旅游企业制定的营销组合策略得以真正实施，才能保证旅游企业获得预计的收益。

四、旅游市场细分的标准

旅游市场细分的关键是找到科学的细分依据或标准。因为该依据或标准直接决定了细分后的市场之间是否具有明显的差异性，而且选用的依据或标准不同，市场细分的结果也各不相同，这些都直接关系着旅游企业能否找到有吸引力的目标市场。在旅游市场上，不同的旅游者具有不同的生理特征、地理特征、社会经济特征和购买行为特征等，这些因素准确地反映了旅游者需求的差异性，因此常常将它们作为市场细分的标准。

（一）地理细分

旅游活动本身是以旅游者的空间位移为典型特征的，对同一旅游产品，来自不同地区的旅游者之间有着较大的需求差异，因此按照地理因素对旅游市场进行细分有着非常重要的意义。常用的地理细分标准有：地区、国家、城市、农村、气候、人口密度、空间距离等。

1. 按地区、国家、城市、农村等标准进行细分

首先将世界旅游市场按地区划分为各区域旅游市场，例如，世界旅游组织（WTO）根据地区间在自然、经济、文化以及旅游者流向等方面的联系，将世界旅游市场细分为六大旅游区域：欧洲市场、美洲市场、东亚及太平洋市场、南亚市场、中东市场和非洲市场。其次，在各区域旅游市场内又可以划分为各国旅游市场。再次，在各国旅游市场内还可以按城市、农村等标准进一步划分，例如，我国的旅游市场就必须进一步划分为华东、华南、西南、中南、西北、华北、东北，或者划分为城市、农村市场，或者直接按我国的行政区划进行划分等。

2. 按旅游者所在地与旅游目的地的气候、地形、水体、生物等自然条件的差异进行细分

据此可以得到热带、亚热带、温带、寒带，或者高原、平原、盆地、山区、草原等细分市场。例如，由于气候寒冷、缺少阳光，我国东北三省的旅游者冬天就会趋向于去温暖、阳光充足的南方地区旅游，反过来，长期在热带地区居住的我国广东、海南等地的游客，到了冬天则更愿意去东北三省领略大自然的壮丽景色。这种主要由于气候的差异形成的旅游需求的差异，在度假旅游市场上表现得最充分。

3. 按旅游活动的空间位移距离来细分

旅游者的旅游需求不仅受其在什么地方居住、该居住地与旅游目的地的气候等条件差异大小的影响，还要受居住地与旅游目的地之间距离远近的影响，因为距离的远近在很多时候直接影响着旅游者旅游时间和费用的选择，进而影响着旅游者对旅游目的地的需求状况。据此可以细分为远程、中程和近程等旅游细分市场。在我国，远程旅游市场主要是指欧美等地区的国际客源市场，中程旅游市场主要是指亚洲内与我国临近的各国旅游市场以及国内各地区旅游市场，近程旅游市场则是指我国各省、自治区、直辖市范围内的居民对当场旅游产品的需求形成的市场。随着社会经济的不断发展和人们休闲时间的增多，这三类细分市场的规

模都将进一步扩大，由此会给旅游企业带来更多的市场机会。

（二）人文统计细分

人文统计细分是将旅游市场按照人文统计学变量，如年龄、收入、教育程度、职业、种族、性别、宗教、家庭规模、社会阶层等标准细分成不同的群体。由于这些变量往往易于识别且便于衡量，因此人文统计细分变量成了细分旅游者群体最常用的标准。一般情况下，旅游企业选择其中的一个或几个变量作为划分的标准。

1. 年龄、性别与家庭生命周期等人口统计标准

这些标准是人口最基本的自然属性，不同的生命、生理特征，形成了旅游需求的基本差异，而且这些因素也会通过影响旅游者的收入和社会角色等因素间接影响旅游需求。

年龄是其中影响最大的一个因素，特别是国际旅游，年龄的差异更为突出。按照人口年龄段，旅游市场可细分为老年人、中年人、青年人、少儿四个子市场。这四个细分市场在旅游需要、动机和行为方式上表现出了极大的差异。其中，老年人旅游费用和时间最充足，以修身养性、探亲访友为主，一般选择旅游淡季出游，在外停留时间较长，对旅游服务要求较高。随着人口老龄化趋势的进一步加强，老年旅游市场将会有更大的发展；中年旅游市场是总体规模最大的细分市场，中年人收入水平较高，注重食宿和享乐条件，讲究身份地位，以观光、会议、商务旅游者居多，但他们又容易受家庭、工作等的影响，往往不得不抑制某方面的旅游需求；青年人虽然收入水平较低，但其可自由支配的收入却较高，他们精力充沛，进取心、好奇心强，对探险、滑雪、狩猎、骑马等旅游方式最为热衷；少儿旅游市场具有极大的潜力，少儿有较强的旅游欲望，他们的出游可以带动一家人的出游，这是很多三口之家旅游的最大动机，他们对教育性、娱乐性的旅游项目特别感兴趣。

性别因素是一个最容易识别和测量的标准，因此性别因素越来越受重视。现在，旅游目的地的各种旅游活动层出不穷，在这种情况下，针对男、女性别差异提供不同的活动方式，将会吸引到更多的男性、女性游客。

家庭因素包括家庭结构和规模、家庭总收入和消费结构以及家庭生命周期等方面，这些因素往往和年龄结合在一起对旅游者的需求产生影响。其中按家庭结构和规模可以细分为单亲家庭、单身家庭、三口之家、三代之家、独居家庭、丁克家庭等；按家庭生命周期又可简单地细分为新婚家庭、中年家庭和老年家庭等。现在有些旅游企业推出的“新婚旅游”“合家欢旅游”和“追忆往昔旅游”等旅游产品，就很好地满足了不同家庭的个性化需要。

★小贴士

女性在旅游消费上究竟有哪些新特点？据一家大型旅游网站对数千名女性消费者调查结果显示，随着女性受教育程度和收入的提高，以及新《旅游法》实施后对自由行的利好效应，自由行成为近半数女性最爱的出游方式，而海岛和购物主题最受女性青睐。

调查显示，从出游次数上来说，41%的女性选择每年1次至2次国内游、1次至2次出境游；约15%的女性表示自己“很爱出去玩”，每年会进行3次至5次国内游、1次或多次出境游。虽然请假很难，但仍有近3成的女性选择8天以上的出游时长，足以支持国内长线或出境游。女性对海岛旅行的钟爱在此次调查中也可见一斑。在海岛的选择中，马尔代夫、

巴厘岛等免签/落地签海岛，以52%的高票数成为女性游客最钟爱的海岛。此外，斐济、毛里求斯、塞舌尔等“小众”海岛也成为女性的新宠，获得39%的高票数。逛街和购物是女人的天性，41%的女性投票给日本或韩国线路，因为可以购买各种商品。

从出游方式上来说，自由行成为41%的女性最爱的出游方式，而投票给跟团游（纯玩团）的女性占比仅为约5%。此外，既有导游安排线路，又可享受1~2天自由时光的“半自由行”，也以39%的票选位居第二位。

（资料来源：http：//economy. enorth. com. cn/system/2014/03/12/011740768. shtml，2014. 3. 12）

2. 收入、职业、教育水平及社会阶层等社会统计标准

收入水平特别是可支配收入水平的高低，不仅影响着旅游需求是否实现，而且影响着旅游需求规模的大小和档次的高低。在收入水平较高时，人们会追求多种方式来满足自己的旅游需求，而在收入水平较低时，人们对旅游价格特别敏感，旅游需求会停留在较低的层次上。

考虑收入因素对旅游需求的影响时，往往结合教育水平和职业状况来进行分析。因为这三者在旅游行为方面是紧密相关的。一个人的教育水平通常会影响他的职业，而职业的不同其收入水平又可能不一样。例如，一些大公司的管理人员大多受过高等教育，收入较高，喜欢旅游，且有较多的商务旅游机会。

收入、教育水平和职业三因素的综合，往往会形成社会地位的差异，产生社会阶层的概念。我国城市居民就存在以下阶层：富豪型及超富豪型、富裕型、小康型、温饱型和贫困型。不同的阶层在旅游度假、休闲活动和大众媒体的选择等方面都表现出不同的偏好、行为，进而影响着对旅游目的地和旅游产品类型的选择。

（三）心理细分

旅游者在心理上也具有许多不同的特征，如旅游动机、经验、习惯、信念、态度、个性、自我概念和生活方式等，这些因素作为旅游者的购买行为特征对旅游者需要的实现产生着非常深远的影响，心理细分就是按照这些标准对旅游市场进行细分。在心理细分标准中，最有细分实际意义的标准就是个性和生活方式了，因为以个性或者生活方式为标准，既能准确地对旅游者进行分割，又能保证细分后的各个子市场具有足够的旅游需求量。

1. 个性

简单地说，个性就是一个人所特有的、比较稳定的、带有一定倾向性的心理特征，它导致一个人对其所处的客观环境做出一贯持久的反应。它一般包括个性倾向性（需要、动机、理想、信念、世界观等）和个性心理特征（气质、性格、能力等）两个方面的内容。对同一产品需求和购买行为的差异性，在很大程度上是由人们的个性差异造成的，在旅游市场上，这种影响更加突出。随着中国旅游市场的发展，“我想”“我要”“我能”的个性化出游正在悄然兴起，如：购物旅游、保健旅游、美食旅游、沙漠旅游、参与式旅游、启智探索式旅游、社会风物人文景观的全景展示游、愉悦身心丰富阅历的生命里程旅游等，实质上是适应了旅游者的个性差异而形成的一个个旅游细分市场。

2. 生活方式

生活方式是个人行为、兴趣和思想等方面表现出来的生活模式，简单地说就是一个人如

何生活。例如：有的人热心社交，有的人则乐于家务；有的人喜欢时髦，有的人则崇尚朴素；有的人爱好新奇，有的人则倾向保守等。按生活方式标准进行细分，可以得到传统型、新潮型、简朴型、奢侈型、潇洒型、高雅型等细分市场。生活方式对旅游市场影响很大，随着社会经济的发展，越来越多的人将旅游直接作为自己的一种生活方式，旅游市场规模将不断扩大。

（四）行为细分

不同的旅游者在行为上往往会有很大的差异，而且购买行为体现了旅游者对旅游营销活动的反应及态度，因此按照旅游者的行为进行市场细分是很有效的。根据不同的行为细分标准划分的细分市场也有所不同。

1. 购买动机和目的

据此可以把旅游市场细分为观光、度假、娱乐、探亲访友、商务、会议、学习、文化民俗、健康医疗、宗教等细分市场。

2. 利益

据此可以把旅游市场细分为物有所值型、经济型、享乐型、服务型、名利型、猎奇型等细分市场。

3. 购买数量

一般可细分为大量、中量、少量购买者细分市场，旅游市场上更为准确的是细分为团队市场和散客市场。近些年来散客市场得到很大的发展，成为世界旅游市场的主题。在这一市场中，形式也日益复杂多样，出现了独自旅游、结伴同游、家庭旅游、小组旅游等形式。

4. 购买频率

据此可以把旅游市场细分为一次购买、重复购买等细分市场。

5. 购买时间

据此可以把旅游市场细分为淡季旅游市场、旺季旅游市场等细分市场。

6. 对旅游品牌的忠诚程度

一般可以细分为坚定的忠诚者、动摇的忠诚者、转移的忠诚者和无品牌偏好者等细分市场。

一些旅游方面的专家认为，随着旅游市场全球化进程的加快，用来划分国际市场的一些传统变量，如地理变量和国家界限等，将会逐渐被心理变量、行为细分所代替，因为它们能够更加准确地反映顾客之间的文化异同，从而更加有利于确定目标市场。在西方发达国家里，最近几年新出现了一些细分市场，例如：年轻的单身者、旅游探险者、文化探索者、高尔夫爱好者等。这些细分市场充分体现了旅游者心理因素和行为方式的差异。

五、旅游市场细分的步骤

根据美国市场营销专家麦卡锡的观点，市场细分一般由以下七个相互关联的步骤组成，这对旅游市场细分的完成是一个很好的参照。

（一）选定市场范围

进入旅游市场营销业时，必须首先搞清楚自己将为谁生产旅游产品，为谁提供旅游服务，也就是你的旅游产品或服务的潜在客源市场在哪里，你经营的大致的市场范围是什么。例如：是以世界旅游市场为主、还是洲际旅游市场、一国旅游市场为主；是以综合性的旅游需要为主、还是餐饮需要、住宿需要、交通需要或者娱乐需要等为主。市场范围的确定，不仅要考虑到旅游企业自己的条件和能力，更重要的是以旅游者需求为基础，而不能由旅游产品或服务本身的特性来决定。

（二）了解潜在客源市场的需求

在确定适当的市场范围后，旅游企业就可以通过各种形式的调研活动了解整个潜在客源市场的各种需求，主要是指整个客源市场的基本需求。

（三）明确潜在客源市场的差异性需求

综合考虑旅游者的地区分布、人口特征、心理活动、购买行为等方面的情况，了解旅游者的差异性需求，分析可能存在的细分市场。

（四）确定细分市场的标准（依据）

在旅游市场上，引起旅游者需求差异的因素多种多样，旅游企业必须从中找出影响旅游者购买决策的关键因素，并将这些因素作为细分市场的标准。切不可用一般因素或次要因素细分市场，以免影响旅游企业对市场机会的正确判断。

（五）划分整体市场，得到若干个细分市场

根据所确定的市场细分标准，将潜在的客源市场细分为不同的群体或子市场，并用形象化的语言或其他方式，为各个细分市场确定名称。

在细分市场的过程中，会涉及选用多少个细分标准的问题，由此形成了两种基本的市场细分方法：一是单变量细分，即选择影响旅游市场需求的最显著的变量，作为细分市场的唯一依据；二是多变量细分，即选择两个或两个以上显著影响旅游市场需求的变量，作为细分市场的依据。在这种情况下，就需要先按一个变量来细分，然后再用其他变量进行进一步的细分。在这两种方法中，绝大多数时候采用的是多变量细分。

（六）进一步了解各细分市场旅游者的购买行为特征

通过深入分析各细分市场的需求，了解旅游市场上消费者的购买心理、购买行为等，对各细分市场进行必要的分解或合并，以不断适应市场的变化。

（七）分析各细分市场的规模和潜力

在前面六个步骤完成后，各细分市场的类型已基本确定，此时企业应估算各个细分市场的潜在销售量、竞争状况、赢利能力、发展趋势等，为选择目标市场打下基础。

市场细分的以上步骤，有利于旅游企业在市场细分中正确选择营销目标市场，但无须完全拘泥于某一种模式，可以根据实际情况进行简化、合并或扩展。

第二节　旅游目标市场的选择

旅游目标市场就是在旅游企业在市场细分的基础上选定的，准备以相应的旅游产品和服务去满足其需要的一个或几个细分市场。也就是旅游企业确定的作为其营销对象的具有特定需要的旅游者群体。

一、目标市场选择的条件

确定某一细分市场能否作为旅游企业的目标市场，可以从以下三个方面来进行判断：

（一）细分市场要有适当的规模和发展潜力

也就是说准备作为目标市场的细分市场要有足够的、尚未满足的、相对稳定的旅游需求。细分市场的规模既涉及旅游需求者的数量，又涉及旅游者的购买能力，只有具备了适当的规模才能保证旅游企业在该细分市场上有利可图。同时，从长远来看，该细分市场的需求能否在一个较长的时期存在下去，将直接决定旅游企业的发展前景，因为每一个旅游企业都希望与市场共成长，得到长期发展。当然，对于不同实力的旅游企业来说，所追求的规模和发展潜力不会是一样的，一般来说，实力雄厚、资源充足的旅游企业会追求规模大、成长快的细分市场，而中小旅游企业则重点关注那些不被大企业看好的、规模小的、增长速度慢的细分市场，争取在此获得较好的经济效益。

（二）细分市场必须具备结构性吸引力

结构性吸引力主要是指细分市场的竞争状况给旅游企业留下的市场空间的大小。旅游市场的竞争来自以下几个方面：

1. 提供相同或相似旅游产品的同行企业的竞争

如果该类竞争者完全或基本上已控制了该细分市场，这样的细分市场对旅游企业的吸引力就小，该细分市场就不能作为目标市场。

2. 潜在的竞争状况和替代品的威胁

如果目前和将来新的竞争者出现的频率高，替代品的威胁程度大，那么该细分市场就缺乏稳定性，旅游企业就不宜进入。

3. 细分市场中买卖双方之间的竞争状况

根据买卖双方在商品交换过程中对购销主动权和价格支配权的掌握和控制情况，可以把旅游市场分为买方市场和卖方市场两种类型。在现代旅游市场主要为买方市场的情况下，旅游企业进入细分市场将会付出较大的营销努力。

4. 来自旅游供应商和中间商的竞争

旅游行业的发展在很大程度上要受旅游资源的影响，旅游供应商是否保质、保量地及时供应，直接决定着旅游企业将要向市场提供什么样的旅游产品，同时旅游中间商的营销意愿和能力又关系着旅游产品和服务的最终实现问题。因此，如果某一细分市场的渠道不畅，且疏通成本太高，则不宜进入该细分市场。

（三）细分市场必须与旅游企业所拥有的资源相匹配

也就是说旅游企业要有能力提供相应的旅游产品和服务去满足该细分市场的需求。如果旅游企业自己资金短缺、人才匮乏，就算面对利润丰厚，极具吸引力的细分市场，也不得不放弃。

总之，旅游企业应选择吸引力强、有一定规模和良好发展潜力、本企业优势突出、能够顺利进入的细分市场作为目标市场。

二、旅游目标市场的基本模式及相应的目标市场策略

旅游目标市场的基本模式就是指旅游企业所选择的目标市场的数量多少和范围大小，不同的选择要求采用不同的目标市场策略。

（一）一个或少数几个目标市场模式——集中性目标市场策略

集中性目标市场策略要求旅游企业以一种或少数几种旅游产品及相应的营销组合策略，集中于一个或少数几个细分市场上，实行专业化生产和经营。具体来说，又分成以下几种情况，见图5－1～图5－4（各图中M代表市场，P代表产品）。

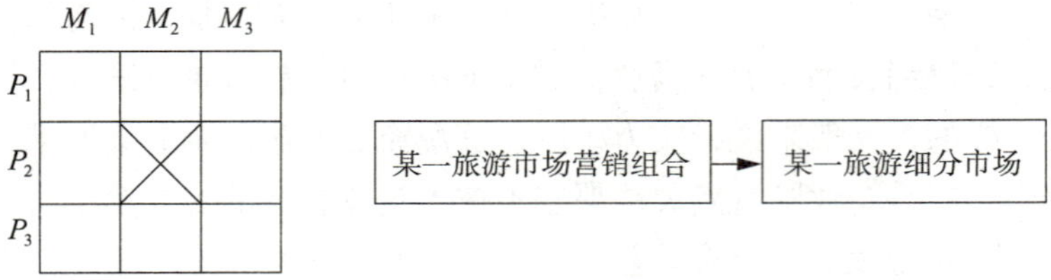

图5－1　旅游产品市场集中化

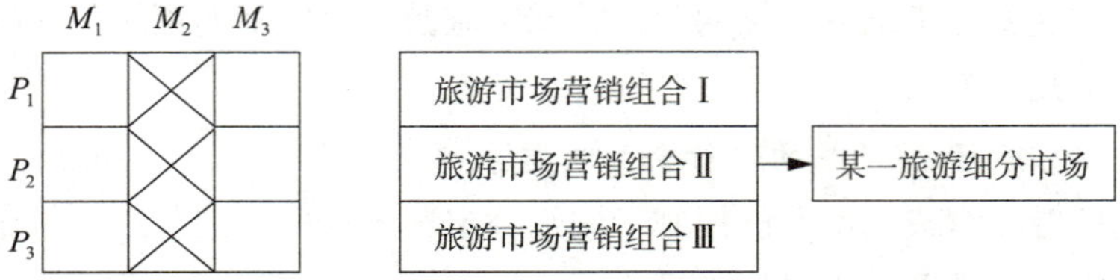

图5－2　旅游市场专业化

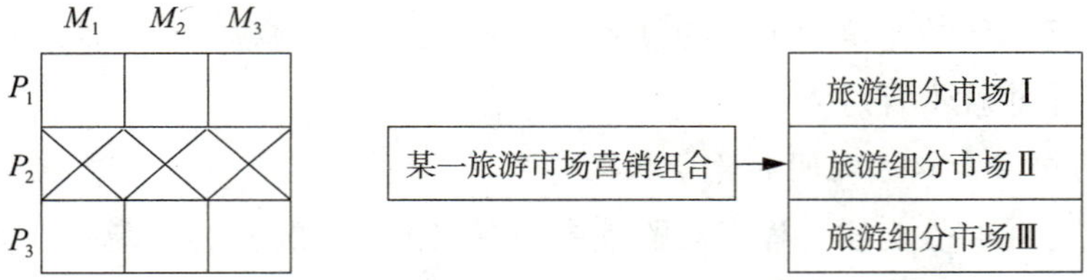

图5－3　旅游产品专业化

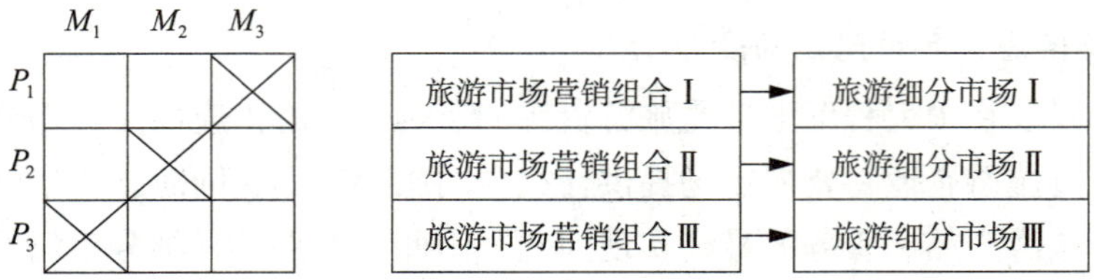

图5－4　旅游产品市场选择性专业化

以上选择的一个共同点是：旅游企业面对若干个细分市场，不希望去占领全部的细分市场，而是集中自己的全部资源，竭尽全力去占领少数几个细分市场，最大限度地去满足特定旅游者的需求，以此来保证旅游企业的生存与发展。该策略特别适合于那些实力差、资源不足的中小旅游企业。对于一些旅游行业新的投资者来说，也应将其作为首选的投资策略。实际上，集中性策略是一种专业化发展策略，任何一个企业都必须经过专业化到多元化的发展

历程，其中专业化是基础，是必不可少的，旅游企业也不例外。

由于服务对象比较集中，对其市场特征能够全面把握，而且在分销和促销等方面可以实行专业化，所以采用集中性策略可以使旅游企业以较低的成本和费用，及时树立旅游产品的形象，在目标市场上取得有力的竞争地位。但旅游企业将资源集中于一个市场，风险很大。特别是当该目标市场旅游者的兴趣转移了，或者更强的竞争者进入该市场时，风险更大。

（二）全部目标市场模式——差异性目标市场策略

差异性目标市场策略要求旅游企业将市场细分后的所有细分市场都作为自己的目标市场，然后针对不同的细分市场分别设计不同的产品和运用不同的营销组合策略，以全面满足各类旅游者的需要。见图 5－5（图中 *M* 代表市场，*P* 代表产品）。

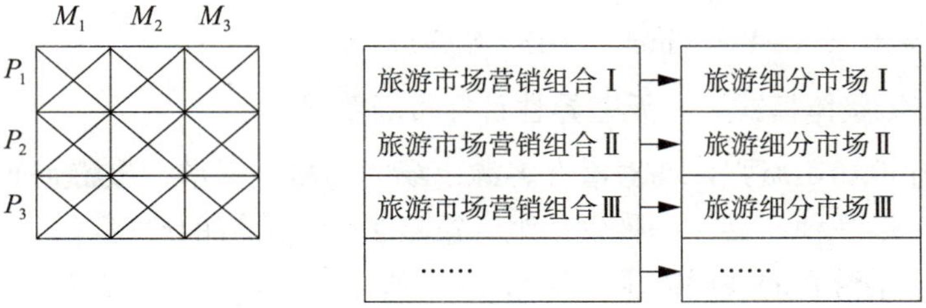

图 5－5　差异性目标市场策略

运用该策略，旅游企业能够采取小批量、多品种的经营方式，很好地适应各类旅游者的需求差别，更能满足各类旅游者的不同需要，有利于企业在差别中寻找竞争优势，有利于扩大销售；同时，由于把资金分散到多个市场中去，可以很好地降低由集中经营带来的风险。但采用该策略，旅游企业将会面临高额成本费用的压力以及规模经济的损失，因此，该策略普遍要求旅游企业具有雄厚的实力。

★小贴士

市场营销战略的基础是市场调查，市场营销的对象是目标市场，通过市场调查来选择目标市场，目标市场明确才能做到有的放矢。也许在一个国家旅游发展的初始阶段，重点在于整个国家的形象宣传，可以进行大规模的宣传造势，但是，当旅游发展到一定阶段之后，旅游部门必须突出市场细分，加大目标市场的营销力度。

与 30 年之前相比，中国旅游市场形势发生了巨大变化，卖方市场的优势早已不存在，周边和地区旅游目的地的竞争越来越激烈，再企图通过漫天撒网的办法已经不能奏效。在这方面，海外旅游目的地的许多做法值得我们认真研究和借鉴。

最近，英国旅游局市场调查报告披露，中国游客在英国最想做的 10 件事中，除了游览白金汉宫之外，还包括游览巴斯的古罗马浴场和看一场英超足球比赛。此前，英国艾玛迪斯全球旅游分销公司亚洲部专门研究了中国出境旅游的消费特征，从女性商务旅行者、银发旅游者到自助旅游者的消费需求变化悉数分析。龙途公司在《变化中的中国旅游者》报告分析了中国旅游的十大趋势，提出了一个“新中国旅游者”的概念，并指出，中国富人增长率最高的并不在北上广等城市。澳大利亚昆士兰州的《中国战略计划》中，专门总结出中国旅游者消费的七大趋势，特别指出，中国人把价格比品牌看得更重，口碑在决策中起的作用更大。美国旅游协会专门撰写了题为《准备腾飞》的研究报告，分析了中国公民为到美国旅游获得签证所付出的代价，根据对中国12个城市的实际调查，发现中国人完成一般签证申请程序需要的时间会长达63天。

在中国入境旅游连续5年徘徊不前乃至下降的情况下，旅游部门应该加强对我国目标市场的专题研究，而不是仅限于组织或参与一些世界旅游博览会，要舍得花钱做市场调查。这的确是当前我国在国际市场营销上的一个缺憾，值得有关部门认真研究。也许中国入境旅游发展的复苏与振兴，应当重新从认真研究市场、明确目标市场和制订详尽可行的市场营销方案和实施计划起步。

（资料来源：中国网《入境游要从细致的市场调查做起》http：//news. china. com. cn/live/2013－12/30/content_ 24094986. htm，2013. 12. 30）

（三）旅游市场整体模式——无差异性目标市场策略

无差异性目标市场策略强调面对潜在客源市场的同质性需求，旅游企业以该市场整体作为一个目标市场，以一种产品、一种营销组合策略去供应所有的旅游者，力求在一定程度上尽可能地满足所有旅游者的共同需求，如图5－6所示。

图5－6　无差异性目标市场策略

例如，长城作为中华民族的宝贵历史文化遗产，全世界的旅游者都为它的雄伟、壮观和悠久所折服，“不到长城非好汉”代表了他们的共同心声。长城作为中华民族的象征，长久地展示给世界各族人民，从营销的角度来看，可以说是无差异策略的典型运用。

无差异性目标市场策略的优点是产品单一，专业化程度高，可以实现大批量生产，取得规模经济效益；同时可以大大降低设计、生产和经营成本。缺点是忽视了旅游者的需求差异性，等于把一些旅游者拒之门外，从而使得销售量受到限制，而且不适应竞争的要求，风险较大。这一策略主要适用于垄断性强、知名度高的旅游景点的营销。

三、影响旅游目标市场策略选择的因素

（一）旅游企业或旅游目的地的实力

如果旅游企业人、财、物等实力雄厚，或者目的地旅游资源的自然禀赋优异、产品知名度高、市场垄断性强，则可采用无差异性或差异性目标市场策略；否则，采用集中性目标市场策略。

（二）旅游产品特性

一般来说，对于性能差别较小，旅游者挑选性不强的同质性旅游产品，宜采用无差异性策略；而异质性旅游产品，如休闲度假类产品，则宜采用差异性或集中性策略。

（三）旅游市场特性

若旅游者对同一旅游产品的需求相近，购买动机和购买行为无明显差异，则适宜采用无差异性目标市场策略；反之，应采用差异性或集中性目标市场策略。

（四）旅游产品所处的生命周期

一般来说，当旅游产品处于投入期或者成长期时，可采用无差异性目标市场策略，快速和全面占领目标市场；当旅游产品进入成熟期或者衰退期时，为了应付竞争，保持产品的生命力，则需采用差异性或集中性目标市场策略。

（五）竞争者的策略

当目标市场上的竞争者采用无差异性策略时，本企业则采用差异性或集中性策略；当目标市场上的竞争者采用差异性策略时，本企业则采用集中性策略；当竞争者众多，竞争非常激烈时，本企业必须采用差异性或集中性策略；如果竞争者少，特别是属于独家经营时，则可采用无差异性目标市场策略。

第三节　旅游市场定位

一、旅游市场定位的概念

“定位”这个概念是由美国两位著名的广告经理艾尔·里斯和杰克·乔特于 1972 年最先提出来的。他们指出：“定位起始于一种产品、一种商品、一项服务、一家公司、一个机构或者甚至一个人。然而，定位行为的对象不是产品本身，而是今后有可能成为该产品的消费者的心理。换言之，定位行为就是公司给产品在可能的顾客心目中确定一个恰当的位置。”该概念对定位客体和定位的实质进行了明确界定，成为后来众多定位理论的基础。

旅游企业在确定了目标市场后，面对目标市场上的众多竞争对手，面对目标顾客对旅游产品形成的固定的看法，如何使自己的产品顺利地进入市场、站稳脚跟乃至发展壮大，唯一的选择就是进行市场定位。

旅游市场定位，就是确定旅游企业或产品在目标市场上的位置，也就是说在目标市场上的旅游者心目中树立起本企业或产品的鲜明的整体形象并区别于其他旅游企业或产品的过程。旅游市场定位的客体既可以是旅游行业、企业、公司、目的地、旅游产品组合等，又可以是某一特定的旅游产品、品牌、服务等，其中以旅游产品的市场定位为主。

旅游市场定位是否成功，取决于旅游者是否认可。当目标市场上的旅游者对旅游企业或者旅游产品形成了明确的认识和看法，能够在众多的企业和产品中一下子就把本企业或本企业的产品区分开来时，市场定位才算成功。

有效的旅游市场定位有利于树立企业和产品的鲜明特色，有利于企业更好地满足旅游者的需求偏好，有利于旅游企业取得目标市场上的竞争优势。因此，可以这样说，旅游市场定位是一种有效的营销战略。

二、旅游市场定位的程序

美国学者阿拉斯塔·莫里森在《旅游服务营销（第三版）》一书中，把有效市场定位所需的步骤归纳为“5D”：记录利益（Documenting）、决定形象（Deciding）、辨别优势（Differentiating）、传递设计（Designing）和落实承诺（Delivering）。据此，提出旅游市场定位的程序。

（一）确定旅游市场定位的客体

市场定位的第一步就是要确定旅游市场定位的客体：旅游行业、企业、公司、目的地、旅游产品组合的定位，还是某一特定的旅游产品、品牌、服务的定位。以下内容以旅游产品的市场定位为主进行阐述。

（二）识别重要属性，明确定位因素

重要属性是目标市场上的旅游者最关心的因素，是决定其购买决策的重要因素，它既可以是定位客体应该或者必须具备的属性，又可以是目标市场上的旅游者具有的某些重要的共同特征，如旅游产品的质量好坏、价格高低、旅游产品的档次高低、用途大小等。

真正的重要属性只有少数几个或一个，它们往往就是进行市场定位所选用的定位因素。

（三）分析竞争状况，绘制市场定位图

从重要属性入手，分析目标市场上竞争者的产品属性、市场地位、市场满足程度等情况，并在定位图上进行标注，见图 5 –7。

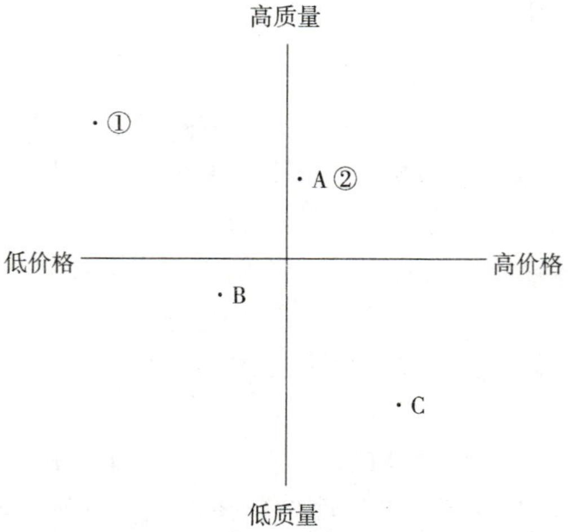

图 5 –7

上图中，重要属性（定位因素）是旅游产品的质量和价格。

A、B、C 分别代表竞争者的同类产品在定位图（目标市场）中的位置。

（四）借助定位图、选用适当的定位方式，确定定位客体在目标市场上的理想位置

一般来说，主要的定位方式有两种：一是与同类旅游产品竞争定位（对抗性定位），旅游企业选择与竞争者相同的市场位置，争取同样的目标顾客，使用大致相同的市场营销组合策略，如上图中的②；二是拾遗补缺定位（避强性定位），是指定位于目标市场的“空白地带”或者市场缺口，如上图中的①。

定位方式的选择必须以自己的优势、劣势为基础，结合竞争者的状况，以旅游者的认识和看法为中心来进行。而且，某种定位方式，只代表了市场定位的大致方向，要真正实现定位，还必须采用相应的定位策略。

（五）执行定位

旅游企业一旦决定了自己的定位，就要制定相应的市场营销组合策略，从产品、价格、渠道、促销等方面将定位付诸实施。其重点是向旅游者传达产品的优点，突出产品与同类竞争产品的比较优势。

（六）重新定位

由于旅游者的需求和购买行为是不断变化着的，因此旅游企业或产品的市场定位必须随之做出相应的调整，这就是重新定位。具体来说，重新定位就是旅游企业针对目标市场上的原有产品（老产品），变动产品特色，改变旅游者对其原有的印象，使旅游者对产品形象有一个重新认识并认可的过程。

★小贴士

"蓝海"是当今全球企业界一句流行语。它源于海内外风行的一本管理畅销书《蓝海战略》，书中将已知市场和未知市场形象地比喻为"红海"和"蓝海"。

"蓝海"用来描述更宽、更深的尚未开发的潜在市场。

"蓝海策略"就是创造没有人与其竞争的市场空间，超越竞争。这种策略致力于增加需求，并摆脱竞争，不再汲汲营营于瓜分不断缩小的现有需求和衡量竞争对手。

三、旅游市场定位的策略

旅游市场定位策略的根本就是"差别化"，据此可以采用以下定位策略：

（一）产品属性定位

产品属性一般是指由科学技术含量所决定的产品的技术特征，对于旅游产品来说，还包括自然历史积淀下来的独一无二的资源禀赋，如北京故宫、桂林山水等，在这一方面特别容易形成旅游产品的特色和优势，是产品差别化的首选方式。

（二）利益定位

根据整体旅游产品的概念、旅游产品带给旅游者的利益，既包括旅游产品的核心效用或利益，又包括旅游者购买旅游产品时所能获得的期望利益，更包括旅游产品能够给旅游者带来的附加利益和潜在利益。利益定位的关键是分析产品本身的属性，发掘其能够带给旅游者的特定利益，以此来实现差别化。因此，实践中，常常将旅游产品的属性和由此带来的利益结合起来进行定位。最近，国外兴起了一系列特色旅游，如战迹旅游、宇航旅游、化妆旅游、乡村旅游、体育旅游、蜜月旅游、故迹旅游等，这些就是典型的例子。

（三）价格质量定位

以旅游产品的质量价值比为主要依据来进行的定位，如高价高质、质量上乘、货真价实、低价高质、物美价廉等的定位。

（四）档次类别定位

旅游产品还可以定位为与其相似的另一种类型的产品档次，以便与其他旅游产品相区别。例如，某宾馆把自己定位成一个温泉疗养中心，而区别于本地众多的宾馆。

（五）产品特别的用途定位

通过发掘老产品的新用途来实现差别化。例如，某旅游景点宣称：本地的泉水不仅可以解渴，还可以治疗感冒。

（六）使用者定位

旅游企业也可以把他们的产品明确地指向特定的使用者或某个更小的细分市场，以便根据那个分市场的看法创建起恰当的形象。这里特定的使用者可以是特定年龄、特定职业、特定个性、特定阶层的使用者，还可以是相关群体中的渴望群体。

（七）营销人员定位

通过聘用比竞争对手更为优秀的人员来获得差别优势。例如，在“北京—东京—夏威夷”航线上，美国“联航”的规模实力和硬件设施超一流，韩国的“韩航”价格比“联航”低30%，而“日航”则依靠整合的优良服务，贯穿于入关—空中—出关的全过程，赢得各国旅客的赞美，凡乘过此航线的旅客，很难再选择其他的航空公司。“日航”优良的服务根基于他们的高素质航空员工队伍：从机长到空中小姐都训练有素。

（八）迎头定位

这是一种与市场上占据支配地位的、最强的竞争对手“对着干”的定位方式。显然迎头定位有时会是一种危险的战术，但不少企业认为这是一种更能激励自己奋发上进的可行的定位尝试，一旦成功就会取得巨大的市场优势。在国外，这类事例屡见不鲜。如可口可乐和百事可乐之间持续不断的争斗，“汉堡包王”与“麦当劳”的“对着干”等。实行迎头定位，必须知己知彼，尤其应清醒估计自己的实力；不一定试图压垮对方，只要能够平分秋色就已是巨大的成功。

（九）服务定位

服务定位要求旅游企业向目标市场上的旅游者提供与竞争者不同的优质服务。旅游企业的竞争力越能体现在对旅游者的服务水平上，市场差别化就越容易实现。如果旅游企业把服务要素纳入旅游产品的支撑体系，就可以在许多领域建立“进入障碍”。因为服务差别化能够提高顾客总价值，保持牢固的顾客关系，从而击败竞争对手。

以上列举了一些常用的旅游市场定位策略。除此之外，还可以有其他的选择，例如，旅游市场营销组合中的品牌、包装、价格、广告、位置等营销手段，往往也是重要的定位方式。但无论采用什么样的定位方式，都要使旅游者对企业或产品形成鲜明的认识和看法，树立起企业或产品的鲜明的市场形象，这才是根本。

知识归纳

任何一家企业都不可能满足所有消费者的需求，旅游企业必须根据一定的变量来细分旅游市场，然后根据市场的需要、自身的优势和竞争对手的经营策略，制定出适合自身发展的战略，并进行市场定位和选择目标市场。

目标市场营销战略包括市场细分、目标市场的选择和市场定位三个步骤。其中，市场细分是指特定市场按照客户需求的差异划分为一系列具有不同特征的细分市场过程；对市场进行细分以后，旅游企业需要从不同的细分市场中选择适合自己的对象，最终选择的细分市场就是企业的目标市场；市场定位的实质是要专门针对目标市场顾客心目中某一特定的需求，为本企业产品或服务设计鲜明、独特以及深受欢迎的营销组合，以形成本企业产品或服务的竞争优势。旅游企业成功定位建立在有效的分析竞争者的基础之上。通过对竞争者的分析，旅游企业可以准确识别自身所处的市场位置，并确定有针对的营销组合战略，以实现对旅游企业的可控制要素的最佳配置。

案例解析

旅行社推摄影旅游产品 旅游市场继续细分

随着秋色渐浓，全球各地也迎来景色最佳的季节，因此，广州市内不少旅行社纷纷推出以摄影为主题的旅游线路，为求吸引摄影发烧友出游，为节后传统淡季聚集人气。

广之旅独家首推东南亚地区摄影主题系列线路，摄影线路涵盖尼泊尔、吴哥、金边、印度、缅甸等国家和地区，行程从 5 ~ 18 天不等，受到不少摄影发烧友的关注和青睐。

记者从广之旅方面了解到，近年来，摄影已逐渐成为游客在旅途中不可或缺的共性，摄影发烧友也越来越多，而这部分人群对旅游市场的覆盖率、消费能力也日益凸显。为满足市场需求的变化，抢占市场先机，旅行社也纷纷加大力度开发摄影游市场。

广之旅市场推广中心总经理温前介绍，就广之旅目前的旅游产品架构来看，摄影主题的旅游产品已成为市场不可或缺，且具有较强市场竞争力的特色产品之一，平均约占每季度旅游产品数量 10%。而从产品设计方面来看，与常规的旅游线路相比，以摄影为主题的旅游产品不仅在行程安排需要更精致，更具个性。由于摄影游具有一定的专业性和较高的门槛，在对游客的摄影指导、交流分享方面更需要针对摄影爱好者的需求而量身定制。因此，该社在推出摄影专业行程的基础上，更与专业摄影协会和机构紧密合作，力邀不同领域的专业摄影师随团出行，为游客贴身指导摄影技巧，帮助提升游客的摄影水平。例如此次该社推出的影友“狂欢节”，对焦东南亚的摄影主题系列产品，除行程将汇集摄影必拍景点，严格挑选黄金拍摄时节和拍摄点、保证充足拍摄时间之外，更将由专业摄影老师带队，每团赠送 2 节摄影技巧提升课程，免费配备佳能高端摄影器材，优秀的作品将入选佳能画展，并赠送团友优秀作品集，制作相册留念等，为游客提供精品出游体验、摄影技巧提升、分享等全方位的摄影游专业体验。

（资料来源：环球旅讯，http：//www. traveldaily. cn/article/74905. html，2013. 10. 17）

思考与讨论：

1. 广之旅是如何进行市场细分的？
2. 针对广之旅的摄影旅游市场，应采取哪些营销策略？

复习思考

1. 旅游市场细分的标准有哪些？
2. 旅游市场细分的一般步骤及程序是什么？
3. 旅游市场定位的策略有哪些？

实务训练

安排学生对本地相似业务的旅游企业（如不同星级的旅游饭店）的经营及竞争状况进行调查，分析它们的目标市场和市场定位，根据旅游企业的竞争状况提出各自企业的竞争策略。

第六章

旅游产品策略

学习目标

通过本章的学习，使学生：

1. 了解旅游产品的概念和特点；
2. 理解旅游产品生命周期及相应策略；
3. 掌握旅游新产品开发策略。

实训要求

1. 学会运用旅游产品组合策略；
2. 根据旅游资源状况提出旅游产品开发的设想。

案例导入

20 世纪 40 年代，华人企业家刘先生从经营中餐馆开始起步。由于资金少，付不起繁华路段店铺的租金，只好租一家较偏僻的店铺开中餐馆。刚开始生意很清淡，眼看入不敷出就要倒闭。刘先生分析认为是大街上的行人不知道地处相距大街道 20 米远的中餐馆，市容管理局又不允许打太显眼的路牌广告。经过一番苦思冥想，刘先生决定用小型鼓风机通过管道把炒菜的香气往大街上吹，每天一到中午 11：00 或晚上 6：00，大街上散发着淡淡的菜香，吊起了许多行人的胃口。客人循着香气找来，从此生意兴隆，一发不可收拾。数十年后，刘先生已是一位小有名气的企业家。当谈到发迹史时，他风趣地说："香气引得客人来。"为什么香气能引客人来？从某种意义上讲，餐馆的产品是各种菜肴，菜肴要做到色香味俱全，香味也成了产品整体部分的一个构成因素。那么什么是旅游产品的整体观念呢？这就是本章要解决的问题。

旅游企业的传统市场营销组合（4P）包括产品、价格、营销渠道、促销四大要素。旅游产品是市场营销组合的第一个因素，它不仅是旅游企业赖以生存和发展的基础，也是旅游企业开始其经济活动的出发点。从经济学角度上讲，只有旅游产品策略属于生产领域，其他的价格、渠道、促销均属于销售领域。因而，如何制定合理有效的旅游产品策略，直接影响着价格策略、营销渠道策略和促销策略。一个企业的成功与否和发展的好坏，从一定意义上说，取决于产品能在多大程度上满足消费者的需要以及产品决策的正确与否。由此我们不难看出，旅游产品是旅游市场营销组合中的一个重要因素。旅游产品策略主要包括旅游产品生命周期策略、旅游新产品开发策略、旅游产品组合策略。

第一节　旅游产品的概念和特点

旅游产品作为旅游企业的经营对象，遍及整个旅游产业，甚至存在于旅游企业以外的其他行业。餐馆、饭店里的一盘菜肴、一顿午餐或一桌宴席，饭店里的任意一间客房，乘坐飞机、火车或汽车等任何一种交通工具，一个旅游景点、一件旅游商品、一个娱乐项目或一件娱乐设施以及这些产品的任意组合都属于旅游产品。另外，邮电部门的通信、保险业务的各类保险或金融、医疗卫生等都可作为一种旅游产品或其他旅游产品组合供应于旅游市场，以满足旅游者的需求。由此我们看出，只要在旅游市场上存在需求，就为一种旅游产品的面世奠定了基础。与传统的实物观念不同，旅游产品不仅包括有形实物，还包括无形劳务。随着现代旅游产业的发展，旅游产品中实物部分的比例会越来越小，而无形劳务的比例会越来越大。

一、旅游产品的概念

（一）旅游产品

旅游产品是一个综合性的概念，角度不同，对它的理解也不同。

从需求者（即旅游者）的角度看，旅游产品是指为满足旅游者的预约需要而在一定地域上被生产或开发出来以供销售的物象和劳务的总和。（谢彦君，1999）旅游者通过对旅游产品的购买和消费，获得心理上和精神上的满足。旅游者眼中的旅游产品，不单单是其在旅游过程中所购买的一次接送和陪同服务、飞机或火车的一个座位、一个旅游景点的参观游览或是饭店的一个床位等，而是旅游者对所有这些方面的总体感受，是一次经历。

从供给者的角度看，旅游产品是指旅游经营者凭借一定的旅游资源和旅游设施，向旅游者提供的满足其在旅游过程中综合需求的服务。通过旅游产品的生产和销售，旅游经营者达到盈利的目的。这里，旅游产品最终表现为活劳动的消耗，即旅游服务的提供。

营销学所研究的旅游产品主要是从供给者的角度，即旅游服务提供者的角度来考虑的。旅游服务是与有一定使用价值的有形物结合在一起的服务，只有借助一定的资源、设施、设备，旅游服务才得以完成。

旅游产品又有广义和狭义之分。狭义的旅游产品是指旅游商品，是由物质生产部门所生产，由商业劳动者所销售的物品，它包括旅游者旅游期间购买的生活用品、纪念品等各种实物商品。这种旅游产品仅满足旅游者出外旅游时的购物需求。广义的旅游产品是指旅游企业经营者在旅游市场上销售物质产品和活劳动提供的各种服务的总和。它以旅游路线为主体，与各部门各行业相结合，满足旅游者在旅游活动过程中所产生的吃、住、行、游、购、娱六大基本要素中的物质和精神方面的多种需求。

综合以上的理解，这里将“旅游产品”定义为旅游经营者为了满足旅游者物质和精神的需要，向旅游者提供的、以目的地为基础的各种有形和无形要素的组合。

（二）整体旅游产品概念

在现代市场营销学中，营销大师菲利普·科特勒用五个层次来表述产品的整体概念，旅游产品同样也由五个部分组成。

1. 核心部分

核心部分是指旅游者从旅游产品中所得到的最根本利益，它是旅游者之所以购买旅游产品的根本原因。西奥多·莱维特增加指出，购买者“并不是要买1/4英寸①的钻头，而是要买1/4英寸的钻孔”。正像很多旅游者追捧知名旅游景点一样，他们追求景点带给自己心理上的愉悦和享受，营销人员必须找到每种产品的核心利益。

2. 形式部分

形式部分是核心部分的外在表现形式，必须与核心部分相匹配，是指旅游产品的质量、特色、风格、声誉、组合方式等。它既可表现为实体产品，又可表现为无形的服务。例如，饭店的建筑、地理位置、周围环境、品牌、价格、员工精神面貌、所提供的各种服务等。通过这些因素，能使顾客更容易了解和认识饭店提供的核心产品，并且使不同的饭店体现出各自的特色。

3. 期望部分

期望部分是指游客在购买产品时期望的一整套属性和条件。例如，饭店的客人期望得到干净舒适的床铺、洗发水、沐浴液、毛巾、电话、电视以及安静的环境等。因为大多数饭店都能满足这种最低限度的期望，所以游客对不同的饭店不会形成特殊的偏好，他们在选择哪家饭店提供期望产品时，只会根据就近便利原则进行选择。对于旅游企业来说，满足顾客的期望主要是提高产品质量。

4. 延伸部分

延伸部分是指旅游企业在旅游者购买之前、中和后所得到的附加服务和利益的总和，如售前咨询、售后服务及销售过程中的其他服务。在附加值竞争的时代，宾客的消费选择很大程度上取决于旅游产品所提供的附加价值和利益。美国学者西奥多·莱维特曾经指出：“新的竞争不是发生在各个公司的工厂生产什么产品，而是发生在其产品能提供何种附加利益（如包装、服务、广告、顾客咨询、融资、送货、仓储及具有其他价值的形式）。”目前，许多旅游企业都把提高产品质量和改进产品延伸部分的内容作为吸引顾客、参与竞争的有效途径。对于目的地的旅游产品，其延伸部分包括安全保障、信息服务、信贷服务、速度、准确、便利等。饭店业产品的延伸部分包括为客人提供方便的预订服务、客房用餐服务、信息服务、信贷服务、折扣、对儿童和残疾人照顾、委托待办服务等。延伸部分为游客提供了许多附加利益，能形成对游客独特的吸引因素，从而创造顾客对产品和企业的信赖和忠诚，有

---

① 1英寸=2.54厘米。

助于旅游企业经营者保持和扩大市场。

5. 潜在部分

潜在部分是指产品最终可能的所有增加和改变，即最终产品的潜在状态。如果说附加产品表现了产品现有的内容，那么潜在产品则指出了产品可能的演变趋势和前景。这也是旅游企业努力寻求的满足顾客并使自己与竞争对手区别开来的方式。例如，近年来出现的女性旅馆、青年自助旅馆就代表了传统饭店产品的一种创新转变。

任何一种旅游产品都是一个整体系统，旅游产品是满足旅游者在旅游过程中各种需求的综合的产品和服务，而游客的需要是多种多样、千变万化的，从这个意义上讲，旅游产品的实际构成内容必然非常丰富，它是一种组合产品。它既包括有形的物质产品，又包括无形的服务；既包含了人类劳动创造的社会产品，又包含了大自然的自然吸引物；既涉及物质资料生产部门生产的物质产品，又涉及文教、卫生、金融、海关等非物质资料生产部门提供的服务。

二、旅游产品的组成要素

旅游产品有五个主要要素，即目的地景物和环境、目的地设施和服务、目的地的可进入性、目的地形象和提供给顾客的价格。

（一）目的地景物和环境

目的地景物和环境是在很大程度上决定着顾客的选择并影响到未来购买者动机的一些因素，这些因素包括以下几方面：

1. 自然景物

目的地的风光、海景、沙滩、气候和其他地理特征，以及目的地的自然资源。

2. 人造景物

建筑物和旅游基础设施，包括历史建筑和现代建筑、纪念碑、步行大道、公园和园林、会议中心、海滨广场、滑雪场、考古遗址、有人管理的普通旅游景点、高尔夫球场、特产商店和主题零售区等。

3. 文化吸引物

历史和民俗、宗教和艺术、戏剧、音乐、舞蹈和其他娱乐活动、博物馆，这些吸引物中有些可发展成特殊旅游活动、节庆和露天表演。

4. 社会吸引物

当地居民的生活方式、语言和社会交往机会等。

目的地的这些方面结合在一起就构成了一般泛指的环境。在不损害环境的构成要素、不影响对游客的吸引力的条件下，该环境以其典型的活动内容、在一个典型的忙碌的日子里能够接待的游客数量就是容量。从前，营销管理者在规划战略时，基本上没有考虑过容量问题。

（二）目的地设施和服务

目的地设施和服务是目的地拥有的或者是与目的地相联系的，使得游客可以在这里停留，并通过其他方式享受和融入景物中去的一些因素。这些因素包括以下几种：

1. 住宿设施

饭店、度假村、公寓、别墅、露营地、活动房车公园、旅店、复式公寓、农场、招待所等。

2. 餐馆、酒吧和咖啡屋

包括从快餐店到豪华餐馆的各式设施等。

3. 目的地交通

出租车、大客车、载客缆车等。

4. 体育活动

滑雪、帆船、高尔夫俱乐部等。

5. 其他设施

手工艺制作课程、语言学校等。

6. 零售场所

百货商店、旅行零售代理店、纪念品商店、露营用品商店等。

7. 其他服务

美发厅、问讯处、各种设施的租赁处、旅游安全保卫处等。

这些因素中有一些因素作为吸引物和作为设施的区别可能很模糊。例如，一家饭店很可能本身就是吸引物和游客选择该目的地的首要原因，然而，它的首要功能显然仍是提供设施和服务。

（三）目的地的可进入性

这是影响游客到达目的地的费用、速度和便捷性的因素。这些因素包括以下几种：

1. 基础设施

公路、机场、铁路、海港和游艇码头。

2. 设备

公共交通的规模、速度及种类。

3. 经营性因素

运营线路、运营频率、价格。

4. 政府法规

对交通运营的法规性控制幅度。

（四）目的地形象和印象

目的地形象并不一定是以经历和事实为基础的，但在旅游业中它们却左右着人们的动机。形象与对旅游经历的预期在潜在顾客的心目中是紧密联系在一起的。例如，在没有去过海南的人中，没有人不曾在脑海里描绘过这个目的地将带给他们的画面或形象。通过传媒和道听途说，大多数人已经判断出他们是被海南的形象所吸引还是对这个形象感到反感。所有的目的地都有形象，这些形象通常是建立在历史事件上而不是当前事件上的，目的地营销的基本目标就是要保持、改进或发展这些形象，从而影响潜在购买者的预期。

（五）提供给顾客的价格

任何一次对目的地的访问都有一个价格，这个价格是用于旅行、住宿和有选择性地体验当地景物提供的一系列服务的费用总和。由于多数目的地提供的产品多种多样，吸引的细分市场多种多样，因此旅游业中的价格也多种多样。价格随着季节、活动、国际上汇率的变化以及旅行的距离、交通方式和对设施与服务的选择不同而有所变化。

构成产品五要素的各个因素，虽然在游客的经历中是有机统一的整体，但实际上随着时间的推移却可能发生大幅度的且多多少少各自独立的变化。这些变化有些是经过规划的，但并不都是经过规划的。产品要素的变化往往并不是因为政府和目的地规划者希望这样，变化的发生是不以他们的意志为转移的，因为旅游，特别是国际旅游，是一个相对自由的市场，当新的景物出现时，顾客就会选择这些新的景物。汇率的变化会改变目的地的价格，这当然不是旅游业所能计划的，但它们却对游客数量具有很大影响。

★小贴士

据韩联社报道，随着韩剧《来自星星的你》在中国热播，韩国旅游再度掀起热潮。大邱市政府18日表示，大邱市最新推出一款名为“大邱星星旅游”的旅游产品，配上“炸鸡+啤酒”套餐，以吸引更多的中国游客。

这款旅游产品的行程为5天，中国游客首先在首尔市周边的京畿道和仁川市游览《来自星星的你》的外景地，随后前往大邱市品尝炸鸡和啤酒，参观当地农贸市场。

大邱市可以称作是“炸鸡之乡”，去年7月还举行过炸鸡啤酒节。大邱市政府计划自下周起针对中国旅行社大力宣传这款旅游产品，吸引更多的中国游客前来旅游。

（资料来源：中国新闻网 http：//www.chinanews.com/gj/2014/03 – 19/5971054.shtml，2014.3.19）

以上是旅游产品的基本构成要素，而并非是旅游产品的最终形式，旅游产品最终表现为旅游路线，它是以上各要素组合形成的产品。当然并非每一个旅游产品都包含以上所有要素，旅游者在购买旅游产品时，会根据自己的需求对以上要素进行取舍。

三、旅游产品的特点

（一）综合性

首先，旅游产品的构成内容具有综合性，是旅游资源、住宿、服务、交通、环境等因素的综合体。其次，旅游者需求具有综合性。旅游需求有吃、住、行、游、购、娱多项服务，此外还与安全、卫生、金融、海关以及教育、通信、建筑等诸多行业密切相关，行业跨度大。

（二）无形性

无形性是服务产品的共同特点，旅游产品主要由无形服务组成的集合体。旅游产品的购买者不能像有形产品的购买者一样在购买的时候对产品进行鉴定、观察、品尝和评价，旅游产品的价值和质量只能凭购买者的印象和感觉来衡量。

（三）同步性

作为一种服务性产品，尽管旅游产品有预付等形式的非生产地交易，但旅游者只能到实际的景区、饭店或乘坐某种交通工具才能真正消费旅游产品，拥有其使用价值。旅游产品的供需和交换是结合在一起的。这说明旅游产品在生产过程中质量难以控制，消费者购买风险较高，也意味着沟通与促销对旅游者起到重要的引导作用。

（四）不可转移性

旅游产品是一种特殊产品，其购买、消费和使用是一种信息的交流和传播，产品不发生位移，是地域固定和特有的旅游产品形式。旅游者购买的是特定时间、特定地点的产品使用权。

（五）需求弹性大

旅游产品的消费是较高层次的精神需求，而非生活必需品，容易被替代；如果旅游产品不尽如人意或其他同类产品吸引力更强，也会被其他竞争产品挤掉，所以具有较大弹性。此外旅游产品因为市场的淡旺季之分，需求弹性也很大。比如，黄金周时的旅游需求量比平时增长几倍。

第二节　旅游产品生命周期及相应策略

一、旅游产品生命周期的概念

旅游市场的激烈竞争，使功能齐全、性能良好的旅游产品层出不穷，而每一件新产品的问世，则意味着旧产品遭到淘汰。这种淘汰会循环往复地出现，使每一件旅游产品都经历产生、成长、成熟和衰退的过程。

旅游产品的生命周期是指某种旅游产品从正式投放市场开始，经过成长期、成熟期最后被淘汰、退出市场的整个过程。旅游产品的生命周期不同于旅游产品的使用寿命，后者是指其使用价值的消失过程。一般说来，旅游产品的生命周期包括投入期、成长期、成熟期和衰退期四个阶段，如图 6－1 所示。

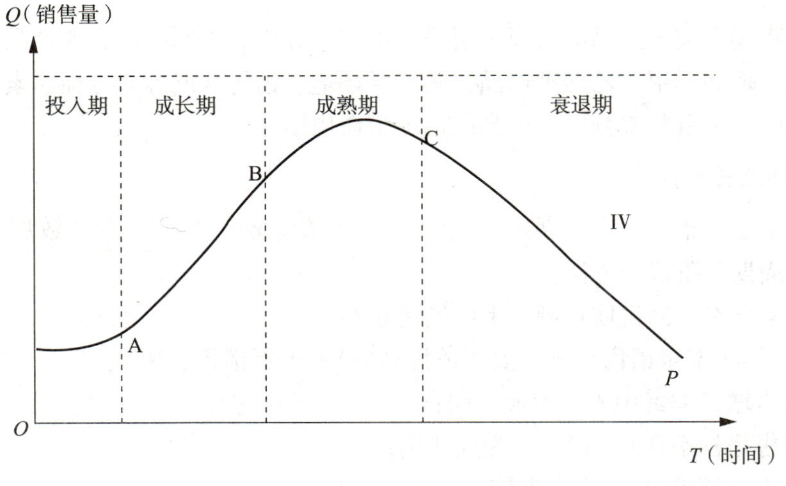

图 6－1　旅游产品生命周期曲线

二、旅游产品生命周期各阶段特点

（一）投入期

投入期也称导入期、引入期或介绍期，这一时期是旅游产品进入市场的初始时期。旅游产品的生产设计还有待改进，基础设施急需配套完善，吃、住、行、游、购、娱等基本环节有待进一步协调沟通。由于刚刚进入市场，产品的知名度不高，产品的竞争者较少，销售量增长缓慢且不稳定，对外宣传、广告费用较高，企业利润率较低，甚至处于亏损局面。

（二）成长期

成长期是指产品被市场接受，销售量迅速提高和企业利润率迅速增加的时期。此时期旅游产品的生产设计已基本定型，主题明确。六大基本环节之间联系紧密，处于正常运转状态，服务质量得以大幅度提高，旅游产品的知名度渐渐提高，随着销售量迅速提高而使产品的单位成本降低，同时，新的企业参与市场，使市场竞争日趋激烈。

（三）成熟期

成熟期是指产品已被大多数潜在顾客所接受，市场需求量趋于饱和，销售量很大但增长缓慢的时期。

这一时期是旅游产品的主要销售阶段，产品销售额逐渐达到高峰而其增长趋于缓慢，产品的市场占有率很高，旅游企业生产能力发挥到最大，利润也达到最高水平，产品的单位成本降到最低，但也是企业间竞争最激烈的时期。

（四）衰退期

衰退期是指旅游产品的销售量下降，利润迅速减少甚至亏损，到逐渐退出市场的时期。这一时期先进的旅游新产品层出不穷，而现有产品已不适应人们不断变化的消费需求，销售量锐减，许多旅游企业在市场竞争中被淘汰，从而转产退出了旅游市场。

三、旅游产品生命周期各阶段划分方法

（一）类比法

通过对比市场上类似产品的发展情况进行推测、分析，以判断本企业产品所处的市场生命周期的方法。例如，甲、乙两种产品，其市场环境、销售状况等各方面因素相似，则可通过参考甲产品的相关资料来判断乙产品的市场生命周期。

（二）销售增长率法

销售增长率法是指在一定时期内以销售量（或销售额）增长的有关数据为依据来划分产品市场生命周期各阶段的方法。

销售增长率 = 本年销售增长额 ÷ 上年销售总额

= (本年销售总额 − 上年销售总额) ÷ 上年销售总额

（1）当销售增长率≥10%，为成长期；

（2）当销售增长率在0～10%，为成熟期；

（3）当销售增长率≤0，为衰退期。

采用销售增长率法时，必须注意计算销售量（或销售额）增长的时间一般应为一年，同时注意其他因素，如政治、经济、突发事件等对旅游产品销售的影响。

四、旅游产品生命周期各阶段营销策略

（一）投入期营销策略

旅游产品在投入期的营销策略重点在于加强与旅游消费者的沟通，提高知名度。拓展旅游产品市场，提高企业利润。

1. 加强广告宣传

运用各种促销手段，有针对性地选择广告媒介，使旅游者和中间商认识和了解产品。应注意利用重大活动事件造成的社会效应，适时进入公众的视线。

2. 开辟多种分销渠道，采取正确的定价策略

拓展企业旅游产品市场，在旅游产品投入期，定价和促销是两个最重要的方面。

大多数旅游产品在投入期采用高价策略，以弥补这个时期高生产成本和宣传推销的费用。具体有四点：

第一，高价低促销。潜在竞争对手市场还未打开，市场威胁不大；旅游产品的市场容量有限；旅游产品在市场上具有高度垄断性。旅游企业实施这种策略的条件是：①产品的规格档次高，服务质量好，基础设施齐全；②旅游市场容量小，旅游者已基本了解该类产品；③潜在竞争对手少，旅游产品在市场上具有很大的垄断性。例如，三峡工程上马以后的“告别三峡游”。

第二，高价高促销。以较高的价格树立旅游产品的市场形象，同时投入大量的促销费用。高价格是为了尽快收回成本，并给旅游者“高质”的市场形象。高促销是为了引起旅游者的注意，使潜在旅游者迅速了解该产品，以扩大销售量，尽快占领目标市场。旅游企业实施这种策略的条件是：①产品的知名度低；②人们消费水平高，市场上有一批重质量轻价格的追求新奇的消费者；③旅游产品更具个性化，与同类产品相比有明显的特色。例如，近几年的“太空旅游”。

第三，低价低促销。低价格是为了促使旅游目标市场迅速接受该产品，而低促销则可以使旅游企业获得更多的利润。旅游企业实施这种策略的条件是：①旅游产品的市场容量较大；②旅游产品在旅游目标市场上已有一定的知名度；③有一定数量的潜在竞争者；④潜在的旅游者对价格敏感。例如，城市周边“民俗文化游”“乡村旅游”等。

第四，低价高促销。企业以较低的价格加上较高的促销，全力推出该产品。低价高促销的目的在于先发制人，使旅游产品在最短的时间内进入市场，迅速提高产品的市场占有率。旅游企业实施这种策略的条件是：①旅游市场容量相当大；②消费者大多对价格敏感；③潜在的竞争激烈；④旅游产品的成本因规模生产和销售量的扩大而降低。例如，深圳旅行社推出的“180元香港二日游”。

（二）成长期营销策略

旅游产品投放市场一段时间后，逐渐被旅游者接受，进入成长期。成长期旅游产品的销售应包括两个方面：一方面巩固已有的销售成果，另一方面进一步扩大市场占有率。这一时

期，潜在的竞争者已经出现。企业在成长期的销售策略有以下几点：

1. 改进旅游产品，提高产品质量

进一步完善基础设施的建设，增强企业的接待能力，增减一定的旅游产品和服务，以吸引更多的潜在旅游者。

2. 加强市场促销，争创名牌

这一举措包含两个方面的内容：一方面开拓新的销售渠道，加强销售渠道的管理，搞好渠道成员间的协调，以此扩大销售范围；另一方面重视广告宣传，但宣传的重点应由介绍旅游产品转为树立产品形象，宣传产品特色，提高产品知名度和美誉度，争创名牌产品。

3. 开拓新市场

在分析市场发展趋势和竞争者价格策略的基础上，努力提高旅游产品的规模生产能力，以此降低单位产品成本，可适当提高或降低原本价格，以吸引对价格敏感的潜在旅游者。

（三）成熟期营销策略

潜在的顾客已经很少，大多属于重复购买的市场，此时期旅游产品已经基本定型，市场营销也日趋成熟，市场需求已达到饱和，产品销售量已基本稳定，而同类产品的生产企业却不断增加，扩大了旅游者对旅游产品的选择范围，使市场竞争变得异常激烈。在此期间，企业可采取多种营销策略。

1. 市场改革策略

市场改革策略是指旅游企业为了开发新的市场，寻求新的旅游者所采用的策略。其主要途径是通过对旅游市场进一步细分，寻找新的旅游目标市场；刺激现有旅游者的购买欲望，增加其购买频率；重新树立旅游产品形象，寻求潜在的旅游者。例如，深圳的“世界之窗”“锦绣中华”，最初定位是港、澳同胞，随着特区建设步伐的加快，华侨城把目标市场由已经饱和的港澳市场转向内陆市场，一举在全国人造景观中出现轰动效应。

2. 产品改进策略

产品改进策略一方面指服务质量改进，集中精力改进现有产品，提高产品质量，通过产品的差异化和个性化来赢得竞争优势；另一方面指服务数量改进，规范服务技巧，增设尽可能多的服务项目，以此吸引旅游消费者。

3. 营销组合改进策略

对原有的营销组合因素进行调整、改进，如调整价格、加强广告宣传、改变销售渠道等。

4. 新产品的研制和开发策略

旅游产品进入成熟期后，旅游企业应准备实行产品的更新换代，以适应旅游者日益变化的旅游需求。只有集中力量开发新产品，将新产品和老产品进行良好的衔接，才能永远居于市场主动地位。

（四）衰退期营销策略

处于衰退期的旅游产品已失去了原有的吸引力，市场销售量日益下降。市场竞争突出表现为价格竞争，价格被迫下跌，利润迅速减少，甚至亏损。对于旅游企业而言，在这时期则面临一次严峻的考验，企业能否果断地调整产品营销策略，直接关系到企业未来的生存和发展。一般而言，此时期主要的营销策略有以下几种：

1. 立刻放弃

如果旅游产品市场售价、市场销量急转直下，甚至连变动成本也无法收回，维持其生产不仅成为企业发展的一个包袱，还大量占用了企业的人财物等资源。对于此类产品，旅游企业应果断采取立刻放弃的策略。

2. 逐步放弃

对于暂时滞销但在旅游市场上仍具有一定潜力的旅游产品，旅游企业不应盲目放弃，应当分析产品滞销的原因，对症下药，扩充产品的用途，提高产品质量，使产品销售量得以回升，相应延长旅游产品的生命周期。因为打开一块市场毕竟不是件容易的事，在经过多方努力仍不奏效时，则可对此产品采取逐步放弃的策略。

3. 自然淘汰

旅游企业不主动放弃某一产品，而是依据旅游产品的生命周期，继续用过去的市场、渠道、价格和促销手段，直至旅游产品完全衰竭。

总之，企业在衰退期应把握好“转”“改”“撤”三个基本原则，果断撤出市场，并着手新产品的投放，以完成旅游产品的更新换代，使老产品衰退期成为新产品的投入期或成长期。

第三节　旅游新产品开发策略

在竞争日趋激烈及瞬息万变的旅游市场中，市场需求越分越细，旅游产品更迭周期越来越短。旅游企业只有充分认识我国旅游产品的现状，重视新产品的开发，才能在市场中求得生存和发展。

一、旅游新产品的概念和种类

由于旅游产品构成的复杂性，使市场营销学中所指的旅游新产品与科学技术领域中所指的新产品在含义上有所不同。旅游新产品是指旅游生产者初次设计生产的或者原来生产过，但又做了重大改进，在内容、结构、服务方式、设备性能上更为科学、合理，更能体现旅游经营意图，与原有旅游产品存在显著差异的产品。旅游新产品的出现能明显影响人们的消费习惯，形成一种新的消费潮流。

为了更好地理解旅游新产品的概念，我们先来看几个例子：酒店出售的同一间客房，提高了设施设备及用品水准，就是新产品；某地旅游景点不变，但改变了旅游线路，也是新产品。因此，市场营销学所指的新产品是相对未被满足的需求而言的，凡是对产品整体概念中任何一部分的创新与改革，并能很好地满足潜在消费者需求的产品均属新产品。旅游新产品按其新颖程度可分为以下四类：

（一）改进型新产品

改进型新产品是指对原有产品不进行重大改革，只对它进行局部、形式上改进的产品。

旅游企业通过对原有产品进行局部的改进，增加其功能或用途；或者是产品用途不变，但产品外观或提供产品的形式改变，都属于改进型新产品。例如，三峡旅游初期只有两艘豪华游轮，为适应市场需求，在游船的规模、等级、路线的安排上做了改进，加进了巫山的大宁河小三峡、马渡河小小三峡，以此延长游客的停留时间，促进当地旅游经济的发展。

（二）换代型新产品

换代型新产品是指在现有产品基础上进行较大改革后生成的产品。这种新产品的技术含量较高，是在原有产品基础上的新发展，是旅游企业进行新产品开发、提高竞争力的主要方式。例如，旅游饭店的客房经过装修改造后，通过增加宽带接口，增配电脑、传真等商务设备后变为商务客房或商务楼层。这种客房产品就是换代新产品。我国在初级的观光型旅游产品的基础上把旅游城市西安、兰州、张掖、敦煌、哈密、乌鲁木齐、喀什等连接起来推出大型主题型观光旅游产品——丝绸之路游，这也是一种换代产品。

（三）创新型新产品

创新型新产品是指旅游企业运用现代科学技术手段创造出来的具有新原理、新技术、新内容等特征的旅游产品。例如，旅行社开发新的旅游线路、各旅游地开发新的旅游景点、新建成的旅游饭店等。“锦绣中华”“民俗文化村”的出现，都是我国前所未有的旅游新产品。

换代型新产品是局部质的变化，创新型新产品则是在长期量变的基础上产生的质的飞跃，其设计生产难度较大，会受到企业的技术水平、资金等诸多方面的限制，故对旅游企业而言，更多的是开发相对的新产品，即在原有基础上进行改进、更新换代或仿制。

（四）仿制型新产品

仿制型新产品是指旅游企业对旅游市场上已经存在的畅销产品进行模仿而生产出来的产品。仿制是一种重要的竞争策略，不失为开发新产品的一种快捷途径。与创新型旅游产品相比，仿制型新产品开发的风险较小，既可借助其他企业的经营成果，又可在仿制时根据消费者的需求改进其他企业产品的不足。由于大多数旅游产品的“非专利性”，因此，许多旅游企业往往不愿意承担风险而率先推出新产品，而是采用“坐视”的态度，当某一旅游产品在市场上销量看好时，则迅速仿制并推向市场。仿制型新产品在旅游市场上极为普遍，如仿制深圳的“锦绣中华”和“世界之窗”而生产的北京“世界公园”等一批人造景观。

以上提到的几种产品类型，仅是从旅游企业的角度来分析的。实际上，产品究竟是“新”还是“旧”，应由旅游者的评价而定。从旅游消费者的感觉而言，新产品的概念要广泛得多，只要是他们没有尝试过而又喜欢去尝试的都是新产品。因此，旅游企业要对消费者保持其自身的吸引力，就要不断拓宽思路，在改造和发展现有产品的基础上进行创新。

二、旅游新产品开发的程序

旅游新产品的开发在程序上并没有严格的限制。由于竞争激烈，市场环境总是处于不断变化和波动之中，所以开发新产品是一项非常复杂而又困难的工作，旅游企业必须根据自己的特点、产品的复杂程度以及生产技术条件和自身的能力等精心组织，按照客观发展程度加以控制。一般来说，旅游新产品从设想到开发成功，大体要经历六个阶段。

（一）创意构思

创意构思是旅游新产品开发过程的第一个阶段，是对旅游新产品的基本轮廓和架构的设想。没有新产品的创意构思，就不可能形成新产品的实体。虽然并不是所有的创意设想都可以变成新产品，但寻求尽可能的创意机会，可为开发旅游新产品创造较多的可能性。创意可能来自旅游企业内部，也可能来自企业外部；可能来自市场调查，也可能由其他一些非正式的渠道得出。一般来说，旅游企业可通过以下方法寻求创意：

1. 内部来源

一项研究显示，有超过55%的新产品创意来自旅游企业内部。企业的一线员工或营销人员在旅游产品的生产与销售过程中，与顾客交往密切，最了解顾客的需求，掌握着顾客需求和抱怨的第一手资料，通常也是最先感知竞争发展情况的人。旅游企业应建立合理化建议处理体系，包括对合理化建议的有效奖励，也就是说，在保证服务质量的同时，也要提倡和鼓励创新意识。

2. 旅游消费者

依照市场营销的观念，消费者的需求和欲望是寻找新产品构思的出发点。旅游企业可以通过对消费者的直接调查、建议和投诉信件来确定消费者的需求和欲望，从而得到不同的新产品构思。通常情况下，征询消费者意见和处理投诉是获得新产品构思极为重要的来源，几乎有28%的新产品创意来自对消费者的观察和询问。

3. 旅游中间商

旅游经销商或代理本企业产品的中间商与市场联系紧密，能接触有关消费者的问题，了解顾客需求，同时也掌握着大量供给方面的信息，这些都成为旅游新产品构思的极好来源。

事实证明，旅游企业能否搜集到丰富的新产品构思，关键在于是否有鼓励以上各类人员及组织提出各种构思的奖励办法。

4. 竞争者

大约有27%的新产品创意来自对竞争对手的分析。分析竞争者产品的成功和失败之处，特别是其新产品及消费者对竞争者产品的评价意见，往往可以发现新的创意。或者模仿，或者改造，或者避其锋芒，从而激发对新产品的构思。当旅游企业决定采用竞争对手的创意时，一个前提就是要能够保证至少做得和竞争对手一样好。消费者会将你的仿制品和竞争者的正品相比较，如果比较的结果不利，前景就不容乐观。

5. 其他来源

旅游企业在构思时，还可以向行业顾问、管理顾问和广告公司等方面做调查，以全面收集新产品构思的有用信息。

（二）构思筛选

对于旅游企业而言，并不是所有的构思都能付诸实践。筛选就是为了尽早发现和放弃那些明显或不具可能性的构思，以免造成时间和成本的浪费。在这一阶段，要注意避免两种错误：一是“误弃”有利构思造成坐失良机；二是“误用”不良构思招致失败。对新产品构思进行筛选时，要从企业声誉和影响、营销力量、研发力量、员工素质、财务实力、生产能力、地理位置和设施、采购供应多方面考虑。

（三）产品概念的发展和测试

产品构思是旅游企业提供给市场的一个可能的产品设想，产品概念是用消费者语言精心阐述的构思。在概念发展阶段，主要是将服务产品的构思设想转换成服务产品概念，并从职能和目标的意义上来界定未来的旅游产品。也就是说，产品构思变成了成型的产品方案。一个产品构思可能衍生出许多产品概念，企业必须从中选取一种，作为开发的目标。例如：开发桂林观光游，怎么“游”呢？这是一个产品构思——可以组成桂林豪华观光游线路、普通观光游线路，另外不同线路又可以组成两日游、三日游、四日游等不同的产品概念。

当某一旅游产品概念定位以后，可与合适的目标市场消费者一起测试这些产品概念。测试的形式可以通过问卷调查、走访式或座谈式等多种形式让消费者回答一系列问题，使经营者从中了解消费者的购买意图，以便确定对目标市场吸引力最大的产品概念。

（四）商业分析

商业分析是新产品构思的一个更加详细和重要的评价阶段。商业分析即经济效益分析，通过分析了解新产品投产后成功的可能性。旅游新产品的开发归要根结底是为了给企业带来良好的经济效益，如果一件新产品的投资开发最终出现了亏本或无利可图，那么这件新产品是不值得开发的。商业分析的方法很多，常用的有：盈亏平衡分析法、投资回收期法、投资报酬率法、净现值法、内部收益率法等。这些分析大致分为需求分析、成本分析、盈利分析三大部分。

（五）产品开发试销

产品概念通过了商业测试，就可以进入产品的开发试销阶段。在进行产品的开发与试销时，可邀请目标市场的消费者进行尝试，以观察其反应，根据不同的结果做出不同的决策。不过，要想试销某些新型旅游产品总是存在一些特定的困难。由于旅游产品的不可感知性，旅游企业往往并无实体产品可供测试，所以，只有实际的市场销售，才是检验旅游产品优劣与否的一个最为可靠的办法。

（六）正式上市

这一阶段意味着旅游企业正式开始向市场推广新产品。于是，新产品进入了市场生命周期的第一个阶段——投入期。在这一阶段，旅游经营者必须注意新产品投入应在适当的时间、适当的地点、采用适当的推广战略、向适当的消费者推销其新型旅游产品，即时间、地点、方式和目标市场四项基本决策。旅游新产品投放市场后，还要对其进行级终评价，通过搜集旅游者的反应，掌握市场动态，检查产品的使用效果，为进一步改进产品和调整市场营销策略提供依据。

三、旅游新产品开发策略

在旅游新产品开发中，有四种主要因素影响到开发策略的选择，它们是：产品与市场、开发目标、开发途径和控制协调。这四种主要因素又包括许多具体内容和类别，如果排列组合起来，将有数百种开发策略。企业在选择策略时应审时度势，根据具体情况，选择切合实际的策略。

1. 长短结合策略

这种策略也称储备策略，指在开发旅游新产品时既考虑到企业的短期利益，更考虑企业的长期利益，着眼于企业长期、稳定、持续的发展。采取这一策略，旅游企业应有四档产品：一是企业生产和销售的旅游产品；二是正在研制或研制成功，等待适当时机投放市场的产品；三是正在研究设计的产品；四是处于产品构思、创意阶段，开始市场开发、调研的旅游产品。

2. 主导产品策略

主导产品有利于树立旅游企业形象，任何企业都应有自身的主导旅游产品。主导产品是资源条件与客源市场双向驱动的产物，在一定时期内相对稳定。根据我国资源特征和市场竞争情况，我国主导旅游产品应选择垄断性、高品位观光产品，如长城、兵马俑等，和确已成熟又有特色的少量非观光产品，如保健、修学、文化、探险、烹饪等，通过主导产品树立东方旅游大国的独特形象。

3. 高低结合策略

这种策略指旅游企业经营的产品中既有高档产品，也有低档产品，以满足不同消费层次的需求，扩大企业经营的覆盖面。

4. 以旅游企业经营目标为导向的策略

旅游新产品的开发必须与企业经营目标协调一致。这类策略包括进入市场策略、扩大市场策略和保留市场策略。

5. 不同革新程度的策略

在开发旅游新产品时可同时采用创新策略、“拿来”策略、模仿改进策略。

6. 掌握开发时机策略

根据市场环境和竞争状况采取抢先开发策略、紧跟开发策略、后发制人策略。抢先开发策略的实质是以攻取胜、以奇制胜，但要求旅游企业有较强的新产品开发能力和风险承担能力。抢先开发一旦成功，将给旅游企业带来巨大的收益。紧跟开发策略是指旅游企业不抢先开发新产品，而是仿制其他旅游企业已投放市场的新产品并对其进行改进，使自己的新产品更具吸引力。紧跟开发缩短了旅游新产品的研制周期，降低了研制费用，风险小。后发制人策略是在借鉴其他旅游企业产品的基础上研制新产品，使新产品在质量、价格、服务等诸多方面比原有产品更胜一筹，以此“后来居上”。

四、旅游产品的升级换代

在日益激烈的旅游市场竞争中，旅游企业要能及时捕获市场需求信息，依据自身条件，不失时机地开发新产品，这也是对现代旅游企业市场应变能力的挑战。目前世界的旅游产品都经历了一般观光旅游——主题观光旅游——非观光旅游的阶段，旅游产品由观光型向参与型演变，这是世界旅游产品的发展趋势。

我国旅游产品模式从主体上看，仍为第一代旅游产品，即一般观光旅游。这一代旅游产品的主要特点是以自然文化资源为主，旅游方式以参观为主，旅游范围以热点城市为主。这些热点城市成为我国旅游产品的生产基地和旅游创汇的重要基地。从旅游产品生命周期来看，这些产品已处于成熟期。这一代产品终归是“初级产品”，主要是靠粗放经营来实现收入的增长，在基础差的地区，甚至只能靠“硬开发”——扩大基建投资规模，这是对旅游资源的破坏性利用。

第二代旅游产品仍以自然文化资源为依托，但改变了以往的旅游线路和规模，由观光型逐渐过渡到参与型。主题明确，路线集中，更具有文化性和历史性。经过细致的组合加工后，这些旅游产品具有较高的附加价值，如“丝绸之路”“三国文化旅游”的开发利用，软开发的特点逐步明显。这一代产品的开发意味着旅游产品结构向高级阶段发展，旅游企业由粗放经营向集约经营过渡，正处于投入期向成长期过渡的阶段。

此外，根据旅游产品生命周期理论，还需设计和研制第三代旅游产品，这一代应强调对旅游资源的合理利用，旅游者以参与型旅游为主。在前两代旅游产品发展的基础上，集中考虑区域旅游发展，强调人文资源和自然资源的结合，特种旅游与专项旅游并重。这一代旅游产品有度假、商务、保健、烹饪、体育、探险、文化、修学等。在旅游产品结构中，观光与非观光相结合的组合性旅游产品也将占一定比重。

旅游产品的升级换代，在时间上是继起的，空间上是并存的，相互补充，相互促进，是从点到线到面的发展，从参观型旅游到参与型旅游的演进，从硬开发到软开发的推移。完善第一代产品，开发第二代产品，设计第三代产品，需要同时着手，统一规划，才能在激烈的竞争中立于不败之地。

第四节　旅游产品组合策略

要想在国际旅游市场中争得一席之地，靠单一的旅游产品是达不到目的的，旅游企业应同时生产许多产品以形成自己的产品体系。因此，旅游产品策略中对产品科学合理地组合便成为现代旅游经营者非常重视的一种决策。

一、旅游产品组合

旅游产品组合是指旅游企业生产或经营的全部旅游产品的组合方式。在旅游产品组合中，每一个具体的产品品种称为产品项目，那些在使用价值、销售渠道、销售对象等方面比较接近的产品项目组成一个产品类别，称之为产品线。旅游企业的各类产品线及其包含的全部产品项目，构成了一个旅游企业的产品组合。旅游企业通过生产不同规格、不同档次的旅游产品，并对这些产品进行组合，使其更能适应旅游市场的需求，实现旅游企业的最大经济效益。旅游产品组合可以用广度、深度、相关性体现出来。

1. 产品组合的广度

产品组合的广度指旅游企业生产和经营旅游产品线的数量。企业的旅游产品线多则为宽产品线；反之则为窄产品线。如果一家旅行社同时经营观光旅游、度假旅游、会议旅游及探险旅游等旅游产品，那么其产品线就较宽；如果一家旅行社只经营探险旅游，那么其产品线就比较窄。宽产品线的组合，可以从多方面满足旅游需求，拓宽市场面，增加销售额，提高经济效益，充分利用旅游企业的人、财、物，减少旅游市场变化带来的风险，提高企业自身的应变能力。而窄产品线的产品组合，可使企业集中力量，提高旅游产品的质量，便于提高专业化水平，降低旅游企业经营成本。

2. 产品组合的深度

产品组合的深度指一条产品线中包含旅游产品项目的多少，项目多者为深，项目少者为浅。如果某一个旅行社的观光旅游产品线中包括文化古迹游、自然风光游、现代建设成就游等项目，游客逗留时间长，则产品组合较深；如果产品线中只包含自然风光游，则产品组合较浅。较深的产品组合能在市场细分的基础上扩大旅游市场，满足不同旅游消费者需要，提高市场占有率，有利于企业经济效益的提高。而较浅的产品组合便于企业集中力量发挥专长，创名牌产品，吸引旅游消费者，增加旅游产品销售量，可进行批量生产以求得规模效益，降低企业成本。

3. 产品组合的相关性

产品组合的相关性指旅游企业各产品线之间在最终用途、生产条件、销售渠道或其他方面的一致性。一致程度高则产品相关性大，反之相关性小。相关性大者可使企业精于专业，提高旅游企业与产品的市场地位，有利于经营管理水平的提高。一般而言，中小型企业宜于产品组合相关性大，而产品相关性小则使企业具有较强的垄断性，由此带来的成本也是十分可观的。

二、旅游产品组合对旅游市场营销的作用

旅游产品生产出来以后，还必须通过一定的组合推向市场。只有这样，才能更好地满足消费者的需求，获得更大的利益。旅游产品组合对旅游企业的市场营销具有以下几个方面的作用：

（1）满足旅游消费者需求，以确保市场营销的成功。

（2）树立旅游产品形象。不同的企业总是通过不同的产品组合树立产品的整体形象。尤其是主导产品的推出，使企业的形象更加鲜明。在主导产品的经营基础上，再配以一定数量、一定档次的副产品，将使产品组合更加完善。例如，国旅在经营入境游的基础上也经营国内旅游和出境旅游。

（3）产生良好的经济效益。旅游产品的组合如果科学合理就能适应旅游市场的发展，分散旅游企业投资风险，使产品适销对路，取得较为理想的市场份额。否则，产品组合不适应市场需求的变化，即便是高质量的新产品，也不能在短期内进入市场，需要开展较多的营销工作，投入较多的人、财、物，其结果往往事倍功半。

三、旅游产品组合策略

1. 扩大产品组合策略

也叫多线深线型。这种策略指旅游企业通过增加旅游产品的广度或深度，扩大旅游企业的经营范围，满足不同消费者的需求，增强旅游企业的应变能力和竞争能力。增加产品组合的广度是在原有旅游产品组合中增加旅游产品线，如旅行社在原有观光旅游产品线和度假旅游产品线的基础上，增加乡村旅游产品线和探险旅游产品线；增加产品组合的深度是在原有旅游产品线中增加新的旅游产品项目，如旅行社在其经营的观光旅游产品线中，在原有的山水观光旅游和文物古迹观光旅游的基础上，增加名人故里游和现代建筑游。该策略可使旅游

企业充分利用人、财、物等资源，从多方面满足消费者的需求，还可以减少旅游市场变化带来的风险。但经营成本较高，而且会使旅游企业的资源分散，难以实现规模经营。

★小贴士

记者从海口市旅游委获悉，海口红树林乡村旅游区将于2014年3月底开园，目前海口部分旅行社已瞄准“红树林”旅游新热点，争先抢滩登陆，乘势推出以“红树林深呼吸”为主题的系列旅游产品。

据了解，截至目前，海南一和国际旅行社、逍遥国际旅行社、东方国际旅行社、海南康泰国际旅行社、海南万众假日旅行社五家旅行社推出了各具特色的红树林生态旅游线路。海南一和国际旅行社推出的“琼北自驾一日游行程”，除了可以游览红树林栈道风光，还能够参观上万亩的莲雾种植基地，品尝采摘莲雾，势必满载而归；逍遥国际旅行社推出的“海口深呼吸”之红树林线路里，游客还有机会乘船登上红树林海湾中的野菠萝岛探秘，返程途中还能参观红塔集团的海口工厂，探秘卷烟的制作过程；东方国旅主打“欢乐体验之旅”，体验者可以骑自行车游演丰乡村主题公园，最诱人的是能够在东寨港曲口湾品尝青蟹、血蚶、蚝、对虾等海鲜；康泰国际旅行社推出的“红树林湿地公园一日游”带你游历红树林湿地公园，途中还会去到革命老区村庄体验农村惬意生活；海南万众假日旅行社则是推荐“海口乡村自驾游路线”，在极力推介红树林零距离接触外，线路中还能游览荷花研究所，泛舟湖上赏荷花。

“红树林深呼吸”系列旅游旅游产品适合的人群广泛，老少咸宜，既可以作为小朋友踏青郊游的目的地，还可以是都市上班族解压放松的好去处，也可以是老年人养身疗养的天然氧吧。漫步或者骑行在红树林休闲栈道，眼观婀娜多姿的红树林，身体得到锻炼的同时，心灵也会得到净化。

（资料来源：华夏经纬网，http：//www.huaxia.com/qtzmd/jrhn/hnxw/2014/03/3812914.html，2014.3.3）

2. 缩小产品组合策略

也叫产品专攻型。这种策略指旅游企业通过缩减旅游产品线或旅游产品线中的旅游产品项目，集中力量生产或经营一个或少数几个旅游产品线或较少的旅游产品项目，实行专业化的经营。这种策略实际是缩小经营范围。如旅行社取消营利水平低的探险旅游产品线，只经营营利水平高的度假旅游产品线。抑或是在其经营的观光旅游项目中，取消利润较低的文物古迹游，只经营利润较高的山水观光游和现代建筑游。该策略可使旅游企业集中资源，实现旅游生产的专业化，求精求专，提高产品质量。但采用此种策略，将加大旅游企业的经营风险，当市场需求发生变化时，企业极容易陷入困境。

3. 改进现有产品的策略

这种策略指旅游企业根据旅游市场的需求，在现有旅游产品组合的基础上，有计划、有选择地对现有的旅游产品加以改进，改变旅游方式，提高产品质量。如旅行社改变旅游产品线中的交通工具、改变包价旅游的方式等。该策略投资少，见效快，风险小，既能使旅游产品组合向深度发展，又能提高旅游产品的声誉，取得较高的市场占有率。

4. 高（低）档产品策略

高档产品策略指在原有旅游产品线中增加高档产品的项目，可提高旅游产品的知名度和企业的形象，增加销售量，如饭店在提供标准间、套房的基础上，新增豪华套房。该策略不但能满足旅游者对高档旅游产品的需求，而且能带动现有低档旅游产品的销售。低档产品策略指在原有旅游产品线中增加低档产品，使旅游产品日益大众化，如星级饭店增加经济客房。该策略可利用高档产品的声誉吸引消费水平低的旅游者。高（低）档产品策略会给旅游企业带来一定的风险，因为改变旅游产品在旅游者心目中的地位是相当困难的，如处理不当会影响现有旅游产品的市场声誉，故采用高（低）档产品策略必须慎重。

其他还有产品差异化策略、产品大众化策略等。

知识归纳

通过本章节的学习，我们可以认识到旅游产品作为一种商品，具有一般商品的基本属性，同时，它还有其自身的特殊性。旅游整体产品包括核心部分、形式部分和延伸部分。旅游企业往往会经营多条旅游产品线路和多个旅游产品项目。

旅游产品生命周期也像所有产品生命周期一样，从旅游产品进入市场开始算起，依次经历投入期、成长期、成熟期和衰退期；针对处于不同生命周期的旅游产品，需要采取相应的营销策略。

旅游新产品对于旅游企业的生存和发展十分重要，旅游新产品分为改进型、换代型、创新型、仿制型四个种类。遵循新产品开发程序，选择适合目标市场的旅游产品组合策略，如扩大产品组合策略、缩小产品组合策略、改进现有产品的策略、高（低）档产品策略，才能在市场中求得生存和发展。

案例解析

游客需要定制化旅游产品

旅游市场结构的变化和游客需求的升级，把传统旅行社推向了变革的关口。作为旅游组织接待的重要载体，旅行社在产品供应和服务上该如何实现转型升级？

近日，由西安市旅游局、曲江新区管委会主办的2013中国旅游曲江论坛，以“智慧旅游·新时代的分销”为主题，着眼于产业发展、新业态的涌现、旅行社行业自身的变革等焦点问题进行了深入的分析探讨。

现状：产品线路仍呈现同质化

来自南开大学旅游管理系的教授姚延波在论坛上发布了《2012年中国旅行社行业年度报告》。

报告指出：2012年我国旅行社的旅游产品线路仍呈现同质化；多元化市场需求促使旅行社产品创新和质量提升；旅行社产品品牌意识初露端倪；定制化旅游产品开始受关注。

在经营模式方面，旅行社延续和强化了其原有的模式：覆盖旅游产业链上下游的全产业链综合体模式、“旅游+航空”模式、专业化出境旅游批发商的凯撒模式、连锁加盟模式、

"线上+线下"一站式服务的"在线旅行社"模式、"景点票务+网络营销"自助游服务商的驴妈妈模式等。

趋势：游客需要定制化旅游产品

针对2013年我国旅行社企业经营的趋势，报告预测，旅游趋势将呈现定制化、专业化、高端化、散客化、信息化的特点。

途牛旅游网一项监测数据显示，年轻人对旅游的喜爱程度远远高于其他年龄层群体。在2012年11月途牛预订出游的数据中，20～39岁年龄层出游人数占当月总出游人数的78.68%，且出游需求越来越多样化，对目的地酒店、住宿、餐饮的需求越来越自主。行程舒适度、线路价格和安全保障是年轻游客在选择旅游产品时考虑的三大因素，在整体考虑因素中分别占28.5%、22.3%和18.2%；此外，还有12.1%的人看重别人对线路、景点的点评。

该数据充分表明，年轻游客已成为旅游主力，个性化的定制产品更加对他们的胃口。姚延波认为："旅行社应根据重视创新体验的特点积极创新，推出更多'深度慢游'产品。"而"深度慢游"就是一种定制。姚延波解释，定制化服务是指旅行社按旅游者自身要求，为其提供适合其需求的，同时也是旅游者满意的服务。他认为，定制化服务是一种高水平、差异化的服务。它需要旅行社有更高的服务理念，更丰富的服务内容。定制化服务带给旅游者的是个性的感受，因此这是一种量身打造，有需有供的活动。同时，它所产生的"体验"效应是带给旅游者美好的感觉、永久的记忆和值得回味的事物与经历。

（资料来源：西安新闻网，http：//epaper. xiancn. com/xarb/html/2013－03/31/content_194208. htm，2013. 3. 31）

思考与讨论：

1. 定制化旅游是旅游新产品中的哪一类型？
2. 针对定制化旅游产品应该采取哪些营销策略？

复习思考

1. 旅游产品是由哪些部分构成的？
2. 简述旅游新产品开发的程序。
3. 旅游产品组合策略包括哪些内容？

实务训练

通过组织学生参观本地旅游景点或通过各种途径收集本地旅游产品资料，根据旅游景点或旅游资源状况设计一个适合旅游市场需要的新旅游产品组合线路。

第七章

旅游产品定价策略

学习目标

1. 了解影响定价的主要因素；
2. 掌握旅游产品定价的一般方法，明确定价的基本策略；
3. 熟悉旅游新产品定价的基本策略；
4. 熟悉旅游产品价格变动的注意问题。

实训要求

熟悉价格变动及价格调整的相关知识，能熟练运用旅游产品定价的原则和方法为旅游产品制定合理的价格。

案例导入

在美国伏特加酒的市场中，休布雷公司的营销是比较出色的，他生产的史密诺夫酒在伏特加酒的市场占有率达23%。20世纪60年代，另一家公司推出一种新型伏特加酒，其质量不比史密诺夫差，每瓶定价却比它低一美元。按照惯例，休布雷公司的面前有三条对策可用：

（1）降价一美元，以保住市场占有率；

（2）维持原价，通过增加广告和推销支出来与竞争对手竞争；

（3）维持原价，听任市场占有率降低。

由此看出，不论该公司采取上述哪种策略，休布雷公司似乎输定了。

但是，该公司的市场营销人员经过深思熟虑后，却采取了对方意想不到的第四种策略：将史密诺夫酒的价格再提高一美元，同时推出一种与竞争对手新伏特加酒价格一样的瑞色加酒和另一种价格更低的波波酒。

（资料来源：赵西萍《旅游市场营销学》高等教育出版社，2006 年版）

简要案例评述： 这种产品价格策略，一方面提高了史密诺夫酒的地位，同时使竞争对手新产品沦为一种普通的品牌，结果，休布雷不仅渡过了难关，而且利润大增。实际上，休布雷公司的上述三种产品的味道和成本几乎相同，只是该公司懂得以不同的价格来销售相同的产品而已。

现在的市场中，产品一旦滞销，大多数企业就认为是产品已经缺乏竞争力，急忙加大广告投入、提高促销力度、升级或淘汰产品等，最常用的方法就是降价。降价的确可以促进销售，但同时也失掉了利润，并且有可能有损品牌的形象。而且，在今天这个同质化竞争十分激烈的市场中，你降价，竞争对手也跟着降价，甚至降幅更大时，价格这个有人称作“市场终极武器”的手段将失去作用，接下来你还拿什么武器出来？那么，有什么方法可以在不用降价的情况下达到促进销售的目的呢？

旅游产品的价格是旅游产品价值的货币体现，是由旅游产品的内在价值和消费者对产品附着的心理价值两方面组成。价格是企业市场营销组合的一个重要变数，也是最复杂、最敏感的一个市场因素。价格是影响需求和购买行为的主要决定因素。任何一个企业要想在市场经济中求得生存和发展，都必须给商品制定适当的价格。因此，价格策略是企业市场营销中的一个十分重要的问题。它关系到企业经营的成败。

第一节　旅游产品价格概述

一、旅游产品价格的形式与特点

（一）旅游产品价格的形式

旅游者通过旅游产品销售价格感知旅游产品的价值，其价格的表现形式多种多样，如客房租金、景区门票、交通工具票价、旅游商品购买费用等。与此同时，同样的旅游产品针对不同情况的旅游消费者销售价格也不同。从旅游者和旅游企业这两个主体的角度分，可将旅游产品分为整体旅游产品和单项旅游产品。具体而言有以下 4 种形式：

1. 旅游包价

旅游包价又称统包价格，是旅行社为满足旅游者旅游活动的需要所提供的旅游商品基本部分的价格，它等于各个部分单项旅游价格（带有一定折扣的旅行社价格）之和，再加上旅行社的服务费用和一定盈利。根据产品组合项目的多少，往往又分为旅游全包价、半包价、小包价及单项服务费等形式。全包价是我国旅行社曾经采用的最主要的价格形式，是旅行社通过事先计划组织和编排旅游活动项目，向旅游者推出的包揽一切有关服务工作（吃、住、行、游）的旅游形式，以公布的总价向旅游者营销。对旅游者来说，参加全包价旅游省钱方便。但目前随着自助游的兴起，半包价和小包价乃至单项服务成为旅行社未来营销发展的主要趋势。

2. 旅游单价

旅游单价是指旅游者零散支付旅游活动中所要涉及的餐饮、住宿、交通、购物、娱乐等各个子项目的单项费用，无论哪种单项项目，其价格都由成本和利润两部分组成，如自己购买车船票的费用、景区门票费用等。

除此之外，按照产品销售的方式分，可分为旅游优惠价和旅游差价。

3. 旅游优惠价

在旅游产品基本价格的基础上，给予旅游者一定的折扣或其他优惠的价格。这种折扣和优惠往往针对旅游产品的群体购买者、经常购买者或在有特殊事件发生时使用。

4. 旅游差价

同种旅游产品由于时间、地点、质量或其他方面的原因而导致的不同价格，如地区差价、季节差价、团队客人和散客客人之间的差价等。

（二）旅游产品价格的特点

1. 综合性强

旅游产品与一般企业的有形产品的价格构成不同，一般商品的价格构成由原材料价格、劳动力价格和利润三部分组成，而旅游产品的价格既包括有形产品的费用，也包括无形的服务费用和利润。由于构成因素复杂，并且提供的服务往往由不同行业和部门共同完成，所以定价具有极强的综合性。

2. 具有一定的垄断性

旅游产品都是以一定的旅游资源为构成要素的，资源本身就具有垄断性。不同的产品其旅游资源构成要素的价值不同，特别是一些景区产品，是不可复制或不可再生的旅游资源，使得其定价具有极强的垄断性。

二、影响旅游产品价格定价的因素

旅游产品价格策略是旅游目的地和旅游企业营销策略中的一个重要内容，也是不断开拓市场的重要手段。旅游产品价格受到多种因素影响，非常敏感，因而它也非常活跃，是旅游企业定价因素中最难以掌控的因素。可以将其分为可控因素（内部因素）和非可控因素（外部因素）。

（一）可控因素

1. 旅游企业营销目标

旅游产品定价首先要遵从企业的营销目标，旅游企业要在竞争市场中取得何种地位，其产品如何定位，这些都是影响旅游产品定价的重要因素。以市场为导向的旅游企业，根据企业发展的总体目标来设置合适的价格。这些目标包括理想的利润目标、预期的投资收益率、一定的市场占有率。企业越是明了其目标，就越容易确定其产品价格。经常推出新技术的企业或公司喜欢制定高价，从而实现市场获利最大化。

★实例7-1

索尼经常采用市场撇脂定价法（Market-skimming Pricing），开始时将价格定得很高，然后随着时间推移逐渐降价。当索尼1990年在日本市场推出世界上首台高清电视机时，其价格定为43 000美元。而在索尼通过撇脂定价获得各个细分市场的最大收益后，产品售价每年下降，至1993年，一台28英寸的索尼高清电视需要6 000美元，而在2010年一台40英寸的索尼高清电视只需要600美元。

有的旅游企业是以扩大市场占有率为目标，那它可能实行的是渗透价格策略（Marketing-Penetration Pricing），即以低价进入市场，率先占据市场份额，当竞争对手不再构成威胁时，再调高价格，提高市场利润，稳定市场份额。

★实例7－2

马里奥特（Marriott）又译万豪，是一家国际酒店公司，已发展为全球65个国家2 600多家不同档次的酒店，总客房数超过48万间。该跨国酒店集团旗下有22个国际著名酒店品牌，年销售额超过200亿美元。其主要业务是经营管理直属酒店和特许联营的酒店。饭店集团一直争取在同档次饭店中占据最大的市场份额。每当它开办新的饭店，总是尽快地扩大市场份额。马里奥特曾在澳大利亚的金色海岸开办一家度假酒店，房价为99美元。六个月后，该饭店的价格上涨了一倍。开业时的低价创造了需求，而随着需求的增长，低收益的销售便逐渐为高收益的销售所取代。

但需要注意的是，在旅游市场竞争激烈的情况下，一些企业为提高或维持一定的市场占有率，大打价格战，降低产品质量，以牺牲企业长久发展为代价是不可取的。

2. 旅游经营成本

旅游产品的成本是制定价格的基础，主要由旅游产品生产过程和流通过程所花费的物质消耗和支付的劳动报酬所组成，即固定成本和变动成本。固定成本是指不因产量或销售额变化而变化的成本，如固定资产折旧费、租金、办公费、固定工资等。变动成本是随产量或销售量变化而变化的成本，如采购成本、奖金等。两者常常是影响旅游产品价格最直接、最基本的因素。只有产品售价高于成本的部分，才是企业的盈利。所以降低成本主要是降低企业的变动成本，同时尽可能减少固定成本的支出。

3. 旅游产品品质和组合要求

不同的旅游产品质决定了市场售价的差异。产品品质好，组合策略优秀，市场认知形象好，不可替代性强，旅游消费者购买会有一种身份认同感，那么营销人员可以选择定高价；而品质一般、市场认知形象一般的则可定中低价，如锦江国际酒店集团按照酒店品质高低划分，旗下分别有豪华型的锦江酒店，中端型的锦江都城和经济型的锦江之星三种等级的产品价格。

（二）非可控因素

1. 旅游市场需求

旅游产品成本决定了产品价格的下限，而产品价格的最高限度则取决于旅游消费者的需求程度。当产品的市场需求大于供给，即供不应求时，企业可以通过提高价格来抑制需求；当产品的市场需求小于供给，即供过于求时，企业可以通过降低价格来刺激需求。可见产品价格会影响市场需求。一般情况下，价格的变动会引起市场需求的反方向的变动。也就是说，当价格提高，市场需求就会减少；相反的，当价格降低，市场需求就会增加。因此，需求曲线一般是向下倾斜的。这是供求规律发生作用的表现。旅游旺季时，景区门票和住宿费用上涨。但是，菲利普·科特勒指出，显示消费者身份地位的商品的需求曲线却是向上倾斜的。比如世界名人下榻过的酒店，在一定限度内其价格上升反而会刺激市场需求量的增多，原因是旅游消费者往往认为此类酒店产品价格高、服务质量好而且能赋予消费者高层次的社会地位。此外，不同的旅游产品的市场需求量对价格变动的反应不同，也就是不同产品的需求弹性系数不同，如在旅游目的地，往往游览、观光的主要景观产品缺乏弹性，而食宿等产品弹性较大，营销者在旅游旺季提高食宿价格，淡季降低食宿价格，以吸引旅游者消费。

★实例 7－3　外媒：上海迪士尼首日门票3分钟卖光黄牛票炒至千元

香港《文汇报》网站3月28日文章，原题：上海迪士尼开园日门票被秒杀网站崩溃

2016年3月28日零时，上海迪士尼门票正式开售。上海迪士尼官方网站、官方微信公众号以及上海迪士尼阿里旅行官方旗舰店，开园首日（6月16日）的门票被秒抢，而在27日23：40，阿里旅行官方旗舰店里6月16日的库存票已经显示“不可选”。

上海迪士尼乐园平日门票价为370元，高峰日门票价为499元。

加拿大《星岛日报》3月28日文章，原题：上海迪士尼首日门票3分钟卖光黄牛票炒至千元

据了解，迪士尼为了杜绝黄牛，购票采取实名制，购买、使用门票时都需要出示身份证，每张身份证最多可买5张门票。入园时，购票时登记的身份证件持有人本人必须与同一订单上的所有同行游客一同入园。但在门票开售前，已有大量黄牛在网上倒卖、预售上海迪士尼门票。淘宝上出售门票的卖家约有60个。淘宝卖家开出的价格悬殊，从1元订金到1000元1张票的价格都有，最高比官方门票价格翻了一倍以上。多数卖家采取预付款的形式，先要求买家预付499元票款，待正式出票后，再另加收“代购费”。

（资料来源：新华网 http：//news. xinhuanet. com/overseas/2016－03/29/c_ 128843952. htm，2016. 3. 29）

2. 社会经济状况

社会经济因素主要是指一个国家或地区的经济发展状况，它从宏观上对企业产品定价产生约束。也就是说，企业产品的定价水平，必须符合目标市场的经济发展水平，只有这样，企业的营销定价才能为目标市场所接受。下述对企业营销定价有约束作用的社会经济因素。

（1）社会生产的发展状况。在一般情况下，社会生产发展越快或建设扩充时期，由于社会需求量增大，产品价格容易上涨；反之，在社会生产萎缩或衰退时期，社会需求减少，产品价格就会下跌。旅游产品也是如此。社会生产若处于良性平衡发展阶段，社会物价整体水平平衡；社会生产若处于失衡发展阶段，必然会出现结构性供求矛盾，社会物价水平便会发生动荡。这些都会影响到旅游企业旅游产品的定价。

（2）社会购买力水平。社会经济的发展与社会购买力水平的提高是紧密相连的。社会经济越发展，人们购买力水平则会越高。在此情况下，消费者对价格敏感程度会有一定程度

下降，产品价格可适当提高；反之，则产品价格应适当降低。

（3）社会货币发行量。社会货币发行量与价格水平有密切的关系。货币的发行量如果超过了商品流通中的正常需要，就意味着通货膨胀，纸币贬值，产品价格就会上涨。旅游产品价格如果大幅度上升，客观上会在一定程度上破坏旅游目的地的形象，损害旅游者的利益，从而使旅游者人数减少、旅游收入下降。如果国家保持适度从紧的货币政策，控制信贷规模，货币发行量与流通中对货币需要量保持基本一致，产品价格就会稳定。

3. 法律法规因素

市场经济的发展、价值规律、供求规律和竞争等的自发作用，会产生某些无法自我完善的弊端。在我国社会主义市场经济中，政府制定了一系列的政策和法规，如《价格法》《反不正当竞争法》等，对市场进行管理，并制定和建立了较为完善的价格监管机制。这些政策、法规和措施有监督性的，有保护性的，也有限制性的，它们在社会主义市场经济中制约着价格的形成，是企业定价时的重要依据，企业在制定价格策略时都不能违背。从长期来看，法律因素将会对企业定价行为产生越来越大的影响。

三、旅游产品定价的目标

旅游产品定价目标是指旅游企业在制定旅游产品价格时所要达到的目的，是旅游企业选择定价方法和制定价格策略的依据。由于旅游企业的营销目标有多种选择，所以旅游产品的定价目标也就有多种形式，如图 7－1。

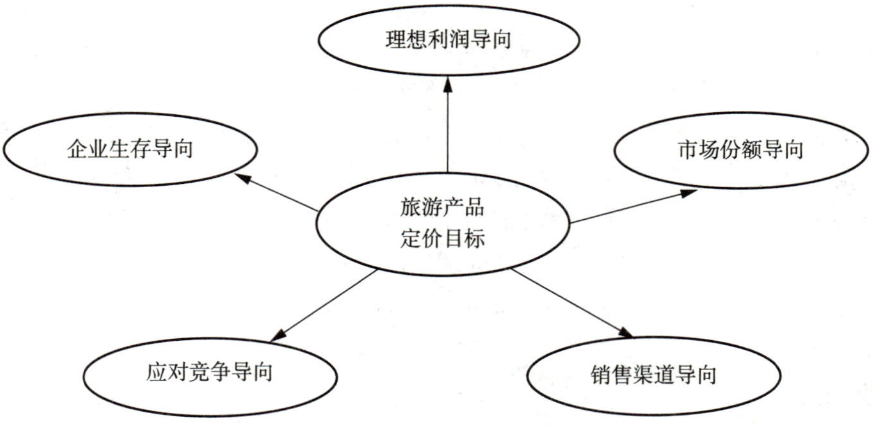

图 7－1　旅游产品定价目标

1. 利润是所有企业的最终追求目标

利润是企业包括旅游企业制定价格需要重点考虑的因素。根据旅游企业经营目标的不同，这一目标可以有两种形式。

（1）以利润最大化为目标。利润最大化指企业通过制定较高价格，在一定时期内可获得的最高报酬率。一般说来，此类企业实力雄厚，其产品或服务多处于绝对有利地位。尽管如此，由于一些非企业内部因素的影响，如消费者的心理抵触、竞争者增多、替代品出现等，旅游企业产品的高价策略不能维持太久，最终也要降低到正常水平。因此，旅游企业要着眼于长期理想利润和短期理想利润的兼顾，长期理想利润才是企业发展的最终目标，如果只顾眼前利益，甚至不择手段，只会使企业声誉受到损害而难以发展，最终短期利润也无法实现。

（2）以获取适当投资利润率为目标。旅游企业通过定价，在一定时间内使旅游产品的价格有利于企业的投资获取一定的投资报酬水平。采用此类定价目标的企业，一般根据投资额规定的利润率，然后计算出各单位产品的利润额，加上产品的成本，就构成该产品的价格。采用此种定价目标的企业应具有较强的实力，且产品较为畅销，预期的利润率应该高于同期银行的存款利息率，但又不能太高，否则容易遭到同类产品的竞争或旅游消费者的拒绝，预期的投资利润目标不能实现。

2. 以市场份额为目标

市场拥有一双看不见的手指导企业的营销运作，谁占据的市场份额越大，谁就越能站稳脚跟，市场占有份额大就能使产品成本最小化，从而获得长期的利润。以市场份额为导向的企业会将价格制定得较低。对于想长期经营的旅游企业来说，追求市场份额最大化的目标显然是最重要的。

3. 应对竞争为目标

旅游市场竞争激烈，应对竞争为目标的定价策略，就是在竞争中保持现行价格或根据竞争者的价格进行定价，这种目标不需要通过周密计划来进行安排，基本上是一种被动策略。

4. 以企业生存为目标

维持企业的生存发展是企业运营的首要目标。生存导向指旅游企业以能够维持自身的经营和运转为前提而制定的产品价格。如果企业产品销路不畅，大量积压，甚至濒临倒闭时，则需要把维持生存作为企业的基本定价目标，“留得青山在，不怕没柴烧”，生存比利润更为重要。

5. 以保证良好的销售渠道为目标

为了使营销渠道畅通无阻，企业必须研究价格对中间商的影响，充分考虑中间商的利益，促使中间商有较大的积极性去推销产品。

★实例 7－4

2010 年 7 月 13 日，全国多家电视台播出一段网络视频：某香港女导游阿珍用无礼语言不断责难和辱骂内地旅行团游客不肯购物，甚至以制造食宿方面的难题威胁客人购物。7 月 27 日，该女导游在立法会议员和旅游公司老板的陪同下，首次向媒体交代事件，吸引大批媒体到场采访。她多次以广东话及普通话分别向香港市民及内地同胞道歉，但指出团友出言刺激在先，“用一些非常尖锐的言语来对待我”，对此，安徽团友王先生强调，根本没有团友以言语刺激她，“是她说我们东西买少了”。其中 7 名团友向安徽旅游局投诉。这个事件被国家旅游局列入《2010 年十大旅游案例》之中。事件发生后，牵涉到“恶女珍”事件中的 4 家旅行社分别因无出境组团资质、零负团费、接待服务等问题被重罚。在《2010 年十大旅游案例》中，包括“恶女珍”事件在内，共有 4 个旅游纠纷案例都发生在“港澳游”线路上。从案例中看到，安徽、南京、浙江都发生了“港澳游”旅游纠纷，而湖南前乒乓球国手陈佑铭更是因为在香港旅游，在被购物、被辱骂的情况下猝死。由此可见，“港澳游”已经因为强制性购物、零负团费、导游服务质量等问题，成了旅游纠纷频发的重灾区。另外，桂林、北京等国内热门旅游目的地也曾因旅游市场混乱、违规经营而成为“旅游案例”。

第二节　旅游产品定价程序与方法

一、旅游产品定价的主要步骤

（一）确定定价目标

价格作为企业市场营销的重要措施，是同其他各项营销组合因素密切配合来实现企业营销目标的。为了使定价能适应企业营销目标的要求，并与其他营销组合因素配套，企业在制定价格时，首先要确定定价目标，以明确定价思路的基本走向。

（二）估算旅游产品成本

任何旅游企业在市场营销定价时都会面临着一个成本估算的问题，进行保本分析，通过对目标市场旅游消费者的购买行为和旅游产品成本的结构分析，从而确定一个企业可参照的最低价格，即保本价格。

（三）测定旅游市场需求

测定需求主要是分析目标市场对产品的需求数量和需求强度，预测顾客对产品定价的接受程度。如果目标市场对产品的需求数量和需求强度大，对价格的接受程度高，则对企业产品的定价较为有利。同时，市场需求又是一个可变的量，它反过来又会受到价格水平的影响。因此，在定价中，企业应根据需求弹性理论来测定产品的不同价格水平对市场需求数量和需求强度的影响，以便确定市场需求最大时消费者所能接受的价格上限，即最高价格。

（四）分析竞争

分析竞争的目的是为旅游企业产品确定一个最有竞争力的价格。对市场竞争的分析主要包括：市场竞争的格局分析、主要竞争对手实力的分析、竞争对手应变态度和策略分析。一般情况下，市场竞争格局对企业有利和竞争对手实力较弱时，企业能较自主地制定自己产品的价格；如果竞争格局较为均衡或竞争对手实力与本企业相当时，企业在制定价格时应特别慎重，避免价格的对峙而形成“价格战”；如果市场竞争格局对企业不利或竞争对手实力较强时，则只能根据竞争对手的价格水平来制定本企业产品价格。另外，企业在制定和调整价格时，还应分析竞争对手的应变态度和策略。如企业价格调整后，对手可能针锋相对地调整价格，进行价格竞争，也可能不调整价格，而在营销组合的其他因素上下功夫，与企业进行非价格竞争。

（五）选定方法

旅游企业定价方法选择的根本原则是为实现企业定价目标，进而实现企业的经营目标而确定出一种最为可行的定价方法。一般来说，企业在定价时，要综合考虑成本、需求和竞争三个基本因素。而在实际定价中，由于当时所处条件和环境的差异，通常会侧重于其中一个因素，从而形成了三种类型的定价方法：成本导向定价法、需求导向定价法和竞争导向定价法。

（六）确定最终价格

旅游企业运用一定的定价方法确定出了初步价格后，还不能交付使用。因为依据每种方法制定出来的价格都有一定的片面性，因而需要在全面分析的基础上进行调整，以确定最终价格。在调整时，应从以下三个方面进行：一是将初步价格按照国家有关的方针、政策、法规的要求进行调整，使价格不与国家现行有关规定、法律相冲突；二是将初步价格按照企业市场营销组合的需要进行调整，使产品价格与营销组合的其他因素相配套；三是将初步价格依据目标市场消费心理需求进行调整，使产品价格能为消费者所接受。

二、旅游产品定价的一般方法

实际工作中，企业的定价方法很多，一般来说，定价方法的具体运用不受定价目标的直接制约。不同企业、不同市场竞争能力的企业，以及不同营销环境中的企业所采用的定价方法是不同的，就是在同一类定价方法中，不同企业选择的价格计算方法也会有所不同。旅游企业在为其产品和服务定价时通常采用的方法有成本导向定价法、需求导向定价法、竞争导向定价法。

（一）成本导向定价法

成本导向定价法是旅游定价首先需要考虑的方法。成本导向定价法指通常在产品的成本之上再多计入一定金额或者百分比，这是希望确保价格能回收成本及获得所期望的利润的一种定价方法。成本导向定价法简单直观，但是忽略了需求与供给的变化以及市场竞争的状况，没有考虑定价方法与定价目标之间的关系。成本导向定价法主要有成本加成定价法、变动成本加成定价法等。

1. 成本加成定价法

成本加成定价法是指在产品的确认成本中按一定比例或数量加上一个标准数额的加成来确定产品的销售价格。加成比例可以基于单位成本，也可以基于销售价格。通过加成比率（R）、售价（P）和平均成本（AC）可分别得出其计算公式：

如果基于成本计算成本加成价格，则有：

$$P = AC \times (1 + R)$$

如果基于售价计算成本加成价格，则有：

$$P = AC \div (1 - R)$$

假定某饭店餐厅招牌菜的单位成本为 100 元，如果销售商希望有成本 20% 的利润，则该商品的售价为 $100 \times (1 + 20\%) = 120$ 元；如果销售商希望有售价 20% 的利润，则该商品的售价为 $100 \div (1 - 20\%) = 125$ 元。

成本导向定价法的一个有利之处在于对买方和卖方来讲都比较公平，当买方需求强烈时，卖方不利用这一有利条件谋取额外利益而仍能获得公平的投资报酬。但是成本加成定价法是“将一个固定的、惯例化的加成加在成本上”，不是对任何产品都行得通的，因为任何忽视产品价格弹性、市场需求、顾客认知价值和竞争态势的定价方法，都不具有普遍适用性。只有当加成价格能带来预期销量时，成本加成定价法才能发挥作用。

★小贴士

使用成本加成定价法不一定能做出合理的判断。有些餐厅的管理人员不管产品成本高低都运用相同的加价百分比。如，使用100%的加成比例，一瓶进价6美元的酒可以卖12美元，而一瓶进价15美元的酒就能卖上30美元。在前一种情况下，毛利是6美元，而后一种情况下，毛利就是15美元。除搬运费外，每瓶酒的服务成本是一样的。如果将高价酒的价格降低一些，可以卖出更多，这样才更符合餐厅经营目标。在这里，以需求和最适合利润为基础定价比直接加成可能更有意义。大多数将成本看作售价的一定百分比来给菜单定价的管理人员都是先利用这种技术去制定一个目标价格。之后，他们再根据市场的承受力、心理定价法等其他技术来对菜单上的每一种菜品的价格进行调整。

尽管如此，加成定价依然很流行。首先，卖家对成本的了解比对需求的了解多。将价格与成本挂钩，不仅使价格变得简单，而且管理人员也无须在需求发生变动时再去调整价格。其次，当所有企业都采用这种方法定价时，价格会趋于相似，价格竞争也会较少。

（资料来源：（美）PHILIP KOTLER　JOHN BOWEN　JAMES MAKENS著，谢彦君译，旅游市场营销（第二版），旅游教育出版社，2002. 3）

2. 变动成本加成定价法

变动成本加成定价法，也称边际贡献定价法，其重点旨在考虑变动成本回收以后，尽量补偿固定成本。其基本思想就是在一特定的期间内，只考虑变动成本而不考虑固定成本或总成本来制定价格。从其基本思想我们可以看出，变动成本可以视为产品销售的最低价格，因此，产品的销售价格在单位变动成本之上还应该加上一定的单位产品贡献，这样才能使固定成本得到补偿。变动成本加成定价法通常适用于固定成本不大或者商品的市场生命周期较长而且能占领市场的条件下。当市场竞争非常激烈或销量低迷之时，企业迫于无奈也会选择此举。例如，某旅行社在旅游淡季推出一日游团体包价旅游产品，每人市内交通费40元、正餐费40元、导游服务费20元、门票50元，共计150元。由于市场竞争激烈，又值旅游淡季，客源较少。因此，旅行社难以用150元的价格招徕大量的旅游消费者。在这种情况下，旅行社采用变动成本加成定价法将景区门票下调成30元、减少导游收入10元，最终将价格降为120元，那么该项旅行社产品的单位售价高于变动成本的110元，仍可获得边际贡献10元。这种定价法能给旅行社提供衡量销售价格的客观标准，便于旅行社掌握降价标准，开展价格竞争。只要边际贡献大于零，即旅游产品的单价大于单位成本的定价，旅行社就可以在更大范围内实行价格竞争，争取市场优势。

★小贴士

千分之一法

千分之一法也称作建筑成本定价法或四分之一经验公式。由于大型饭店建筑的投资通常占总投资的60%~70%，因而房价与造价挂钩是饭店经营考虑目标利润的着眼点。千分之一法指饭店的房价为平均每个客房建筑造价的千分之一。其计算公式为：

$$P = \frac{TC}{n \times 1\,000}$$

式中：P——饭店每间客房的价格；

TC——饭店总造价；

n——饭店客房数量。

例如，某饭店总造价为6 000万元，有客房240间，按照千分之一法计算，每间客房价格为250元。需要注意的是，千分之一法是在假定饭店平均开房率为70%的条件下制定的。在这个条件下，单房租收入可以使饭店每年还本6%，但是，20世纪70年代后，饭店总投资受地价、建筑费用等的影响不断提高，千分之一法已经显得简单落后。这种定价法已经转为赫伯特定价法。该方法是美国饭店协会创造的一种用于确定饭店客房价格的定价方法，是以目标收益率为定价的出发点，预测饭店经营的各项收入和费用，测算出客房的平均价格。这个的缺陷是客房部必须承担计划投资收益率的责任。

（二）需求导向定价法

需求导向定价法是基于不同顾客、不同时间、不同地点的需求差异和市场普遍习惯，以顾客需求和消费者感受为主要依据的定价方法。需求导向定价法包括认知价值定价法、反向定价法和需求差异定价法。

1. 认知价值定价法

认知价值定价法指企业根据旅游者对产品的感受价值和理解程度来制定的一种方法。旅游企业应当让旅游消费者感知到所支付的价格与得到的感知价值是相等的。该定价方法定价的关键是买主对价值的认识，其思想能与现代产品定位思想相符合。有关研究表明，顾客对价值的感知是购买决策中最关键的因素。在产品选购时，消费者将会把感受价值作为一种权衡标准，它涉及产品或服务的感知利益和感知品质，以及为获得这些利益和品质而付出的成本。感知价值可表示为：

$$感知价值 = 感知利益或品质 \div 感知付出成本$$

从上式可以看出，在成本一定的条件下，消费者感受到的感知价值会随着感知利益或品质的增加而增加。同时应当注意的是，感知价值对消费者来说并不仅仅意味着低价格，而是应将价格与消费者的感知价值联系起来。比如人们对名贵手表的感知价值非常高，使得其价格越高的产品销量越大。

2. 反向定价法

反向定价法也称逆向定价法，指的是旅游企业定价时不以成本为起点，而是根据消费者能够接受的最终价格，计算出自己从事经营活动的成本和利润后，从各个营销渠道进行倒推，计算出产品的价格。分销渠道中的批发商和零售商经常采用这种定价方法。

3. 需求差异定价法

需求差异定价法指的是根据市场需求的时间差、数量差、地区差、消费水平以及心理差异等不同细分市场对同一产品采取不同的定价策略。由此在市场需求旺盛时定高价，反之则定低价。需求差异化定价不主要考虑成本，而是把顾客需求的差异化作为定价最根本的依据，比如相同区间的机票由于季节差异会制定不同的价格；景区门票价格对于学生群体、本地市民与外地游客有所不同。企业在运用这种方法的时候需要注意的是，不能引起旅游消费者的反感，要符合旅游者的效用价值评价。

（三）竞争导向定价法

在使用竞争导向定价时，旅游企业首先考虑的是竞争者价格的变化，而不考虑自己的成本或需求。当所竞争的产品间差异很小且企业所处的竞争市场优势以价格为订购决策时，竞争导向法应当是企业首先考虑的定价策略。竞争导向定价法主要包括随行就市定价法和率先定价法。

1. 随行就市定价法

随行就市定价法也称为通行价格定价法，指的是企业根据市场上本行业的主要竞争者的价格来定价。由于这种方法可以避免在同行业内挑起价格战，因此通常中小企业会采用这种方法。但一些大企业也会根据其自身目标市场、品牌形象、营销组合中的其他因素，制定一些稍微高于或低于同行业竞争者的价格。

随行就市定价法的优点在于其简单性，不依赖需求曲线、价格弹性和产品的成本，也不会对整个行业价格系统造成较大破坏，不会扰乱行业内现有的均衡。随行就市定价法反映了行业的集体智慧，既能保证适当的收益，又有利于协调同行业的发展。需要注意的是，实行随行就市定价法时，市场上价格竞争减弱，非价格竞争成为重要的竞争手段。如旅游企业通过服务、信誉、付款条件、广告宣传、销售渠道等开展竞争活动，常常比价格竞争更具有隐蔽性和竞争力。这种方法易造成企业的固步自封和一成不变。

2. 率先定价法

率先定价法是一种主动竞争法，是旅游目的地与旅游企业根据市场竞争状况，结合自身实力，率先打破市场原有价格格局，制定具有竞争力的产品价格的方法。旅游企业自行制定价格后，在对外报价时先于同行报出，率先拥有占领市场的有力武器，也就拥有了竞争取胜的基础。这种定价方法一般为实力雄厚或旅游产品具有鲜明特色的旅游企业所采用。

第三节　旅游产品定价基本策略

定价方法是依据需求、成本和竞争等因素决定产品基础价格的方法。所谓基础价格指的就是产品在生产地点或者经销地点的价格，未考虑产品运费、折扣等其他因素，但旅游企业在市场营销实践中，需要考虑这些因素来确定定价方法从而对产品价格进行调整。

一、新产品定价策略

新产品定价策略是营销战略的重要组成部分。当旅游企业推出一种新产品时，将面临第一次定价的挑战，定高价还是定低价要视企业产品的具体情况而定，新产品定价策略通常包括以下几种策略：

（一）撇脂定价策略

撇脂定价（Market-skimming Pricing）又称“撇奶油”定价策略，即在产品刚进入市场的阶段，也就是在产品生命周期的引入期，采取以很高的价格投放市场，尽可能在短期内获得较高的收益，就好像从牛奶中撇取奶油一样，尽快获取产品利益。撇脂定价的企业往往会在产品生命周期的最初阶段制定一个顾客可能愿意支付的最高价格，从而在短期内获取最大利润。随着产品生命周期的发展，企业会逐渐降低该产品的价格来获得更大的细分市场。经济学家称这种定价类型为“下滑需求曲线”。苹果公司就是这一定价策略的老手。每当出产一款新手机之后，苹果公司就会凭借其优秀的产品质量和企业形象将价格定得很高，当竞争者开始生产相同配置手机时，该公司就降低了价格，再生产另一款独特的产品进行第二轮撇脂。

这种定价策略的优点：在新产品上市之初，竞争对手尚未进入，消费者对新产品尚无理性认识，利用消费者求新求异的心理，用较高价格刺激消费，以提高产品身价，创造高价、优质、品牌的形象，开拓市场；由于价格较高可在短期内获得较大利润，回收资金也较快，使企业有充足的资金开拓市场；在新产品上市之初，定价较高，当竞争对手大量进入市场时，便于企业主动降价，增强竞争能力，此举符合消费者对价格由高到低的心理。

这种定价策略的缺点：新产品刚投入市场，产品声誉尚未建立，即以高价投入，不利于市场开拓、增加产量，不利于稳定和占领市场，容易导致新产品开发失败；价格高，销售量可能达不到预期值，反而使利润更少；高价带来的高额利润容易引来竞争对手的涌入，加速行业竞争，仿制品、替代品迅速出现，迫使价格下跌。此时若企业无其他有效策略相配合，苦心营造的高价优质形象就可能受到损害，失去部分顾客。另外，价格远远高于价值，在某种程度上损害了消费者利益，容易招致公众的反对和消费者的抵制，甚至被当作暴利商品加以取缔，引发公共关系问题。

因此，这种策略主要适用于下列情况：

（1）产品的市场需求较大且需求缺乏弹性，即使把价格定得很高，需求量也不会大量减少。例如：20 世纪 90 年代末，托马斯·库克旅行社，为纪念公司成立 150 周年，特别将定价为 21 000 英镑的环球豪华巡游产品作为纪念活动的一个项目。

（2）高价会使需求量减少，因而产量也会减少，但因此带来的单位成本增加不会抵消高价所带来的收益。

（3）市场上没有替代产品，企业拥有的生产技术或资源具有垄断性，没有竞争者。2002 年 5 月，世界“自然和文化”双遗产——黄山风景区的门票开始大幅提高，而游客数量不降反升，主要原因就是黄山的旅游资源垄断性强，被替代的可能性小。

（二）渗透定价策略

渗透定价（Penetration Pricing）与撇脂定价正好相反，指的是制定一个相对较低的价格来使产品迅速进入一个巨大市场，从而获取巨大的市场份额，并通过规模经济来降低生产成本。就像倒入沙堆里的水一样，从缝隙中很快的渗透进去，因而被称为渗透定价策略。戴尔公司在进入个人电脑市场时就采用了市场渗透定价策略，通过低成本的直销渠道销售高质量的电脑。因为当时其他品牌，诸如 IBM、Apple、Compaq 都是通过零售商店销售计算机，成本不能降到更低，从而使得戴尔电脑的销量飞速上涨。

这种低价策略必须满足一定的条件。首先，市场对价格的变化非常灵敏，潜在需求市场规模大。因为潜在需求具有弹性，市场才可能以一个较低的价格迅速扩张，这是实施低价竞争的前提。其次，生产和分销成本必须随着销量的增长而下降。最后，低价要能够阻止竞争，采用渗透定价策略的人或公司必须保持低价的优越位置，否则低价只是昙花一现。如深圳旅行社因为地理位置的优势，推出定价为98元的澳门一日游，费用包括行程单所列的景点门票，市内交通和两顿正餐，推出后，大受旅游消费者的欢迎。

渗透定价不利之处在于渗透意味着批量生产，然后以低价销售大量产品，而当遇到产能过剩、存货过多时，企业必然会损失巨额的制造成本，而撇脂定价在发现有限的需求不具备继续实行高价时，公司只要降低价格就可以了。渗透定价的另一个问题易出现在知名品牌的商品中，当企业用渗透定价时会在市场上产生产品泛滥、“低价值——低品牌形象”的后果，进而使得该品牌不仅失去良好的品牌形象，还给提价和提升品牌形象带来阻碍，前几年的新马泰零团费游就是如此，后来政府和企业花了很长时间和很大精力重塑旅游地形象。

实行渗透定价策略的终极目标就是盈利。一些企业把价格定得过低，甚至低于产品成本，表面看来虽然生意兴隆，实际上只赚吆喝不赚钱，这是经营者应该避免的。

（三）满意定价策略

满意定价（Neutral Pricing）指的是对新进入市场的产品制定不高不低的价格，取行业的中等价格水平。对于旅游企业来说，适中的价格能对旅游者产生一定的吸引力，又能使旅游企业有一定的盈利。满意价格策略的优点在于能避免高价策略带来的风险，又能防止低价策略给生产经营者带来的麻烦。但该策略实际运用效果却不如撇脂定价策略和渗透定价策略，其主要原因是：随着生产技术的不断创新与提高，生产规模不断扩大，在生产规模达到经济规模效益之前，单位产品成本随时间的推移不断降低，价格也在不断变化。因此，中价水平不易保持长期稳定。而新产品首次出现在市场上时没有可以进行比较的价格。对于旅游企业而言，将旅游产品消极地推向市场，属于安逸价格策略。没有特色，往往使旅游企业不能灵活地应对瞬息万变的市场状况，结果可能会既失去潜在市场，又失去高额利润。

★小贴士

洲际酒店集团（Intercontinental Group）旗下的假日酒店（Holiday Inn）品牌把自己美国国内的酒店分成四类不同的连锁店，以竞争不同利益点的细分市场——高端的皇冠假日酒店（Crowne Plaza）、传统的假日酒店（Holiday Inn）、廉价的智选假日酒店（Holiday Inn Express）和商务导向的假日精选酒店（Holiday Inn Select）。每类连锁店有不同的营销方案和重点。智选假日酒店的广告战役以幽默的“住得（保持）聪明”（Stay Smart）为诉求，广告呈现的是普通人在连锁店住宿后所尝试的一些壮举。针对有着独特需求的不同目标消费者，采取不同的定价方式，这样的品牌发展战略让假日酒店避免了品牌间的重叠。

二、心理定价策略

价格对消费者心理产会生很大的作用，高价格往往意味着高质量、高品位，而低价格意味着商品质量一般。心理定价（Psychological Pricing）就是试图影响顾客对商品价格的认知，从而使得商品的价格对消费者更具吸引力。常用的心理定价策略主要有以下几种形式：

（一）参考定价策略

参考定价（Reference Pricing）指消费者在审视一种产品时，头脑当中既有的各种价格。一个消费者的参照价格，可以通过注意现期价格、回忆过去价格或者估价购买情形来形成。

一些流行产品往往有参照价格。对于某种类型的餐馆来说，大多数消费者对各种食品（如一杯咖啡、一块牛排或一份汉堡）的价格或价格变动幅度都可能有先入之见。例如，一家比萨饼店可能在广告中宣称，它的中等大小的比萨售价为 3 美元，比竞争对手的价格便宜，餐馆以此为顾客建立起一个参照价格。但是，他们的饮料以及其他食品的价格与竞争者并无区别。餐馆的环境和装修格调给顾客创造了一种物有所值的感觉。相应地，对其他食品削价就收效甚微。

（二）声望定价策略

声望定价（Prestige Pricing）指的是企业把价格定在高价位，以此来树立名贵、优质的品牌形象。声望定价适用于消费者把产品的质量与价格联系在一起的产品。通常消费者都有追求知名品牌的心理，企业将有声望的产品制定出比同类产品高出很多的价格则可以迎合消费者的这种心理，使得消费者对该品牌形成高品质商品形象。声望定价可以满足某些旅游者的特殊要求，如地位、身份、财富、自我形象等。这一策略适用于那些传统的、享有盛名的、具有历史地位和民族特色的以及知名度高、有较大市场影响力、深受欢迎的旅游景区、旅游饭店、高端餐厅、娱乐厅等。有一点需要注意，为了使声望价格得以维持，需要适当控制市场拥有量。

（三）尾数定价策略

尾数定价（Odd-even Pricing）指的是商家根据消费者对一些数字尾数有不同认知心理而对商品价格尾数做出的一些处理的定价方法。一种是零头定价。比如把商品价格定为 9.9 美元而不是 10 美元。这样的零头尾数能使消费者从心理上认为这是一个真实的价格且卖家在制定价格的过程中是慎重考虑过的。一般来说，这种尾数定价策略适用于价值较低的旅游产品或服务。另一种是整数定价。比如把价格定为 50 美元而不是 49.9 美元，房价为 600 元/天的豪华套房不宜改为 585 元/天，这样给消费者传递的信息则是该产品是上档次的，这种整数定价使顾客认为这个产品是高质量的。

（四）捆绑定价策略

捆绑定价（Bundle Pricing）指的是把两个或两个以上的产品捆绑在一起，以一个价格出售，这个价格往往比产品单独降价后的总价要低一些。捆绑定价不一定会提高顾客的满意度，通过捆绑那些周转慢的商品还可以提高产品的周转速度，降低成本，刺激销售，增加收益。例如，饭店所出售的周末特价组合产品（包括客房、食物和娱乐）或提供商业产品（包括早餐和报纸），旅行社推出双飞旅游线路（包括景点门票、娱乐项目费用等）便属于此类。

（五）习惯定价策略

习惯定价（Customary Pricing）主要是对一些常见的日常用品进行定价。虽然商品价格的波动范围日渐增大，但有很多商品的价格仍是基于传统制定的。比如在人们心中阿尔卑斯棒棒糖的单价就应该是 0.5 元。不管经济是在多么不确定的环境中发展着，这类商品的价格基本上都不会发生变化。因此，习惯定价策略将是这类商品定价的永恒标准。

（六）吉利定价策略

吉利定价（Auspicious Pricing）指的是根据消费者的文化背景而采用一些在他们心中能

产生好运的吉利数字来定价，比如尾数为6、8、9等的定价能给在中国文化背景下的消费者带来心理上的慰藉，而诸如13的定价则不适合有西方文化背景的消费者。

（七）物超所值定价策略

物超所值定价（Value Pricing）一词容易造成混淆，现在已经成为“天天低价”（EDLP）同义词。任何时候任何人在任何价格水平上买任何一种产品或服务，购买者都是先看到了产品中包含的价值。物超所值定价意味着长期地提供比竞争者低的价格。这与促销定价不同，因为促销定价只是在特殊的促销季节临时实行低价。如果一个企业没有能力大幅度降低成本，物超所值定价就非常危险。对于那些能够通过低价在很长一段时期内增加市场份额的企业或成本比较低、市场面窄并且希望将自己的产品与其他产品区别开来的企业来说，这种定价策略很合适。

★实例7-5　美国西南航空公司实行低成本战略

美国西南航空公司（简称西南航）是一家在固定成本极高的行业中实施低成本竞争策略的优秀公司。它从20世纪70年代在大航空公司夹缝中谋求生机的小航空公司一跃发展成为美国的第四大航空公司，持续40多年保持远高于行业平均水平的高利润和远低于行业平均值的低成本。

20世纪70年代，美国的航空业已经比较成熟，利润较高的长途航线基本被瓜分完毕，新进入的航空公司在这很难找到立足的缝隙；短途航线则因单位成本高、利润薄而无人去做。在这种情况下，成立不久的西南航审时度势，选择了把汽车作为竞争对手的短途运输市场。因此，西南航在必须运营的各个细节中，围绕低成本这个战略定位，想方设法化解所有比传统航空公司更大的成本压力。

细节之一，关于飞机。西南航只有一种机型波音737，公司的客机一律不搞豪华铺张的内装修，机舱内既没有电视也没有耳机。单一机型的做法能最大限度地提高飞机的利用率，因为每个飞行员都可以机动地驾驶所有飞机。此外，这样做简化了管理，降低了培训、维修、保养的成本。同时，西南航将飞机大修、保养等非主业业务外包，保持地勤人员少而精。比如，西南航的飞机降落后，一般只有4个地勤人员提供飞机检修、加油、物资补给和清洁等工作，人手不够时驾驶员也会帮助地勤工作。

细节二，关于转场。在坚持只提供中等城市间的点对点航线的同时，西南航尽可能选用起降费、停机费较低廉的非枢纽机场。这样做不仅直接降低某些费用，而且也保证了飞机快速离港和飞机上限量供应等低成本措施的可行性。为了减少飞机在机场的停留时间，增加在空中飞行的时间，也就是挣钱的时间，西南航采用了一系列规定以保证飞机的高离港率。没有托运行李的服务，机舱内没有指定的座位，先到先坐，促使旅客尽快登机；建立自动验票系统，加快验票速度；时间紧张时，驾驶员帮助地勤，乘务员帮助检票；不提供集中订票服务等。这些特色使得西南航70%的飞机滞留机场的时间只有15分钟，而其他航空公司的客机需要一两个小时。对于短途航运而言，这节约出来的一两个小时就意味着多飞了一个来回。

细节三，关于客户服务。选择低价格服务的顾客一般比较节俭，所以西南航意识到自己的客户乘坐飞机最重要的需求就是能实惠地从某地快速抵达另一地。于是，公司在保证旅客最主要满意度的基础上，尽一切可能将服务项目化繁为简，降低服务成本。比如，飞机上不提供正餐服务，只提供花生与饮料。一般航空公司的空姐都是询问“您需要来点什么，果汁、茶、咖啡还是矿泉水”，而西南航的空姐则是问“您渴了吗?”只有当乘客回答“渴”时才会提供普通的水。

三、折扣定价策略

针对不同的顾客以及淡旺季的环境变化，有些旅游企业在保持产品基本价格不变的基础上，通过一定的利润让步，直接或间接地降低价格，以争取更多的消费者，扩大销量。

（一）数量折扣

数量折扣（Quantity Discount）是因旅游消费者购买数量大而给予降低价格的做法，目的是鼓励旅游消费者增加购买数量。

这种折扣通常有累计折扣和非累计折扣两种。累计折扣是指顾客购买物品累计达到一定数量时给予的另一种折扣方式，其目的在于鼓励顾客经常购买本企业产品，培养忠诚客户，建立长期的购销合作关系。非累计折扣则是顾客一次购买达到的规定数量所给予的一种折扣方式，其目的是使鼓励消费者大批量购买，促进产品多销、快销，从而降低企业的销售费用。大多数饭店都设有本饭店的VIP客户名单，这些客户在本饭店累计消费达到一定金额或长时间定期或不定期地消费时，都给予不同等级的消费折扣。此外，航空公司航空里程累积送积分，累积到一定分数可免费乘坐等。

（二）现金折扣

现金折扣（Cash Discount）是企业对顾客迅速付清货款的一种优惠。现金折扣是对在规定时间内提前付款或用现金付款的顾客给予的一种价格折扣，其目的是使顾客尽早付款，加速资金周转，降低销售费用，减少财务风险。现金折扣一般根据约定的时间界限来确定不同的折扣比例。

例如，顾客在30天内必须付清货款，如果10天内付清货款，则给予2%的折扣，这种折扣方式可以简单地表示为“2/10，net/30”或“2/10，n/30”。账款的迅速回收能使企业减少资金积压的成本，并且避免坏账。

采用现金折扣一般要考虑三个因素：折扣比例的大小、给予折扣的时间限制、付清全部购买款的期限。一般现金折扣的比例和违约罚款的比例要高于银行利率，便可促使消费者即使向银行贷款也要尽早按期付款。

（三）季节折扣

季节折扣（Seasonal Discount）是指产品处于销售淡季时，为了调节供需矛盾，稳定旅游产品和服务的销售率，对购买单项商品或服务的消费者提供的一种折扣。例如，航空公司在经营淡季推出的各种折扣机票就属于季节性折扣。但这种折扣最低优惠幅度不应低于旅游产品或服务的成本，否则就有亏损的危险。

（四）功能折扣

功能折扣（Functional Discount）又称贸易折扣，指旅游企业根据各类中间商在旅游产品销售中所担负的不同职责和风险，而给予的不同的价格折扣，以补偿中间商的有关成本和费用。这种折扣方式有利于拓宽旅游企业的销售渠道，调动批发商和零售商经营产品的积极性。它以利益为刺激因素，借助中间商的营销渠道来销售旅游产品，能解决直接销售渠道能力不足的问题。一般说来，旅游企业给旅游批发商的折扣较大，给旅游零售商的折扣较小，这有利于促使批发商大量进货，并有可能进行批转业务。

（五）歧视定价

歧视定价，也叫价格歧视（Price Discrimination），实质上是一种价格差异，通常指商品或服务的提供者在向不同的接受者提供相同等级、相同质量的商品或服务时，在接受者之间实行不同的销售价格或收费标准。经营者没有正当理由，就同一种商品或者服务，对若干买主实行不同的售价，则构成价格歧视行为。价格歧视是一种重要的垄断定价行为，是垄断企业通过差别价格来获取超额利润的一种定价策略。比如，消费者通过在线网络关注旅游企业公众号获取优惠券，从而获得比现场购买者低的折扣，旅游企业只对进行了关注并持有电子优惠券的消费者优惠，吸引了部分低收入消费者，扩大了宣传，增加了收入。

★小贴士

在民航客票的定价中，航空公司将潜在的乘机者划分为两种类型（相当于将客票分割成两个市场）。一类是因公出差人员、私企公司高级职员等。他们对乘机时间要求较高，对票价不计较。因而，对他们可收取相对高的票价，而在时间上给予优惠，允许他们提前订票。另一类是收入较低的旅行人员、淡季出游者等。这部分人群对时间要求不高，但在乎票价。对于他们，在票价上可相对较低，而在时间上要求对航空公司有利。这样，可以充分利用民航的闲置客运能力，增加公司收益。若不进行市场分割，实行单一的较高票价，就会把这部分潜在的消费者推出客运市场，公司的闲置客运能力不能产生效益，对公司是不利的。

第四节　旅游产品价格变动及调整

旅游企业处于一个不断变化的市场营销环境之中。商品价格制定之后，因为客观环境和市场情况的变化，为了求得生存和发展，企业往往会对现行的价格进行适当的调整。影响企业调价的因素可能来自企业内部，也可能来自企业外部。如果企业利用其自身的产品或成本优势，为了先发制人，取得竞争的主动权，主动调整价格，则称为主动调价；相反，如果企业因为原材料价格上涨而导致成本上升、宏观政策法令的出台或应付竞争对手的调价，不得不进行的调价，则称为被动调价。总之，不管是主动调价还是被动调价，其形式不外乎降价与升价两种。

一、发动降价

（一）降价原因

有两种情况旅游企业必须降价。一种情况是生产能力过剩。旅游企业需要更多的生意，但却无法通过加大营销力度、改进产品或其他方法得到。正像这几年航空公司、饭店、汽车出租公司、餐厅做出的举措一样，由于竞争越来越激烈，生产能力过剩，他们争相利用低价格来争夺仅有的市场份额。

另一种情况是企业降价是想以更低的成本来占领市场，或者希望通过降价来获得市场份额并降低成本。不管是从使成本低于竞争对手，还是夺取市场份额的愿望出发，企业都会通过销售量的扩大而进一步降低成本。

（二）降价需注意的问题

降价方法如果掌握不好，来自旅游消费者、中间商、同行竞争者的各种反应可能会使企业陷入其他困境。

1. 品质认同感降低

降价时常给旅游者、中间商一种不好的感觉，认为产品的质量变低了，或者产品过时了、经营困难、偿债压力大、产品卖不出去才降价。

2. 市场份额低的困境并未改变

出于买涨不买跌的心理，消费者可能会观望等待进一步的降价。降价策略能够赢得市场份额却得不到消费者的忠诚，今后他们可能转向价格更低的企业，从而导致销售量不升反降。

3. 引发价格战

竞争者为了争夺市场份额会制定更低的价格，从而引发价格战。例如，新马泰旅游线路很多旅行社曾经打出零团费、负团费的招牌，一时间东南亚出境游市场价格混乱无序，品质大大降低，最后在行业主管部门的干预下才有所好转。

二、发动提价

（一）提价原因

从消费者角度而言，对企业的降价会很高兴，但却难以接受企业提高商品的价格。然而对于企业来说，虽然提价可能会导致竞争力下降，引起消费者不满，遭到经销商抱怨，但是一次成功的提价却能使企业的利润大大增加。所以只要有机会，企业就会采用适当的提价策略。企业发动提价主要有以下几种情况：

1. 生产经营成本上升

这是提价的主要原因。因为当价格不变时，成本的上升会导致利润下降，所以当发生通货膨胀、物价普遍上涨、原材料成本上升或者生产管理费用提高时，企业为了保证利润不被降低，其重要手段就是采取提价策略。

2. 产品供不应求

当产品需求转旺，产品供不应求而企业扩张规模受限时，旅游企业适当提价可以使企业获得更多利润，同时也可以抑制需求。目前看来，在黄金周的旅游高峰期，各种旅游酒店和旅游景区会出现游客井喷现象，此时经营者可适当调高价格。

3. 利用顾客心理，创造优质效应

充分利用顾客“一分钱一分货”的心理，使消费者产生高价优质的心理定势，以提高企业及产品的知名度和美誉度。

（二）提价方法

（1）把握好提价时机。提价要讲究时机，并就相关原因向旅游者做好解释工作。

（2）使用价格自动调整的相关法规条款并进行公示，确保信息公开、透明。

（3）通过改变结算方法、减少折扣等方式间接提价。

（4）提价初期，通过赠送服务项目或办理会员卡等方式进行平稳过渡。

三、运用价格策略需要注意的问题

无论企业降价还是提价，都会引起消费者、竞争者和中间商的注意，还会引起政府部门的关注。同时，竞争者的产品价格变动也会引起本企业的注意。

从消费者对价格变动的反应来看，企业应兼顾消费者利益与企业利益的平衡，既有价格减免的促销活动，也要适时争取让企业盈利。消费者并非只用一种直观的感觉来看待企业的价格变动。如果一家餐馆打出的广告是“买一赠一特价餐”，消费者可能会产生两种反应。一种是在对这家餐馆印象很好的前提下，他会被吸引过去消费。一种是如果对该餐厅不熟悉，消费者可能会认为这家餐馆销售业绩不好，是产品质量有问题。消费者在评价他们未曾体验过的产品时，常常是将价格和质量联系在一起。当然，如果是会引起销售量下降的提价，对于消费者来说可能会有积极的意义，他们会认为提价一定是畅销货，不及时购买可能以后买不到，或者认为还会涨价，现在及时消费就是赚到了。

从竞争者对价格变动的反应来看，企业不仅要考虑旅游消费者的反应，而且要考虑竞争对手的反应，随时注意防止竞争对手的攻击。企业如果试图利用价格作为竞争优势，有个问题是，竞争者可以通过降价使企业的价格优势化为乌有。这样引起的价格战会使整个行业受到损失。在美国，汉堡大王和麦当劳为了争夺市场份额而陷入激烈的争斗，当这两个快餐巨头当中任何一个削价时，另一个都会随后跟进。此外，降价还有可能引起竞争者在不同的市场上进行报复性策略。

从行业同盟对价格变动的反应来看，旅游六要素的相关行业其中任何一个主要成员的价格变动都会对其他成员产生多米诺效应。度假地、会议城市等旅游地区会对航空公司、滑雪度假地、温泉度假地和其他主要相关行业的价格变动特别关注，并且有可能会对这些企业的管理人员施加压力，要求保持较低的价格以便促进旅游度假活动。

总之，当价格挑战来临，旅游企业需要在最短的时间做出决策，并制定应对措施。

★实例 7-6　发改委曝光旅游价格违法案　旅行社缔结价格同盟

绝大多数到三亚的旅游团队都会被安排到水晶店购物，由于受接待旅游团队需要大型停车场、旅游购物店市场准入受限（定点）等因素限制，三亚市针对旅游团队的4家大型水晶购物店（其中中御水晶购物店于2012年11月初进入）形成了一个独立的相关市场。经查，为避免同行激烈竞争，2012年5月，三亚铂莱晶工艺品有限公司（海石水晶购物店）主动提出与另外2家水晶购物店三亚帝佳贸易发展有限公司（帝佳水晶购物店）、三亚亿佳哈斯理水晶有限责任公司（昌源水晶购物店）签订协议，并多次召开协调会，协商水晶价格、佣金标准、市场份额等内容，并就具体操作细节达成一致意见。2012年6月，三家水晶购物店签订了《海南水晶行业自律公约》等协议，约定了统一返佣比例、统一调价幅度，特别是约定了统一分配收入机制，即三家水晶店每月从各自营业额中提取21%汇总，再按三家的市场份额（帝佳35.5%、昌源33%、海石31.5%）进行收入再分配；同时明确建立一个共管银行账户，各存入300万元保证金，以作为违反上述约定的罚金。2012年6月底7月初，三家水晶店开始执行自律公约，开立了共管银行账户，各存入保证金300万元；制作了产品价格目录表，提供给另外2家用于相互监督；每日统计销售收入，各自提取营业额21%的现金汇总后，按照各自市场份额进行收入再分配。该行为违反了《反垄断法》第十三条的有关规定，属于达成并实施价格垄断协议的违法行为，严重限制了水晶购物店之间的价格竞争，特别是实施收入再分配模式导致划分市场的问题，遏制了水晶店的竞争活力。根据《反垄断法》第四十六条等相关规定，海南省物价局根据各水晶购物店的违法情节、配合程度等，依法分别予以了处理：（一）海石水晶购物店，对其转移、隐匿、销毁财务数据、证据，不按规定提供价格执法所需相关材料的行为依法处以9.9万元的罚款，对其发起达成并实施价格垄断协议的行为处以上一年度销售额之4%的罚款，计360万元；（二）昌源水晶购物店，对其转移、隐匿、销毁财务数据、证据，不按规定提供价格执法所需相关材料的行为依法处以9万元的罚款，对其参与达成并实施价格垄断协议的行为处以上一年度销售额之2%的罚款，计135万元；（三）帝佳水晶购物店，鉴于其在检查中主动报告达成价格垄断协议的有关情况并提供重要证据，对其参与达成并实施价格垄断协议的行为免予除处罚。

（资料来源：中国新闻网，http：//news.china.com/domestic/945/20130929/18071015.html，2013.9.29）

知识归纳

旅游产品因为其特殊性，价格也有着与其他企业实体产品不同的特殊性。所以其分类也不同。价格是影响旅游需求和购买行为的主要决定因素。旅游企业定价总的要求是追求利润最大化，企业制定价格的目标主要有两个：获取利润目标和占有市场目标。影响企业定价的因素主要为市场需求状况、市场竞争状况、商品特点、企业内部因素和其他环境因素。

旅游企业主要的定价的方法有成本导向定价法、需求导向定价法和竞争导向定价法。在基本定价方法之上，企业可以采取的价格调整策略包括：新产品定价策略、折扣定价策略、心理定价策略等。旅游产品定价方法的正确与否，直接关系着旅游定价目标能否顺利实现，关系着旅游企业的经济效益能否有效提高。所以旅游企业产品价格确定以后，还要根据社会环境的变化而进行适当调整，可以有提价和降价两种策略。

案例解析

中国台湾和大陆旅游景点门票价格对比

“五一”长假来临之前，大陆20多处旅游景点门票再次扎堆涨价，人们感叹玩不起了。反观台湾的旅游景区及寺庙、博物馆等门票状况，要么不收门票，要么价格很低。记者了解到，在台湾，门票不是台湾旅游业的主要经济收入，台湾旅游业的收入主要靠游客增多带来相关产业税收的增加。

所有寺庙都免费

采访中记者发现，在台湾，没有一个寺庙收费。中国国民党副主席蒋孝严曾表示：“寺庙等历史景点是老祖先留下来的，不应该收取高费用。”

记者调查发现，台湾的景区运营走的是一条完全不同的路。形成鲜明对照的是，在台湾，日月潭、太鲁阁等自然景区都不收门票费。类似的自然景点也不会交给私人公司打理，全由政府机构进行维护和运营。虽然不收门票，但拉动效应明显，当地零售业、餐饮业、旅馆业和交通业都因为游客的到来而得到发展，政府每年的税收也因此增加。税收的增加让台湾观光机构的预算费用每年递增，最后这些费用返还到景区用于维护和运营。

日月潭不售票

位于台北淡水河口的“红毛城”有着300多年的历史，可谓台湾岛内最耀眼的古迹。游客来到这里可以自由参观，不用门票。事实上，除了私人投资打造的景区，台湾的绝大多数景区都不收取门票费，其中也包括日月潭。

对于自然景区收取高门票费，台湾的旅游业界人士闻所未闻。而自然景区一再提高门票价格，在台湾的旅游界也没有出现过。

位于南投县中部的日月潭闻名遐迩。凭着“万山丛中，突现明潭”的奇景，日月潭成为宝岛诸胜之冠，驰名于五洲四海，吸引千万游客前来。不过，游客参观这样的名胜，不需一分钱的门票费。

台北市旅行商业同业公会理事长许阳哲告诉记者：“在台湾，一般的景点都没有收费。比如日月潭，只要游客不坐船，就不会收费，而阿里山只收100台币的清洁费，相当于20元人民币；垦丁公园也不收费。”

门票经济从来不是台湾旅游业的主要形式。许阳哲表示，当地政府和旅游业者算的是一笔大账。日月潭不收门票，可以吸引游客前来观光，借以推动地方零售业、餐饮业、旅馆业和交通业的发展，最后政府再用税收的方式获益。税收增加，台湾观光机构获得的预算也随之增多，其每年的预算都在增加。

博物馆收费低廉

在台湾，博物馆是收费的。不过，博物馆收取的费用也只是象征性的。以台北故宫为例，普通参观券的价格为新台币160元，约合人民币35元，学生享受半价优惠，65岁以上长者、学龄前儿童以及低收入者都免费。

有政府背景的景区和博物馆都不收费或收费少，但私人公司打造的景点，比如游乐园，费用就很高，“他们没有政府投入，所以就要从游客身上收钱”。

在台湾，自然景区提价会受到强大力量的制约。

“如果门票定得太贵，老百姓会骂。电视新闻会骂，骂完后时事节目会讨论，会把政府官员找出来，问是你定的吗，为什么定那么高？讲清楚原因。全台湾都在看，第二天价格就会下去了。”

在许阳哲看来，在台湾，景点要把门票价格拉高是不可能的，立法机构也会反对。“自然景区不收门票是老百姓的福利，如果提价，等于从老百姓的口袋里要钱，这是要受监督的。”

台湾景区不敢涨价

在台湾，没有景区跟风涨价的现象。“他们不敢。”

记者了解到，台湾景区要涨价，有一套严格的程序。“票价先要经过审核，审核通过后，还要经过立法机构，如果有一位民意代表有意见，相关的主管就要去说明为什么要涨，需要提供一大堆数据。立法机构要经过协商，如果觉得合理，就可以涨，如果觉得不合理，可能就不敢涨。”

据介绍，台湾岛内的一些省级公园，担心因为不收门票太多游客到来而导致生态环境被破坏，就采取了限制登记的办法。游客可提前一个月预约，限制每天的入园人数。这样也达到了保护的目的。

（资料来源：铁血网，http：//bbs. tiexue. net/post2_ 5814264_ 1. html，2012. 4. 30）

思考与讨论：

我国大陆景区门票价格居高不下，和台湾甚至国外很多高级别的景区低价门票甚至不收门票相比，背后存在哪些问题？

复习思考

1. 分析影响旅游产品定价的因素。
2. 简述旅游企业定价的方法。
3. 如何正确应对旅游企业新产品定价策略？
4. 论述运用价格策略需要注意的问题。

实务训练

组织一场以班为单位的小组营销辩论。

题目：正确的价格是公平的价格吗？

价格通常是为了满足市场需求或者维持企业长久发展的需要而制定的消费者愿意为一种产品或服务支付的溢价。但是，一些批判者对一瓶水30元钱、一个普通景区缆车两三百元、一张明星演唱会门票两三千元的价格现象感到十分厌恶。

辩论双方：

正方：价格应该反映消费者愿意支付的价值。

反方：价格主要反映生产产品服务时所消耗的成本。

模块四　营销交付价值

第八章

旅游分销渠道

学习目标

通过本章的学习能够使学生对旅游分销渠道有所认识。要求学生通过本章的学习能够做到：

1. 了解旅游分销渠道的含义和类型；
2. 熟悉旅游中间商的概念、类型及特征；
3. 初步进行旅游销售渠道的选择；
4. 了解互联网时代旅游分销渠道的未来发展趋势。

实训要求

1. 掌握通过互联网或实地搜集旅游企业信息的能力，能有针对性地对旅游企业的资料信息进行有效取舍；
2. 能根据掌握的有限资料对旅游企业目前的分销渠道策略进行分析、总结。

案例导入

阿里旅行："未来景区"的未来

阿里旅行总裁李少华曾经在公开场合宣称，除了阿里旅行，其他以平台为名的OTA都是"伪平台"。在阿里旅行"未来战略"推出后，阿里旅行正从渠道型平台转向旅游资源综合服务型平台，而这正成为阿里旅行横亘在其主要的OTA竞争对手前的壁垒，将两者间的竞争格局差异进一步拉大。

早在2015年3月，阿里旅行推出"未来酒店"战略，被业内认为颠覆了现有酒店入住体验，各酒店纷纷趋之若鹜，充满科技神秘感的"未来酒店"让阿里旅行一时风头无二。一年之后的2016年1月，携程才推出携程版"信用住"，与"未来酒店芝麻信用"相对应，携程也设计了一套“携程用户信用”体系，符合携程这个信用体系的，大概是达到某个携程会员级别的用户，而未达到这个信用级别的，仍需要刷预授权。可以预见，阿里旅行“未来景区”的“信用游”也有可能和“未来酒店”一样很快被模仿。但和酒店不同的是，旅游景区的体验、消费场景更加的丰富、多元化，游客体验的触点更多。虽然“未来景区”目前还没出现跟进者，但巩固阵地也成为阿里旅行的必然，继续加码“未来战略”，并不断优化其服务体验，就成为必要的应对之举。因此阿里旅行“未来景区”正在打造闭环的旅游体验，更多环节的体验创新，再次树立标杆与竞争的门槛。3月3日，海昌海洋公园加入阿里旅行“未来景区”阵营，海昌海洋公园旗下全国各景区将接入包括信用游、扫码支付、码上游、地图导览等在内的阿里旅行“未来景区”全线产品。阿里旅行“未来景区”的一些细微变化以及未来布局无法不引起其竞争对手的关注。在通关方式上，刷身份证直接入园的方式成为“未来景区”更加主要和大范围推广的入园方式。阿里旅行“未来景区”的“信用游”是和蚂蚁金服、芝麻信用联合的后付费模式，消费者无须在购买门票完成并支付后再等待接收二维码，可以直接刷身份证入园，流程体验更加顺畅。而且由于身份证具有唯一性，比二维码更具识别性，在一定程度上能降低出错风险，相比扫手机屏幕上的二维码，身份证扫描的识别率更高。

另外，旅游景区内包括餐饮、购物在内的所有消费项目的全程扫码支付，随身携带钱包不再是游园必须，甚至可以在全程游玩结束后，再统一结算在景区内的所有消费。这意味着，如果消费者满足信用支付的要求，从购票到游玩结束后离开景区，全程游玩过程中只需要扫一扫二维码。在此基础上，我们设想，如果“未来景区”内的消费也与“信用住”一样，无须马上支付，只管一边扫码一边购物、吃喝，游玩结束后支付宝自动给你结账。这样的核心竞争力正在一步一步树立：阿里旅行与海昌海洋公园合作的阿里旅行O2O，首家体验店3月3日在天津极地海洋公园开幕，这也是旅游行业内首家由在线旅游企业与景区合作的O2O体验店，景区在店内出售的玩偶等旅游纪念品和特产等会贴上二维码，通过手机淘宝扫二维码，游客可以快速地在手机淘宝上完成下单、支付，产品可以直接快递到家中。无须携带分文，仅需一部手机就可以走遍天下景区，这或许是阿里旅行“未来景区”意欲打造的极致旅游服务体验。不过，阿里旅行必须未雨绸缪的是，携程正在跟进“信用住”，而美团也在最近推出“景区馆”，积极布局旅游景区。

从目前来看，美团“景区馆”的初期版本略显简单。以美团旅游上的华山馆为例，产品预订部分主要有门票预订及包括美食和酒店在内的吃喝玩乐的团购，景区导览目前还是一张比较简单的景区旅游示意图，而阿里旅行已经与高德合作，能为景区游客提供实时的景区导览、定位功能。美团横店影视城景区馆则略为丰富，园区内各个主题景点也有自己的分馆，分馆内的各个项目、演艺活动均有介绍。在主馆的首页还有“明星在横店”动态专题，展示正在横店进行拍摄的剧组及明星。可见美团在“景区馆”的打造上也花了点心思，力图为景区“量身”打造。美团的意图很明显，要以景区为中心带动景内区及景区周边的旅游、生活消费。美团“景区馆”刚刚上线，实际上还处于开发的前期，不是很完善，目前在网站及APP并无明显入口，华山馆也仅仅是笔者在朋友圈中看到的，横店影视城的景区馆则需要通过搜索进入。但对阿里旅行来说，仍需未雨绸缪。

事实上，美团为商家建馆的模式并非首创。早在大约2012年，淘宝就启动一项名为

“特色中国”的项目，就是为全国的各省市搭建旗舰馆，主要销售当地食品、饮料等特产及工艺品。如果淘宝的“特色中国馆”与阿里旅行打通，或又将引发在线旅游行业的地震。目前在线旅游深挖的，还只是吃、住、行、游、购、娱六要素中的住宿（住）、交通（行）、当地游（游）、演艺（娱）四个领域，美团则从吃处入手，从本地生活消费切入到其他要素，但旅游购物这个金矿如何挖，在线旅游行业目前并没有一个完美的解决方案。在海外购物领域，携程目前在和银行开展购物返券等活动，国内旅游购物方面携程也正有所动，与浙江旅购网络合作，由旅购网络负责招商、品控、运营、物流、售后等落地服务。这次阿里旅行与海昌海洋公园在天津极地海洋馆开幕的O2O线下体验店，应该是阿里旅行与景区在旅游购物领域的尝试，这是阿里旅行“未来景区”线下体验的重要组成部分。而在阿里旅行海昌海洋公园官方旗舰店上也已经开通了“特色商品”频道，售卖海昌海洋公园自己研发的极地动物公仔。可见，阿里旅行不但与景区在线下的购物、消费紧密合作，而且更在拓展线上的合作品类，阿里旅行的线上平台不但是景区门票、酒店住宿的预订平台，也是旅游购物等一切与旅游相关的消费平台，阿里旅行已经不是单一的旅游购票渠道，而是成为从线上到线下一站式的旅游消费服务平台。海昌海洋公园与阿里旅行线上线下全面合作的模式值得所有景区参考。对大多数景区来说，旅游纪念商品与旅游票务等销售往往不在一个部门，需要更多的协同；景区特色商品的开发也需要加大力度。也许未来在旅游纪念商品方面开发比较全面的景区，会将以全新的型态入驻阿里旅行。与此呼应的是，阿里巴巴旗下产品的会员已经实现无缝互通，阿里旅行APP的会员中心已经在发放一些天猫购物店的优惠券，而阿里旅行会员里程（会员积分）已经可以兑换实物商品，在阿里旅行的APP内已经可以直接进入天猫购物店，并能下单购买实物商品。

在此基础上，我认为阿里旅行“未来景区”也许会升格为“未来目的地”，打通吃、住、行、游、购、娱的全部要素。国家旅游局局长李金日前提出推进“全域旅游”的设想，所谓的“全域旅游”，其中的理解之一便是“一个区域整体作为功能完整的旅游目的地来建设、运作，实现景点景区内外一体化”。阿里旅行正具备“全域旅游”消费服务领域的优势，阿里旅行住、行、游、娱的平台布局已经完成，而阿里巴巴旗下的口碑网，正准备在本地餐饮等生活服务领域大干一场，至于“购”，则正是阿里巴巴电商的先天优势。也许有一天，在阿里旅行APP的“发现”频道会新增“发现周边”的子频道，打开该频道，阿里大数据会根据你在淘宝、天猫的购物习惯，在口碑网的生活喜好，给你推荐好玩的景区，推荐景区及目的地周边的餐厅、KTV、酒吧、购物店。甚至当你在景区游玩过程中肚子正饿时，你打开阿里旅行、支付宝、淘宝、天猫等阿里巴巴旗下任何一个产品的APP，恰好会给你推送一张满100送15的优惠券……

到那时，阿里旅行的大平台战略、未来战略，才算真正完成布局。

（资料来源：旅游圈 http：//www. dotour. cn/article/20330. html，2016. 3. 7）

第一节　旅游分销渠道概述

一、旅游分销渠道的概念和特征

市场上大多数生产者并不直接将产品出售给顾客，大多数企业通过中间商将产品投放到市场。如何选择高效的销售渠道将旅游产品送达旅游消费者手中并对其进行管理，是旅游产品生产者必须面对的重大问题。

（一）旅游分销渠道的概念

美国市场营销学权威菲利普·科特勒认为："营销渠道是指某种货物或劳务从生产者向消费者移动时，取得这种货物或劳务所有权或帮助转移其所有权的所有企业或个人。"简单地说，营销渠道就是商品和服务从生产者向消费者转移过程的具体通道或路径。在激烈的市场竞争和快速发展的信息科技挑战中，营销渠道正在发生历史性的变革。

旅游营销渠道又称旅游产品分销渠道。所谓旅游产品分销渠道，是指旅游产品从旅游生产企业向旅游者转移过程中所经过的一切取得使用权或协助使用权转移的中介组织和个人，也就是旅游产品使用权转移过程中所经过的各个环节连接起来而形成的通道。由此可见，分销渠道是产品销售的通路，渠道通畅才能货畅其流，赢得利润。对分销渠道的管理，是企业营销主管最重要的日常工作。

（二）旅游分销渠道的特征

竞争、全球市场、电子分销技术以及旅游产品的不可储存性使得旅游企业分销渠道的管理变得越来越重要。因此，分销渠道策略是旅游企业最重要的策略之一。理解旅游产品的分销渠道的特征应把握以下要点：

（1）旅游分销渠道的起点是旅游产品生产者和供应者，终点是旅游者，旅游分销渠道是指从起点到终点的各个流通环节组成的系统。

（2）分销渠道的环节是指那些参与旅游产品流通的各种中间商，包括各种批发商、代理商、零售商、经纪人和实体分销机构等；

（3）分销渠道不包括供应商和辅助商；

（4）旅游产品分销渠道在销售转移的过程中，与其他实体产品转移不同，消费者只拥有有限的使用权而不发生所有权的转移。无论是旅游景点、旅游线路还是旅游饭店，旅游者都必须在规定的时间到指定的地方去消费，旅游者与旅游企业的关系是一种契约关系。

（5）旅游销售渠道包括旅游企业在生产现场直接向旅游者销售其产品和服务的直接销售方式，也包括旅游企业依靠自身的力量在生产地点以外的其他地方销售其旅游产品和服务的直接销售方式，还包括旅游企业借助中间商向旅游者出售其产品和服务的间接销售方式等多种方式。

在商品经济高度发达的现代社会，绝大多数产品都要经过或多或少的中间环节（即中间商）到达消费者手中。所以，作为商品交换的媒介，中间商便随着社会分工和商品经济的发展而产生。旅游企业作为一个特殊的行业，虽然旅游产品的销售在很大程度上还以传统的直销为主，即产品从生产领域直接到达消费者手中，不需要经过过多的中间环节，但在产品的生产和消费之间也存在着时间、地点、品种、信息、价格等方面的矛盾。为了解决这些矛盾，实现企业销售目标，中间商在其中发挥着巨大的作用。比如很多旅游景点的散客游只占很少一部分，而绝大多数游客是以旅行社或企事业单位与景区签订协议输送的客人。又如马里奥特（Marriott）与新奥特尼（New Otani）饭店结成了营销联盟，使得马里奥特在北美得到接触日本游客的机会；相应地，新奥特尼也得到了马里奥特的营销专家的帮助，从而赢得了到日本旅游的美国游客。可见，旅游产品的分销渠道也具有多样性。大多数旅游产品不是由旅游生产企业直接供应给旅游消费者，而是通过旅游中间商将旅游产品更有效地提供给目标市场。

二、旅游分销渠道的作用

（一）旅游分销渠道是旅游企业进入旅游市场的必经之路

旅游产品生产者和供应者只有在出售旅游产品之后才能实现其旅游产品的价值，进而实现自己的战略目标。而出售旅游产品大多需要经过旅游分销渠道才能成功，这也是旅游分销渠道最基本的作用。

（二）旅游分销渠道是旅游企业的重要资源

旅游分销渠道是出售旅游产品的途径，对旅游产品的销售有着直接的影响。如果旅游销售渠道数量多、容量大、信誉质量高、能力强，那么，旅游产品生产者和供应者便能以较高的价格、较大的数量、较低的成本销售自己的产品，及时获得较好的收益。显然，这样的销售渠道理所当然地成为旅游企业的重要资源。

（三）旅游分销渠道可以提高交易效率

这里所指的旅游分销渠道是有旅游中间商介入的销售渠道，而非直销渠道。旅游产品是一种组合产品，在一般的旅游市场中，大多数旅游产品和服务并非由旅游产品生产者和供应者直接销售给旅游者，而是经过旅游中间商销售出去的。旅游中间商作为一个专业化的经济实体，在转移旅游产品和服务的过程中，凭着自己丰富的营销经验、良好的公共关系和众多的信息来源，可以减少旅游产品的交易次数，从而加快旅游产品的流通过程，提高销售效率。

（四）旅游分销渠道为旅游者购买旅游产品提供方便

旅游分销渠道的这一作用主要体现在以下 3 个方面：

1. 旅游分销渠道具有组合旅游产品的功能

旅游产品生产者和供应者一般只生产或供应单项旅游产品，而旅游活动是一种综合性的活动，因此，通常只有将单项旅游产品组合起来才便于出售给旅游者。当单项旅游产品进入销售渠道后，旅游销售渠道就开始发挥组合功能，将单项旅游产品组合成整体旅游产品，从而方便了旅游者购买。旅行社作为旅游销售渠道的重要成员，是这种功能的典型实践者。

2. 在购买地点和时间方面，旅游分销渠道显得灵活方便

设立旅游分销渠道就是为了及时顺利地销售旅游产品，因而，在时间和地点上方便旅游者购买旅游产品便成为旅游分销渠道的基本属性。而且，随着现代通信技术的发展，时间和地点对旅游分销渠道的限制也将逐渐减弱，旅游零售商可充分发挥旅游销售渠道“灵活方便”的作用。

3. 旅游分销渠道可减少旅游者购买旅游产品的精力和费用

旅游销售渠道有了旅游中间商的介入，销售网点增加，销售环节减少，营销成本降低，旅游产品的价格会有所下降。因此，一般情况下，旅游者购买旅游产品的精力和费用都会有不同程度的降低。

总之，旅游分销渠道的重要意义在于它所包含的整个流通结构构成了了解旅游营销活动效率的基础。

三、旅游分销渠道的类型

根据旅游交易中有无旅游中间商参与交换活动，可以将旅游分销渠道归纳为以下两种类型：

（一）直接分销渠道

直接分销渠道又叫零环节分销渠道，是指旅游产品生产者在其营销活动中，不经过任何中介机构而直接把旅游产品销售给旅游者的分销渠道。比如，许多乘客在临上飞机前直接在购票大厅购买机票，航空公司直接向旅客供应其产品——搭乘飞机。这是一种最简便、最快捷的分销渠道。从旅游产品的销售实践看，直接分销渠道一般有 3 种模式。

1. 旅游产品生产者或供给者——旅游者（在旅游目的地）

在这一模式中，旅游产品的生产者或供给者向前来购买产品的旅游者直接销售其产品，它在产品的生产地扮演了旅游零售商的角色。这种分销渠道至今仍被很多旅游企业所采用。例如旅游景点、旅游饭店、博物馆等组织采用这种模式向散客销售其产品，有利于直接获得旅游消费者的信息，控制产品质量，强化旅游企业形象。

2. 旅游产品生产者或供给者——旅游者（在旅游客源地）

由于旅游产品的特殊性，旅游产品的消费必须在旅游产品生产现场进行，而旅游产品的销售只是一种买卖合同，旅游者可以在任何接受预购的地方，通过网络、电话等现代通信方式向旅游产品的生产者或供给者购买或预订旅游产品，旅游产品的生产者仍然扮演的是旅游零售商的角色。随着现代信息技术的迅猛发展及其在旅游业中的广泛应用，近年来，这种模式有了新的发展和突破。很多旅游企业都已开始借助计算机预订系统直接向目标旅游者出售其产品，为传统的直接销售渠道注入了新的活力。电话、电传和计算机系统等成为这种销售模式的主要工具。

3. 旅游产品生产者或供给者——自营销售网点——旅游者（在产品销售地点）

在这一模式中，旅游产品生产者或供应者通过自己设立在产品生产地以外的销售网点，直接向旅游者销售其产品。由于这些销售网点是旅游企业在一定市场区域拥有的自设的零售系统，所以仍然归属于直接销售渠道。一般大中型旅游产品生产者或供应者会采用这种模式作为销售本企业旅游产品的重要渠道之一。比如，航空公司在目标市场所在区域设立自己的分公司或售票处；旅游饭店在机场设立销售点，直接向游客销售其产品；铁路部门在许多地点设立售票处、订票处开展销售活动；大中型旅游公司通过自设的销售网点销售旅游产品等。

（二）间接分销渠道

间接分销渠道至少含有一个中介机构，是旅游产品的生产者或供应者借助于中间商的力量将产品转移到消费者手中的途径。它是旅游市场上占主导地位的渠道类型，有以下 3 种结构：

1. 一级分销渠道

一级分销渠道指旅游产品生产者与消费者之间只有一层旅游零售商的渠道（见图8－1），旅游生产者把旅游产品交给零售商代售，需向旅游零售商支付佣金或手续费。这种销售渠道模式在西方国家应用很广泛。在我国主要体现在旅行社代订交通票、代订饭店客房等，但是这类形式是中间商向顾客收取佣金，而不是向旅游生产企业收取。这种销售渠道具有成本低、开支少的优点，仅适宜营销批量不大、地区狭窄或单一的旅游产品。

图8－1　一级分销渠道

2. 二级分销渠道

二级分销渠道指在旅游生产者和消费者之间有两个中介机构的渠道（见图8－2）。这种销售渠道模式是产品生产者将产品交由批发商销售，再由旅游批发商委托旅游零售商或通过其自设的销售网点将旅游产品销售给旅游者。所以这种销售渠道中，旅游生产者只与旅游批发商发生关系。比如，现在国外很多旅游批发商通过大批量购买航空公司、饭店、旅游景点等项业务，然后将它们巧妙组合，设计出许多迎合旅游消费者需求的包价旅游产品，但他们并不自行销售这些产品，而是通过旅游零售商或自设旅游网点进行销售，效益非常看好。

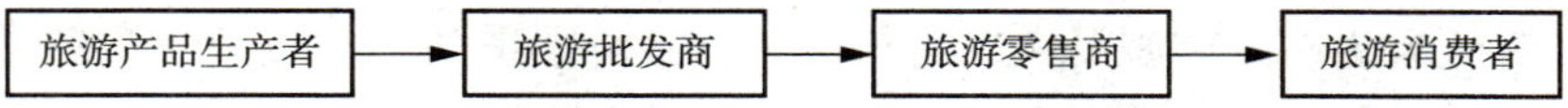

图8－2　二级分销渠道

3. 三级分销渠道

三级分销渠道指在旅游产品生产者与消费者之间有三个中介机构的渠道（见图8－3）。通常适用一些地域偏远、规模不大，又需要广泛推销的旅游产品。旅游产品生产者把旅游产品销售给旅游代理商，旅游代理商再将产品销售给旅游批发商，旅游批发商再转售给旅游零售商，最后再通过旅游零售商将产品出售给消费者。在此渠道中的代理商通常是一些区域代理商或经纪人，他们经营规模较大，一般不直接向零售商销售，需要通过批发商转手。这种分销渠道在国际旅游中使用最为广泛，这是由于与零售商相比，大型旅游批发商的规模大、手段多、网点多，而且销售地区较广，具有明显的优点。

图8－3　三级分销渠道

★实例

国内最大欧洲旅游批发商进驻哈市

2011年4月22日，发源于德国汉堡的凯撒旅游在哈尔滨成立分公司，这是凯撒旅游在我国的第五家分公司。今后，冰城市民赴欧洲旅游可享受与北京游客同样的价格，也不必再被拼团。5月末，凯撒公司还将在哈市推行旅游分期付款的新支付模式。哈市旅游局的相关专家表示，凯撒的进驻将会改变哈市出境游尤其是欧洲游的格局。

凯撒旅游是目前国内最大的欧洲旅游批发商，其进驻哈市后将把涵盖全球近百个旅游目的地的数百款旅游产品带到哈市。届时，哈尔滨旅游产品将与北京市场同步面向游客推出。过去因为哈市许多旅行社并不具备直接组团、办理签证、境外地接的能力，冰城市民赴欧洲游只能在哈市组团后再“转卖”或者拼给具有资质的旅行社，导致欧洲游产品和线路单一，市民出游不能自主选择目的地。凯撒旅游进驻冰城后，将在欧洲线路上推出大众、精选、豪华、自由行等多个系列的上百种产品供冰城市民选择。

为了丰富欧洲线路，凯撒旅游还推出了“我的海外婚礼”大型主题活动。该活动将持续全年，精选全球八大婚礼胜地，旨在为新人打造独一无二的异国婚礼。同时，凯撒旅游公司还是伦敦奥运门票中国奥委会辖区独家官方代理机构，冰城市民在家门口了解、预购伦敦奥运会门票将更方便。

目前，凯撒旅游哈尔滨分公司正着手在哈市推广“旅游分期付款，零首付、零利息、零手续费”的新型旅游支付模式。该项目已进行到最后的设备安装阶段，预计5月末将与哈市市民见面。

（资料来源：黑龙江新闻网 http://www.hljnews.cn/fouxw_cs/2011-04/23/content_995724.htm）

此外，还有级数更多的旅游渠道，但较少见。旅游渠道的级数表示了旅游渠道的长度，级数越高，中介机构越多，旅游渠道越长，企业就越难控制。

（三）长渠道和短渠道

根据旅游营销渠道的长度，可以将旅游营销渠道归纳为长渠道和短渠道两种类型。

旅游分销渠道的长度是指旅游产品从生产者脱手到消费者购买为止，这个过程中所经过的中间机构的层次数。中间层次越多，旅游产品的分销渠道越长；中间层次越少，旅游产品的分销渠道越短。分销渠道越短越好控制，分销渠道越长越难控制。

一般把三级和三级以上的旅游渠道称为长渠道，三级以下的渠道称为短渠道，直接销售渠道是最短的一种渠道。实际上，在旅游企业的营销实践中，同一种类的旅游产品，由于市场的地理位置不同，采用的渠道也是不相同的；同样，同一种类的旅游产品，即使市场地理位置都相似，但还由于中间商规模大小不同等原因影响渠道的长短。

（四）宽渠道和窄渠道

旅游分销渠道的宽度，一般是指一个时期内销售网点的多少、网点分配的合理程度以及销售数量的多少。广泛营销，也称密集营销，是指通过尽可能多的中间商来销售旅游产品。优点是可以很快扩大销售面和销售量；缺点是费用大、控制难、质量降、形象差。选择性营销是指在同一目标市场上有选择地使用少数中间商，适合于价格较高的产品。优点是增强对渠道的控制，建立良好的关系，建立产品声誉；缺点是要求旅游产品生产者本身拥有较大的实力。独家营销是指仅选择目标市场上的某家中间商，是最窄的渠道形式，适合特殊的高价旅游产品。优点是有利于双方互动，提高对销售渠道的控制；缺点是风险大、销售面窄、灵活性小。

（五）单渠道和多渠道

根据旅游企业所采取的渠道类型的多少，旅游渠道又可以分为单渠道和多渠道。单渠道营销适合于生产规模小或者经营能力较强的旅游企业，如所有产品全部由自己直接销售或全部交给批发商经销；多渠道营销适合于生产规模大或经营能力较弱的旅游企业。而有的旅游企业会根据不同层次或地区消费者的不同情况采取不同的分销渠道。

第二节　旅游中间商策略

一、旅游中间商的概念与功能

（一）旅游中间商的概念

旅游中间商是指介于旅游生产者与消费者之间，从事旅游产品或服务市场营销的中介组织或个人。菲利普·麦克威说过，中间商不属于由制造商所铸成的锁链中被雇用的一个环节，而是一个独立的市场，并成为一大群顾客购买的焦点。旅游中间商在旅游企业营销中起着十分重要的作用，它帮助旅游企业寻找旅游消费者并直接与旅游消费者进行交易，从而完成产品从生产者到消费者的转移。

（二）旅游中间商的功能

旅游中间商在旅游市场营销中占有特殊的地位，对旅游产品分销渠道的形成和运行起着重要的作用。一般来说，旅游中间商的功能主要体现为市场调研、开拓市场、促进销售和组合加工产品等功能。

1. 市场调研

旅游消费者是旅游企业生产经营成败的关键所在，其数量的多少、层次的高低、购买力的大小对旅游企业的经济效益有着直接的影响。旅游中间商利用自己直接面向旅游消费者的有利地位，真实、客观、全面地调查并掌握旅游消费者的意见和需要，从而为旅游企业提供准确、及时的信息，使旅游企业对市场的变动做出及时的反应，使旅游产品和服务的供应能不断适应旅游消费者的需求。

2. 开拓市场

旅游市场需求的频繁变化和强有力的竞争，客观上要求旅游企业不断地进行市场开拓，才能在市场中生存和发展。旅游中间商专门进行旅游产品的购销工作，对市场的变化及走向有着强烈的敏感性，能对市场的未来发展有较为准确的判断，并善于寻找市场的空隙，捕捉市场营销机会。旅游企业与旅游中间商友好沟通、协作，就能将旅游产品的生产优势与市场开拓的营销优势结合在一起，使旅游生产企业与旅游中间商都得以顺利地成长。

3. 促进销售

旅游产品要获得大量的旅游消费者的欢迎，一定要促进市场中潜在的旅游需求转化为现实的旅游需求。旅游中间商往往是旅游营销的专门人才，拥有自己的目标群体，与社会各方以及市场中各部分保持良好的公共关系。他们依靠自身所特有的宣传、广告、咨询服务和其他多种形式的促销活动，来激发旅游消费者的购买欲望，促进市场需求的形成，沟通旅游生产企业与旅游消费者之间的联系。

4. 组合加工

任何一个旅游企业都不能为旅游者提供在完整的旅游活动中的吃、住、行、游、购、娱等环节的各种旅游产品。旅游中间商运用自身与多家旅游企业的联系，具有对多种旅游产品进行加工、组合的能力。例如，为满足旅游消费者多方需要，旅游中间商将各种旅游产品组合起来，形成系列化的完整的旅游产品，提供给旅游者，其内容包括代售车票、机票，安排接送，代订饭店、餐饮、观光游览，组织会议，提供导游，安排商务、文化体育等活动。这种组合还可按旅游消费者的不同要求，形成不同的组合方式和价格形式。

二、旅游中间商的类型

旅游中间商有两种划分方法：一种是根据产品在销售渠道中流动时有无所有权的转移划分为旅游经销商和旅游代理商；另一种是根据销售对象划分为旅游批发商和旅游零售商，这主要针对旅游经销商而言。

（一）旅游经销商

旅游经销商是指将旅游产品买进以后再卖出的中间商，它的利润来源于旅游产品购进价与销出价之间的差额。旅游经销商与旅游产品的生产企业共同承担市场风险，其经营业绩的好坏直接影响到旅游生产企业经济效益的高低。产品经过与经销商交易一次，产品的所有权进行一次转移。由于旅游产品的特殊性，购买者得到的只是产品的使用权，而非产品所有权的转移，所以经过交易，旅游产品使用权得以转移。旅游经销商多种多样，最主要的有旅游批发商和旅游零售商两类。

1. 旅游批发商

旅游批发商往往是一些从事批发业务的旅行社或旅游公司，是连接生产者与零售商或最终消费者的桥梁。按照国外旅游学界的普遍看法，旅游批发商的业务是将航空公司或其他交通运输企业的产品与旅游目的地旅游企业的地面服务组合成整体性的旅游产品，然后通过某一销售途径推向广大公众。因而，旅游批发商通过大量订购旅游交通运输企业、饭店、旅游景点等企业的单项产品，将这些产品编排成多种时间、价格的包价旅游线路，然后再批发给旅游零售商，最终出售给旅游消费者。一般来说，旅游批发商的经营范围可宽可窄，有的旅游批发商可在全国甚至在海外通过设置办事处或建立合资企业、独资企业等形式进行大众化产品的促销工作，或者广泛经营旅游热点地区的包价旅游产品；有的旅游批发商也可在特定的目标市场中只经营一些特定的旅游产品，如专项体育活动、专项节日活动等产品；而有的旅游批发商则可以通过某一交通运输工具组织包价旅游，如我国的长江三峡豪华游艇包价旅游、汽车穿越塔克拉玛干沙漠包价旅游等。全球著名的旅游批发商有英国的格里菲（GTA）、德国的途易（TUI）等。

★小贴士

旅游批发商的零售行为

在少数情况下，旅游批发商也对旅游消费者进行直接销售活动。此时旅游批发商要对旅游消费者的整体旅游活动负责。旅游者旅行所必需的费用须全部计入所报价格中，包括了旅游消费者的食、宿、行、游、娱等活动乃至行李搬运费、小费等费用。

2. 旅游零售商

旅游零售商是指直接面向广大旅游消费者，从事旅游产品零售业务的旅游中间商，它与旅游消费者联系最为紧密。为适应旅游消费者的多种需求，旅游零售商要熟悉多种旅游产品的优劣、价格和日程安排，要了解和掌握旅游消费者的经济支付水平、生活消费需要和方式等情况，以帮助旅游消费者挑选适宜于其要求的旅游产品。同时，旅游零售商在市场营销活动中应具有较强的沟通能力和应变能力，要与旅游目的地的饭店、餐馆、风景点以及车船公司、航空公司等接待旅游企业保持良好的联系，能根据旅游市场及旅游消费者的需求变化而相应地调整服务。一般来说，旅游零售商的主要职责为：向旅游者提供广泛的和正确无误的旅行咨询服务；做出包含海、陆、空在内的各种交通运输安排；做出旅游消费者在旅游活动过程中的食宿、观光以及音乐会、剧场入场券等特殊节目以至行李的运送等方面的安排；制定单独旅游、个人陪同旅游、团体旅游等旅游产品：对有特殊兴趣的旅游，如宗教朝拜、会议旅游、奖励旅游、业务旅游、学生旅游和体育旅游等做出安排、预定；旅游活动中所涉及的一切琐碎事宜，如有关健康、保险、旅行支票、语言学习资料等事宜的处理和咨询。

由于旅游零售商从一定意义上来说，是代表旅游消费者向旅游批发商以及旅游产品供给的企业购买产品，为保护旅游消费者的应得利益，促进旅游零售业务的顺利开展，旅游零售商在与旅游批发商以及旅游产品的生产企业发生联系、签署有关购销协议时，一般要关心、注意以下问题：首先是对方的质量、信誉，也就是旅游批发商等企业提供的旅游活动是否可靠，各项活动的开展是否准时衔接，处理业务工作的效率如何，出现意外事故的抢救、处理制度和措施有无保障等。就其所提供的产品而言，往往包价旅游产品事前的调研工作较为扎实，产品开发、实施方案较为可靠，同时对市场的宣传促销力度较大，因此在实际工作中旅游零售商愿意大量购进包价旅游产品，向旅游消费者推销。其次要关心、注意对方提供的旅游产品的价格，其原因在于在市场竞争中若与同类产品的价格相比，若报价过高，对旅游消费者的吸引力就会降低，推销难度增大，旅游零售商的经济效益就不明显；若报价偏低，则会使旅游消费者产生对旅游产品质量的怀疑，客观上也不利于产品的推销工作。

★小贴士　**旅游批发商和旅游零售商的区别不是绝对的**

与一般的生产企业不同，旅游企业不一定只是批发商或零售商。对于同一个旅游企业来说，在不同的分销渠道中，它可能担任不同的角色。如A旅行社为一个来自美国的旅行团组织了一次包价旅游活动，它是以旅游批发商的身份进行销售活动的；同时，它又为B旅行社的一个团队提供了当地导游的服务，那么可以说它又是旅游零售商。

（二）旅游代理商

旅游代理商，是指那些只接受旅游产品生产者或供应者的委托，在一定区域内代理销售其产品的旅游中间商，它通过与买卖双方的洽商，促使产品的买卖活动得以实现，但从中并不取得产品的所有权。旅游代理商的收入来自被代理企业支付的佣金。例如：酒店预定中间商、航空票务公司、携程网、艺龙网、12580 等。旅游代理商的主要职能是在其所在地区代理旅游批发商或提供行、宿、游等旅游服务的旅游企业向旅游消费者销售其产品。

旅游产品生产企业在自己推销能力不能达到的地区，或是在无法找到合适的销售对象的情况下，利用旅游代理商的营销资源而寻求营销机会，因而，代理商是经销商的一种补充，尽管利用代理商的风险转移程度比利用经销商要低得多。一般而言，在旅游产品比较好销的情况下，利用旅游批发商等中介组织的机会比较多，而在新产品上市初期或产品销路不太好的情况下，则利用代理商的机会就比较多。在实际操作中，旅游代理商由于直接面对广大的旅游消费者，或以为旅游消费者服务为主，同时经营少量的旅游产品的批发业务，因而旅游代理商往往又是旅游零售商，但其收入主要以收取佣金为主。

除了上述两种中间商类型，在旅游行业中还有专业的销售网络信息系统，主要有两种：中央预订系统（Central Reservation System，简称 CRS）和全球分销系统（Global Distribution System，简称 GDS）。这两种系统的建立和维护需要较高费用。

中央预订系统（CRS）是指酒店集团所采用的，由集团成员共享的预订网络。它使酒店集团利用中央数据库管理旗下酒店的房源、房价、促销等信息，并通过与其他各旅游分销系统，如 GDS（全球分销系统）、IDS（互联网分销系统）、PDS（酒店官网分销系统）连接，使成员酒店能在全球范围内实现实时预订。

全球分销系统（GDS）是一种计算机化的预订系统，可以看作是旅行代理商和其他接待业产品分销商的产品目录。CDS 是由于旅游业的迅猛发展而从航空公司订座系统中分流出来的面向旅行服务的系统。通过 GDS，遍及全球的旅游销售机构可以及时从航空公司、旅馆、租车公司、旅游公司获取大量与旅游相关的信息，实时销售各类组合产品，从而为顾客提供快捷、透明、广泛的信息服务以及较强的议价能力和最低的购买成本。

三、旅游分销渠道策略

（一）分销渠道的选择原则

根据最佳分销渠道的特征，要使旅游企业的旅游分销渠道达到最佳，旅游企业在选择分销渠道时，应综合考虑各方面因素，本着以下 4 个原则：

1. 经济原则

鉴于分销渠道对旅游企业有着重要作用，是旅游企业提高经济效益的主要手段，旅游企业所选择的分销渠道一定要能够保证有较高的销售收入和较低的销售成本。要做到这一点，企业就必须要缩减渠道环节，同时，渠道一经确定要保持相对的稳定性，尽量减少不必要的开支。如果旅游企业自身的经济实力不足以支付开发、维持某一销售渠道所需费用，这个企业显然不具备选择的必要性。

2. 时间原则

时间是金钱，效率是生命。旅游企业选择渠道必须要以时间短、效率高为中心，在最短的时间内、以最短的距离将产品送到消费者手中。

3. 需求导向原则

与其他行业营销基本原则一样，旅游企业也要坚持以旅游消费者的需求为企业生产经营活动的出发点，在选择旅游渠道上，要本着方便消费者购买的原则，让消费者在适当的时间、适当的地点都能购买到企业的产品，这样，才能扩大本企业产品的销售量，给消费者更大的选择空间。

4. 适应性强原则

当今的旅游行业竞争十分激烈，旅游产品层出不穷。如何能够使旅游企业在竞争中取得竞争优势？在渠道选择时，要顺应市场的变化，渠道中的每一个环节都应具备较强的适应市场的能力。同时，分销渠道要根据企业目标市场、竞争对手的战略、企业经营的规模、销售实力的增强以及中间商的合作情况等变化适时加以调整。

（二）影响旅游分销渠道选择的因素

1. 旅游产品因素

对于易腐的旅游产品，如餐馆的菜肴、易损的旅游工艺品、高档旅游产品和新产品等，选择什么分销渠道？对技术比较复杂、服务要求高的旅游产品，如滑雪旅游、极地探险游、考古旅游等，选择什么分销渠道更合适？

2. 市场因素

市场因素包括目标市场范围大小、消费者特点、消费水平高低、消费习惯、地理分布、需求的季节性及市场竞争状况等，这些都不同程度地影响着旅游企业分销渠道的选择。一般来说，目标市场范围很大，需求旺盛，人口相对集中的情况下，适宜选择直接销售渠道。相反，若目标市场很大，但季节性消费明显，且购买力又小的市场，常需要中间商提供服务，适宜选择较长的分销渠道。同时，当现实旅游者较少时，为了节省流通费用，可以采用较短的渠道或直销。

3. 旅游企业

旅游企业在选择产品分销渠道时，应充分考虑企业自身的因素，包括企业的规模、发展目标、财力、市场声誉、服务能力及管理水平等。一般来说，企业规模大、财力雄厚、有较好的经营管理能力和丰富经验的市场营销人员、信誉好、产品质量高，在选择销售渠道方面就有较大的自由度，往往选择较固定的中间商，甚至建立自己的销售机构，采用短渠道销售。而那些管理水平较低的企业就要考虑通过中间商来打开产品的销路。当直接销售的预期利润大大超过间接销售的预期利润时，则应采用短渠道。

4. 环境因素

比如，在经济不景气的情况下，旅游产品生产者要求以最快、最经济的途径把产品推向市场，就要运用短渠道策略，减少中间环节，提高竞争力。各国法律、法规的相关政策，也会影响分销渠道的选择。另外，旅游企业在进行销售渠道选择时还要充分考虑竞争者的渠道策略，并采取相应对策。比如，是在竞争对手分销渠道的附近设立销售点，贴近竞争，以优制胜，还是避开竞争对手的分销渠道，在市场的空白点另辟蹊径，旅游企业应根据具体情况酌情确定。

（三）确定分销渠道目标

（1）旅游产品的种类有多少？生产经营的数量、质量如何？

（2）目标市场的数目、位置、规模、购买总量如何？旅游市场需求的状态、特征、潜力等怎样？

（3）旅游消费者购买旅游产品的动机和方式的类别、原因等是什么？

（4）旅游市场的结构及其变动趋势和竞争者的数量、规模、实力及竞争方式等是什么？

（5）旅游产品的发展趋势、变动方向及相关生产经营技术等影响因素如何？

（6）旅游企业及其产品进入目标市场的策略和方法如何？

（7）旅游企业的目标销售收入、目标市场占有率、目标利润为多少？

（四）旅游分销渠道的选择决策

1. 直接分销渠道或间接分销渠道的决策

两种策略各有利弊。直接分销渠道策略，首先既短又快捷、成本低，有利于生产者以相对低廉的价格出售产品，满足消费者求廉的心理；其次有利于企业对市场的控制，可直接了解市场动态，及时调整营销策略；最后中间环节较少，便于企业与消费者的信息沟通，提高企业和产品的声誉。但是直接分销渠道在对消费者进行面对面宣传时，会增加销售人员和销售费用。因此，直接分销渠道要求企业有一定的人力、财力、物力资源。间接分销渠道策略有利于企业节省流通领域的人力、财力、物力资源，可以扩大企业产品的辐射面，可以加速旅游企业产品和资金的流转过程。但间接分销渠道策略的中间环节较多，要花费企业一部分利润，在一定程度上会影响企业的经济效益；同时，企业在选择中间商时一定要慎重，选择不好，会给企业带来极大的麻烦和市场风险。

2. 分销渠道联合的决策

分销渠道的纵向联合也称建立垂直营销系统，是指用一定的方式将旅游产品分销渠道中的各个环节的成员（生产商、批发商、零售商）联合在一起，形成一个整体，分为契约型产销联合与紧密型产销一体化两种形式。垂直营销系统是近年来最重大的渠道发展之一，它是作为传统营销渠道的挑战而出现的。传统的分销渠道中每个成员都是独立的企业实体，追求各自利润最大化，甚至会牺牲整体利益为代价。没有一个渠道成员对其他成员拥有控制权，也不存在分配任务和解决渠道冲突的正式方法。例如，大部分饭店向旅行代理商支付佣金，但由于没有正式的合同，饭店有时也会随心所欲不向代理商提供客房。垂直营销系统则不同，它是由生产者、批发商和零售商组成的一种统一的联合体。某个渠道成员拥有其他成员的产权或建立合同关系，可以控制渠道其他成员行为和管理渠道冲突，并且达到一定规模，增强谈判实力，分销渠道联合已经成为一种主导形式，占整个市场的64%。垂直营销系统包括公司式、管理式和合同式三种类型。

★小贴士

合同式垂直营销系统是由处于不同生产和分配层次的独立的公司组成，它们通过合同缔结合作关系来获得更大的经济收益和销售量，与饭店签订的合同就属于此类。合同式垂直营销系统的重要形式是特许经营，指接受特许经营者在让渡特许经营权者所设计的市场营销模式下从事采购、出售及分销商品和服务的一种经营形式。特许经营一直是盛行于饭店和餐馆的一种分销方式。一些很受欢迎的特许经营饭店有精品国际饭店集团（Choice Hotels）、假日旅馆集团（Holiday Inns）、喜来登旅馆联号（Sheraton Inns）和希尔顿旅馆联号（Hilton

Inns)。餐馆有麦当劳、汉堡大王、肯德基、必胜客等。

分销渠道的横向联合也称水平营销系统，是指由同一层次上的多家同类旅游企业结成战略同盟，联手开发旅游市场。比如“三大社”（中国国际旅行总社、中国旅行社、中国青年旅行社）联手开发国际旅游市场、我国旅游企业与东南亚同人联合开发欧美旅游市场等。其中有种形式叫集团联合：是以旅游企业集团的形式，结合旅游企业组织形式的总体改造来促使旅游企业分销渠道的发展和改造。

第三节　旅游分销渠道的发展趋势

一、互联网对旅游分销渠道的影响

互联网的本质在于信息传播，旅游业是信息密集型的产业，也是信息依托型产业。旅游分销渠道的首要功能是提供信息和促进交易（Buhalis，2001）；互联网无可避免地影响了旅游分销渠道（Buhalis，1998；Connell&Reynolds，1999）；互联网作为一种信息技术，极大地改变了信息传播与交易方式，并逐渐发展成为一种直接销售的渠道途径，也可以被认为是一种新型的旅游中间商。

这种新型旅游中间商被称作在线旅游服务商（OTA）。它作为旅游服务提供商的代理，与传统旅游经销商的本质差异在于销售方式的不同。它不是通过自身设立实体销售网点或委托代理门市完成销售，而是通过在线网络提供各种旅游企业产品信息的发布、预订服务的在线旅游企业。全球最大的在线旅游服务商是美国人 Jay Walker 于 1998 年创立的 Priceline，其凭借核心商业模式“Name Your Price（用户出价）”迅速成长，引起投资者的广泛关注。

★小贴士

OTA 是什么？

OTA（Online Travel Agent）是指在线旅游服务商，是旅游电子商务行业的专业词语。代表有：携程网、去哪儿网、同程网、村游网、号码百事通、旅游百事通、驴妈妈旅游网、百酷网、8264、出游客旅游网、乐途旅游网、欣欣旅游网、芒果网、艺龙网、搜旅网、途牛旅游网、易游天下、快乐 e 行旅行网、驼羊旅游网等。OTA 的出现将原来传统的旅行社销售模式放到网络平台上，更广泛地传递了线路信息，互动式的交流更方便了消费者的咨询和订购。

传统的旅游产品的购买是一个复杂的过程，旅游消费者在做出购买决策之前需要查阅大量旅游产品的信息，以确定旅游产品的价格和购买渠道，并向旅游中间商咨询。由于旅游中间商素质参差不齐，即使消费者决定购买旅游产品，也还是要到旅游中间商那里办理相关手续。旅游电子商务克服了这一缺点，可以为旅游消费者提供全面的服务，包括为消费者的旅游提供参考信息和建议，解决信誉问题，并且不受时空限制，还可用银行卡实现线上支付，对消费者购买旅游产品极为方便。而且，旅游电子商务提供的旅游产品往往具有比较优惠的价格，更能吸引消费者。

传统的旅游中间商在业务操作上要经历产品设计、订购、促销、结贷等诸多环节，效率低下，成本高昂。旅游电子商务的出现可以让旅游中间商在电子商务平台上轻松完成旅游产品的业务运作过程，同时进行宣传推广和在线销售，还可进行内部业务交流与合作，保持旅游业务高效顺畅的运营。旅游产品的销售实质上只是传递旅游产品信息，没有实物形态进行配送。消费者必须到旅游产品供应企业那里去消费，而旅游电子商务可以更多地履行旅游批发商的功能，即使需要传送一些交通票据也可集中办理。在国外已经开始尝试使用电子机票，这也是旅游业发展的方向。旅游电子商务将改变旅游消费方式和行业竞争格局。比如，当旅游网站组织自己的旅游产品时，网站就扮演旅游批发商的角色；当网站将旅游产品直接推向市场与消费者见面时，它又成为具有价格优势的旅游零售商。这样，网上旅游便缩短了销售渠道，减少了销售环节，降低了产品成本，提高了工作效率，可以为消费者提供价廉物美的旅游产品。所以，网络旅游发展的逐渐成熟将给传统的旅游中间商带来较大的冲击。

对于传统的旅游分销渠道，除了旅游产品生产者和旅游者之外，很多情况下还有许多独立的中间商和代理商存在。在这种情况下，旅游产品通过传统分销渠道完成了旅游产品的转移。而相对于传统旅游分销渠道，旅游网络分销渠道的优势非常明显。传统营销主要是能够及时将旅游产品的有关信息提供给消费者，而消费者对旅游企业及产品的反应，旅游企业却很难准确及时地获得，即使能够有机会获得消费者的反馈信息，也已经是很久以后的事情了。这种信息反馈的滞后性，阻碍了旅游企业和旅游者的有效沟通，从而使旅游企业的各种营销策略带有一定的盲目性和滞后性，不能真正使旅游产品满足消费者的需求。由于网络具有实时性和交换性的功能，网络分销渠道从过去传统分销渠道单向信息沟通变成双向信息沟通。旅游企业可以通过论坛、社区、电子邮件、网上讨论等形式，使企业与旅游者建立快捷和有效的沟通；利用网上对话功能，还可以举行网上旅游者联盟，与旅游者之间实现跨时空的沟通，及时了解消费者的反馈信息，及时调整旅游产品的营销策略，从根本上满足顾客的需求，这是传统分销渠道所不具备的优势。

二、我国旅游分销渠道的发展趋势

进入 21 世纪以来，互联网技术的进一步提高，旅游网站逐渐分化为供应商网站和中介商网站，而按照网站性质，则可分为信息媒介类网站与交易媒介类网站。信息媒介类网站主要提供旅游咨询（如新浪旅游频道），无在线交易功能的景区、酒店、旅行社网站、游记攻略、互动点评（如到到网）或是旅游信息垂直搜索功能（如去哪儿、酷讯）。交易媒介网站在信息媒介网站功能的基础上强化了旅游交易功能（如携程、艺龙、同程网），形成了分销渠道，使用这一渠道的人数增长迅速，在线旅游交易也日益明显增加。2012 年我国在线旅游市场交易规模是 1 689.5 亿元，2013 年为 2 215.7 亿元，2014 年增长至 3 077.9 亿元，2015 年在线市场交易规模约达 5 402.9 亿元。因旅游信息传播与旅游交易模式的变革，旅游分销渠道也开始呈现了多元化、网络化的发展特征。

1. 传统旅行社网络化进程加快

互联网旅游信息的传播加强了旅游者和组团社的信息获取能力，而国内多家旅行社纷纷建立网站，主动提供相关旅游信息。这些旅行社网站主要提供旅游资源评价、旅游指南、推介路线、沟通交流。

2. 在线预订与交易网站快速发展

目前我国在线旅游的发展已经达到了一定规模。根据艾瑞监测数据，2014 年中国在线旅游市场交易规模达 3 077.9 亿元，同比增长 38.9%。其中，在线机票市场规模为 1 930.7 亿元；在线酒店市场规模为 632.5 亿元；在线度假市场规模为 448.8 亿元。艾瑞咨询认为，在线旅游市场的高速发展主要受在线机票、在线酒店及在线度假等细分市场的利好发展所驱动。其中，在线机票是在线旅游市场中发展最成熟，渗透率最高的细分市场。艾瑞咨询认为，在线机票市场的持续高速增长主要有两方面原因：一方面，去哪儿、阿里旅行等平台类企业的高速发展，平台类企业为中小票代和航空公司提供线上销售平台，促进线上渗透的发展；另一方面，航空公司也在不断加强其官网直销能力，近两年航空公司官网直销占在线机票市场比重有连续提升之势。在线度假是最具发展潜力的细分市场，在线渗透率也在逐年提升。另外，随着公寓、客栈等非标准化住宿业的兴起，未来在线酒店预订市场也将持续保持较高速度增长。

知识归纳

旅游分销渠道又称为旅游产品分销渠道，是指旅游产品从旅游生产企业向旅游者转移过程中所经过的一切取得使用权或协助使用权转移的中介组织和个人，也就是旅游产品使用权转移过程中所经过的各个环节连接起来而形成的通道。

旅游销售渠道是旅游企业进入旅游市场的必经之路；旅游销售渠道是旅游企业的重要资源；旅游销售渠道可以提高交易效率；旅游销售渠道为旅游者购买旅游产品提供方便。

根据旅游交易中有无旅游中间商参与交换活动，可以将旅游分销渠道分为直接分销渠道和间接分销渠道。直接分销渠道又称为零环节销售渠道，是指旅游生产者在其营销活动中，不经过任何中介机构而直接把旅游产品销售给旅游者的分销渠道。间接分销渠道又可以根据旅游产品从生产者到消费者过程中所经过的中间机构的层次数分为长渠道和短渠道；根据一个时期内销售网点的多少、网点分配的合理程度以及销售数量的多少分为宽渠道和窄渠道。

旅游中间商在旅游企业营销中起着十分重要的作用。它帮助旅游企业寻找旅游消费者并直接与旅游消费者进行交易，从而完成产品从生产者到消费者的转移。旅游中间商根据产品在销售渠道中流动时有无所有权的转移分为旅游经销商和旅游代理商；旅游经销商又根据销售对象划分为旅游批发商和旅游零售商。

OTA 是指 Online Travel Agent，即在线旅游服务商，是旅游电子商务行业的专业词语。代表有携程网、去哪儿网、同程网、旅游百事通、驴妈妈等。

案例解析

移动互联网背景下，旅游景区新媒体营销怎么做

越来越多的用户选择使用移动互联网来了解旅游景区，借鉴旅游攻略，订购景区门票和相关旅游服务，这其中的移动互联网包括微信、微博等社交软件，也包括今日头条、搜狐新闻、凤凰新闻等新闻资讯聚合类 APP，更包括携程、去哪儿、阿里旅行等在线旅游平台，当

然，也少不了面包旅行、航旅纵横、蚂蜂窝等细分、个性化的旅游APP。

当用户的出游习惯被这些移动互联网的应用碎片化的时候，旅游景区又该做何选择，移动互联网下的旅游景区新媒体营销怎么做?

一、旅游景区的自媒体运营仍然是重中之重

移动互联网给营销带来最大的变革就是，将自媒体运营权最大可能地交给了旅游景区。除了传统的官方网站之外，还有新浪微博、微信运营号，它们仍然是一切营销的基础，也是用户的归口和将来进行大数据分析的保证。很难想象，一个连自媒体都没有运营好的景区会是一个口碑积极、市场反馈良好的景区。

从目前中国旅游报公布的旅游景区新媒体排行榜（见表8－1）可以看出，排名前10位的欢乐长隆、五台山、江西龙虎山景区、避暑山庄等景区，并不见得都是响当当的旅游景区。相反，正因为新媒体运营的成功，类似于“武汉灵泉寺”这样不太为人所知的地方，反而异军突起，引人关注。

表8－1　中国旅游景区新媒体排行榜

排名	公众号	头条数/个	总点赞数/条
1	欢乐长隆	15万+	2 729
2	五台山	64 097	3 776
3	江西龙虎山景区	14万+	574
4	避暑山庄及周围寺庙	80 370	1 446
5	星湖美美	62 579	631
6	三清山旅游	67 117	761
7	横店影视城	32 234	147
8	武汉灵泉寺	35 904	326
9	九寨沟	39 355	169
10	无锡灵山胜景	19 403	196

（数据来源：中国旅游报 http：//www. ctnews. com. cn/shouye/index. htm）

二、旅游景区占据在线旅游平台的入口是引流关键

数据显示，移动端产品预订正在成为越来越多用户出行选择的方式，其中80后、90后成为使用移动端产品预订出游人群的主力军。中国在线旅游移动端市场规模随之扩大，2014年交易规模达到1 247.3亿元人民币，占中国在线旅游市场整体规模（2 798.2亿元）的44.6%。其中，旅游交通预订在移动端市场规模中占比最大，达到70.4%。尤其值得注意的是，今年以来，移动端的订单已经远远超过PC（电脑）端和电话端的总和。

在此背景下，一个旅游景区如果在在线旅游平台特别是移动端都还没有任何作为的话，失去占据主流用户的入口，那肯定是落伍的。调查显示，携程、去哪儿、同程、艺龙、途牛等APP成为排名前列的旅游类APP，相信这样一份榜单（见表8－2）也能给旅游景区的经营者们一份清晰的答案。和以往的单纯发布新闻不同，移动互联网客户端的阅读更加碎片

化，时间也更加短频化，这就对旅游景区在品牌营销、新闻策划、内容推送方面提出了更高的要求。如果不能在第一时间内吸引用户的关注，营销费用也就打了水漂。而这其中，今日头条、搜狐新闻、凤凰新闻等新闻资讯聚合类 APP，以及蚂蜂窝等细分、个性化的旅游 APP 就成为用户了解旅游景区品牌信息的各个入口。

表 8－2　旅游出行 APP 排行榜

排名	APP 名称	出行服务质量	操作易用性	综合评分
1	携程	95.12	93.79	94.59
2	去哪儿旅行	93.67	95.5	94.40
3	同程旅游	91.79	92.57	92.10
4	途牛	90.79	91.61	91.07
5	到到无线	89.67	92.08	90.63
6	艺龙旅行	90.51	90.23	90.40
7	阿里旅行·去啊	88.58	90.28	89.26
8	驴妈妈旅游	85.66	87.52	86.26
9	百度旅行	83.69	86.68	84.89
10	悠哉旅游	82.69	84.58	83.45

（数据来源：互联网周刊 http：//www.ciweek.com/）

三、旅游景区整合和互补式营销将成为趋势

单一旅游景区的宣传越来越显得单薄和声音渺小，而同区域的其他景区一起优势互补，打包整合，将是旅游景区营销的可行之路，比如滑雪＋温泉，景区＋酒店＋农家乐，小镇＋购物＋特产，也包括线上资源的整合打包推广。而这样的整合，政府部门发挥的作用不可或缺，尤其是在大型资源整合打包以及整体推广上。日前，四川省旅游局、四川省旅游协会主办推出了"四川旅游 K 计划——境外游客最喜爱的四川旅游线路产品"。"四川旅游 K 计划"是一个多功能、多维度、多层次、多空间、国际化的新型旅游营销平台，是境内外游客参与的一项大型综合旅游营销平台。"四川旅游 K 计划"活动从 2014 年 7 月份启动至 2016 年 4 月，利用 1 000 天，发布 K 条线路，通过 K 种营销形式，针对国内外游客各种旅游需求，通过旅游主管部门引导，带动广大游客互动体验。"四川旅游 K 计划"通过整合资源的方式，让参与的旅游景区多重受益，更让游客眼前一亮，积极参与。

移动互联网风云变幻莫测，发展良机稍纵即逝，抓住移动互联网，旅游景区也就抓住了营销的命门，而错过这次机会，就只能是惋惜了。

（资料来源：旅游圈 http：//www.dotour.cn/article/19257.html，2016.1.7）

思考与讨论：

1. 互联网时代，旅游景区的分销渠道会有哪些发展趋势？
2. 新媒体的出现和大量使用给旅游景区的分销渠道策略带来了哪些启示？

复习思考

1. 什么是分销渠道?
2. 什么是旅游中间商?
3. 旅游经销商和旅游代理商的异同有哪些?
4. 随着互联网的发展，你认为未来旅游企业的分销渠道将有哪些发展趋势?

实务训练

班级同学合理分组，每组选取一个旅游企业，通过互联网或实地搜集该旅游企业的详细资料，分析该旅游企业目前拥有的分销渠道有哪些，如何进行有效的渠道管理。

第九章

旅游促销策略

学习目标

通过本章的学习，使学生：

1. 掌握旅游促销的概念及作用；
2. 掌握广告、人员推销、公共关系、营业推广的概念、特点及作用；
3. 理解旅游广告的目标确定及媒体选择；
4. 了解人员推销的过程；
5. 掌握公共关系在旅游促销中的具体运用；
6. 掌握旅游营业推广的策划方法。

实训要求

1. 使学生掌握旅游促销组合策略；
2. 能根据旅游企业的实际情况进行可行性较强的促销组合方案策划。

案例导入

2015 新浪三大旅游营销事件

一、你不知道的旅行—阿里旅行双 11

亮点：微博、阿里旅行双端产品全面打通 + 百家国内外旅游局深度参与 + 自媒体商业化

微话题：#你不知道的旅行#、#阿里旅行双 11#

阅读量：#你不知道的旅行#14.9 亿人次；#阿里旅行双 11#10.7 亿人次

2015 年，新浪旅游与阿里旅行联手打造国内最大的旅游自媒体矩阵，将内容营销与电商售卖成功融合。2015 年 6—8 月，双方联袂呈现#你不知道的旅行#微博大型品牌活动。2015 年 10 月 15 日，双方宣布战略合作，发布会联合 200 多旅游自媒体人、100 多国内外旅

游局微博微信双平台发声；同日开启的#阿里旅行双11#活动，助推阿里旅行双11总销售额突破15亿，转化效果显著。双方联手打造的蜻蜓客产品，更是深度挖掘世界各地产品型本地游达人近百位，开创了旅游自媒体商业化的新时代。

二、世界邦“带着颜值去旅行”

亮点：借势“带着微博去旅行”活动+名人效应。

微话题：#带着颜值去旅行#

阅读量：3.1亿人次

2015年#带着微博去旅行#活动，参与用户共计3 308万人次，共发布长微博3万余篇，成功打造了一场旅游垂直行业黄金营销活动。世界邦在2015#带着微博去旅行#总赞助冠名，通过用户传播进行社会化扩散，给自身品牌及其海外一价全包自由行产品创造了大量曝光，显著提升了品牌在旅游行业的影响力。世界邦自运营话题#带着颜值去旅行#，吸引众多达人主动参与，沉淀优质原创内容，并在微博上引起热议，获得了双赢效果。

三、途牛“9亿红包大派发”

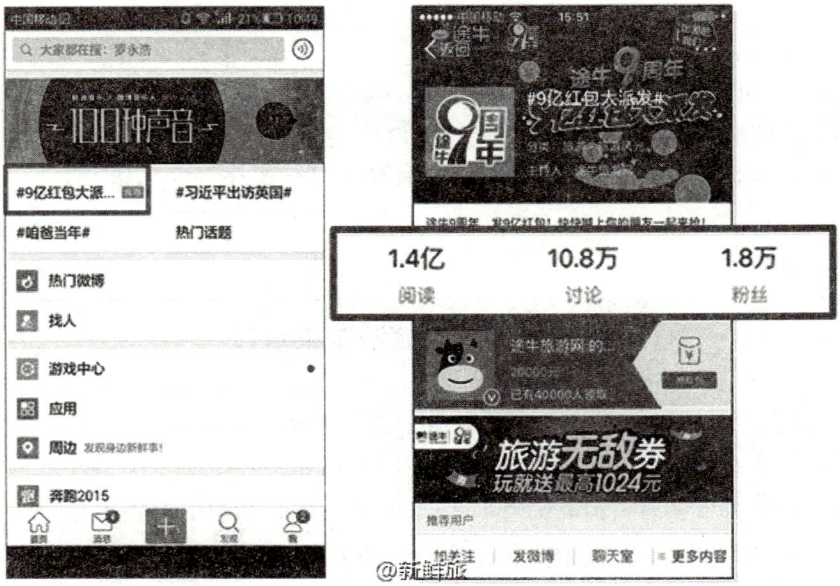

亮点：微博bigday强势资源+借力明星和KOL+现金红包发放

微话题：#9 亿红包大派发#

阅读量：1.4 亿人次

2015 年 10 月，途牛旅游网在微博平台上成功推广了#9 亿红包大派发#暨途牛 9 周年的大促活动。该活动是途牛在微博平台上的首次投放。基于此前途牛在微博上的运营积累，该活动使用了微博 bigday 等强势资源产品，并利用明星和 KOL 的口碑效应，加之投放的大量海内外产品满减优惠回馈，使得大促活动在短时间内迅速引爆，引发网友积极互动和广泛热议，更促使#9 亿红包大派发#话题连续两天冲顶微博热门话题榜榜首，并在一天内使阅读量成功破亿。

（资料来源：新浪微博 http：//weibo. com/p/1001603926174496596595，2015. 12. 31）

第一节　旅游促销与促销组合

一、旅游促销的含义及意义

（一）旅游促销的含义

促销是促进销售的简称，是市场营销组合的 4Ps 之一，是指企业利用各种有效的方法和手段，使消费者了解和注意企业的产品、激发消费者的购买欲望，并促使其实现最终的购买行为。

旅游促销就是旅游营销者将有关旅游产品、旅游企业、旅游目的地的信息，通过各种媒介传递给旅游产品的潜在购买者，促使其了解、信赖并购买自己的旅游产品，以达到扩大销售目的的一系列活动。旅游促销的实质是实现旅游营销者与旅游产品潜在购买者之间的信息沟通，促销过程就是双方信息沟通的过程。促销的发起者和组织者通常是旅游目的地或旅游企业，促销的主要对象则是目标市场的旅游者。相对于其他产品而言，旅游产品具有不可储存性、生产和消费的同时性等特征，所以旅游促销在旅游营销策略中占有十分重要的地位。

（二）旅游促销的意义

旅游促销对于旅游产品生产者或供给者有着十分重要的意义。

1. 刺激旅游需求，引导旅游消费

旅游企业或旅游目的地通过形式多样、生动活泼的旅游促销活动，加深人们对相关旅游产品的认知，唤起人们的潜在旅游需求，甚至创造和引导对特定旅游产品的消费需求。例如，面对国际金融市场急剧动荡、国际旅游消费需求走低、全球旅游市场竞争加剧的复杂形势，我国在 2011 年以“中华文化游”主题统领全年宣传推广，围绕 2011 年在西安举办的世界园艺博览会，加大在日韩、东南亚市场的宣传推广力度，西安世园会 178 天会期累计接待游客 1 500 万人次，其中入境游客 45 万人次，效果显著。

2. 缩小淡、旺季差距，稳定销售

旅游需求受到多种因素的影响，如政治、经济、历史文化、家庭等众多因素，因此也就决定了旅游产品在淡季和旺季的需求差别很大。旅游企业或旅游目的地如能在不同时间对相应的旅游产品进行促销和宣传，能更好地解决淡旺季旅游需求差距过大的问题，稳定销售。

3. 促进旅游企业与旅游者的沟通

与众多有形的实物产品相比，旅游产品具有不可储存性、生产和消费的同时性等特征，旅游者只有到达旅游目的地才能享受到购买的旅游产品。所以，购买决策前的信息沟通至关重要。旅游企业以旅游促销的方式向旅游者传递在何时、何地和何种条件下，提供何种旅游产品等信息；旅游者通过这些信息，了解和熟悉旅游企业和产品，对旅游产品发生兴趣，产生旅游欲望和需求，最终发生购买行为。

4. 树立鲜明的形象，确立和巩固市场地位

对于旅游企业或旅游目的地而言，树立鲜明的旅游形象有利于在日趋激烈的旅游市场竞争中获取优势，确立市场地位。生动、有说服力的旅游促销活动则是树立鲜明旅游形象的法宝。例如，2012 年 3 月，扬州市旅游局与江苏省扬州工商行政管理局在扬州全市旅游服务业开展“诚信旅游・放心消费在扬州”活动。有关部门通过“3・15”国际消费者权益保护日、“中国・扬州 4. 18 国际经贸旅游节”、“中国・扬州世界运河名城博览会”这些百姓参与度高的载体开展宣传活动，引起了全社会的关注和积极参与，使礼貌待客、友善诚信、豁达大度的扬州旅游形象深入人心。

二、旅游促销组合及策略

（一）促销组合的含义

所谓促销组合也称营销沟通组合，就是旅游企业根据产品的特点和营销目标，把人员促销和非人员促销两大类中的人员推销、广告、营业推广和公共关系等具体形式有机结合起来，综合运用，形成一个整体的促销策略。促销组合的基本原则是促销效率最高而促销费用最低。

促销有多种方式，旅游营销者一般采用四种常见的促销方式。一是通过广告的形式，对旅游产品信息进行宣传和传播；二是通过旅游销售人员与目标市场群体进行面对面的说服和沟通；三是通过公共关系树立和改善企业在公众中的形象，增强旅游者的购买信心；四是通过各种营业推广活动，传递短期刺激旅游者购买的信息。旅游促销组合指旅游目的地国家或地区、旅游企业在市场营销过程中，有计划地运用广告、人员推销、公共关系、营业推广等促销方式（见图 9－1）进行合理策划、配合和综合运用，以便更有效地沟通信息、促进销售。

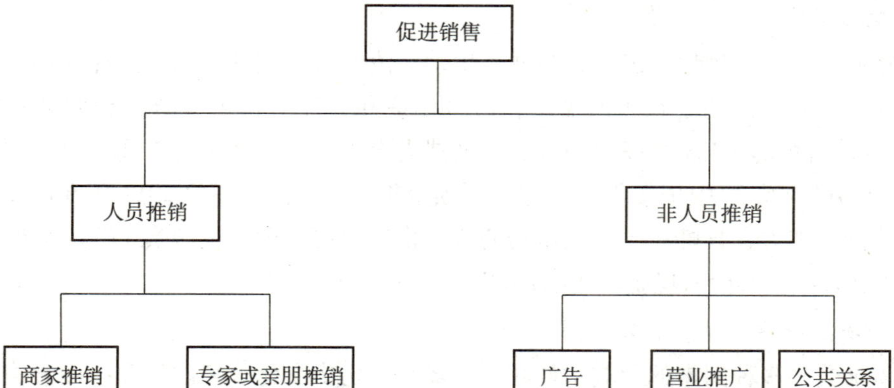

图 9－1　促销组合分类

（二）促销的基本策略

从运作的方向来区分，所有的促销策略可以归结为两种基本类型："推式"策略和"拉引"策略。

1. "推式"策略

"推式"策略（"Push" Strategy）是企业运用人员推销的方式，把产品推向市场，即从生产企业推向中间商，再由中间商推给消费者。一般适合于：①单位价值较高的产品；②性能复杂、需要做示范的产品；③流通渠道较短、市场比较集中的产品，如图9－2所示。

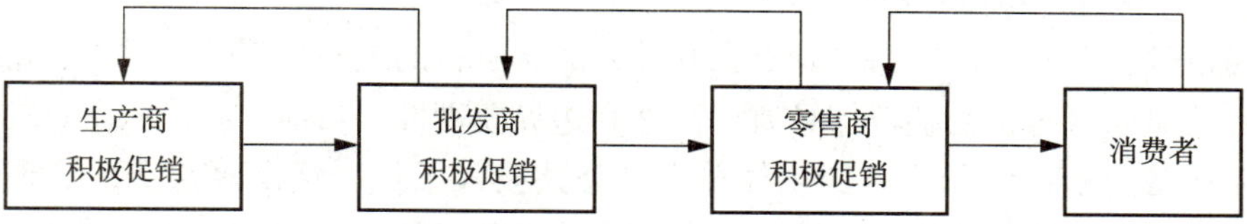

图9－2　"推式"策略

2. "拉引"策略

"拉引"策略（"Pull" Strategy）是指企业运用非人员推销方式把顾客拉过来，使其对本企业的产品产生需求，以扩大销售。适合于：①单位价值较低的日常用品；②流通环节较多、流通渠道较长的产品；③市场范围较广、市场需求较大的产品。如图9－3所示。

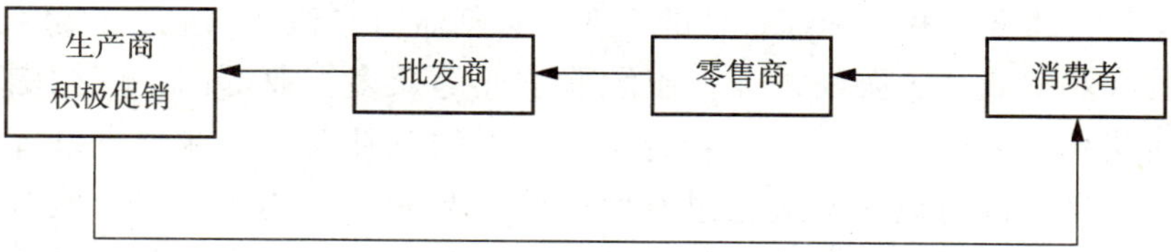

图9－3　"拉引"策略

三、旅游整合营销传播

随着社会经济的迅速发展，旅游者可自由支配收入、闲暇时间不断增加，旅游市场需求日趋多样化、个性化、层次化与复杂化。为了有效适应旅游市场需求发展变化的趋势，形成或保持旅游目的地旅游主题与特色，提高市场竞争力，旅游整合营销传播势在必行。

★小贴士

整合营销传播是什么

整合营销传播理论的创始人舒尔兹教授指出，整合营销传播是指将所有与产品或服务有关的讯息来源加以统一管理、合理利用、资源分配的过程，让所有已存在的消费者和有可能发展的未来顾客接触统一的咨询，而这种咨询是完全源于市场、顾客需求的变化，从而使其产生购买行为，并维持消费忠诚度。

旅游产品空间位置的不可移动性与所有权的不可转移性，决定了旅游营销的特殊重要性。将整合营销传播理论应用到旅游业中，则要求旅游目的地以旅游者需求为中心，重组目的地企业行为和市场行为，综合协调地使用各种形式的传播方式，以统一的目标和统一的形象，传递一致的产品信息，实现与旅游者的双向沟通，更有效地达到旅游地形象传播和产品营销的目的。其核心思想是对旅游者的客户关系管理，强调以“旅游者需求”为中心，要求旅游目的地不同部门、不同人员从各自角度与顾客沟通时有统一的口径、统一的品牌个性、统一的顾客利益点和统一的销售创意，形成集中的旅游形象冲击力，及时通过不同的渠道进行系统的旅游者信息反馈，进而动态性调整促销策略。旅游业与旅游市场需求有自身的特点与发展规律，旅游整合营销不仅包括营销“传播”，而且是多种营销传播工具的简单叠加或者是集合运用，应包含更广泛的内容。

（一）旅游目的地公共营销组织整合

旅游目的地公共营销的产品是具有公共性质的旅游目的地整体形象、重大旅游节事活动以及代表性旅游景区等，受益群体具有广泛性和边界模糊性。目前，我国旅游目的地公共营销活动主要由政府部门承担，营销主体单一、公共投入不足、营销效益低下等现象相当普遍。随着我国旅游业的迅速发展和旅游市场经济的不断成熟，旅游目的地公共营销组织必然出现由政府、企业、第三部门（如旅游行业协会）以及国际组织（或区域组织）等共同参与的多元化整合趋势。因此，必须辨析各主体的自身优势，重新确定政府在多主体系统中的地位以及职能变化，在发挥政府主导作用的同时，整合各营销主体的优势，协同开展旅游目的地公共营销活动。

（二）旅游行业部门优化整合

旅游业是具有高度关联性和综合性的产业，包括旅游餐饮住宿业、旅游交通业、旅行社业、旅游景区经营业、旅游娱乐业、旅游购物业等众多行业部门，它们围绕满足旅游市场需求从而获利的目标运行，存在着分工、合作的互补关系。在充分发挥市场调节机制作用的同时，旅游目的地政府应通过有效的政策与制度，调控、整合旅游各行业部门按比例的协调发展，以提高旅游业整体经济效益。要整合区域生产要素与企业资源，培育大型旅游企业集团，构建大型旅游企业集团化、中型旅游企业连锁化、小型旅游企业专业化与网络化的企业发展模式，解决我国旅游企业小、散、弱、差等问题，积极推进旅游企业的合作与优化整合。

（三）旅游产品开发整合

随着社会经济的迅速发展，旅游者可自由支配收入、闲暇时间不断增加，旅游市场需求日趋多样化、个性化、层次化与复杂化。为了有效适应旅游市场需求发展变化的趋势，形成或保持旅游目的地旅游主题与特色，提高市场竞争力，应重新认识区域旅游资源的开发价值，明确区域旅游发展的资源优势与不足，科学甄别、筛选主打（拳头）旅游产品，加强旅游产品开发类型、功能定位与层次结构的整合，调控、整合地区间的旅游项目建设，避免低水平重复建设、资源浪费与恶性市场竞争。

（四）旅游品牌形象整合

以统一的旅游营销诉求点，培育统一的区域旅游品牌形象，构建由品牌塑造、包装、传播与管理构成的旅游品牌形象整合体系，取代单纯的旅游产品促销行为，获取最佳、高效的旅游营销传播影响力。旅游品牌塑造要以资源与市场分析为依据，通过旅游形象定位、旅游产品设计与开发来实现。旅游品牌包装的主要手段是设计、导入包括理念识别、行为识别、视觉识别等旅游形象识别系统。旅游品牌形象传播的方法主要包括营销与消费过程控制和各类旅游营销方式、手段与媒体整合。旅游品牌管理的主要方式是构建目标市场游客关系数据库，实现与旅游者的反馈式沟通，调整、控制旅游整合营销传播过程。

（五）旅游营销区域一体化整合

随着国内外旅游业的迅速发展，地区间的旅游竞争日趋激烈。加强区域旅游合作、整合，适应经济全球化与区域经济一体化发展趋势，实现区域旅游一体化，已成为地方旅游业发展的新动力和提高市场竞争力的重要方式和途径。应以发展共谋、资源共享、线路对接、市场互动、客源互送、效益共赢为目标，打破行政区经济格局，在一定区域空间范围内（如长江三角洲、珠江三角洲）整合各类旅游经济要素，促进相关地区间旅游营销的分工与合作，追求资源整合，使旅游市场“蛋糕”做大后的区域旅游板块整体利益最大化，加强区域内部旅游业有序、协调与可持续发展。

第二节　旅游广告

一、旅游广告的概念

广告在现代市场营销中占有重要地位，且已经成为企业促销活动的先导。广告是指企业、组织或个人以付费的方式，通过媒介发布和传播有关信息的一种非人员促销方式。广告可以影响大众，促进本企业产品的销售。旅游广告则是指旅游目的地国家或地区、旅游企业或旅游组织以付费的形式，通过媒体向旅游目标市场的公众传播经过选择和加工的旅游信息，以达到扩大影响和提高知名度的目的，树立特色鲜明的旅游形象，促进旅游产品销售的一种促销方式。

二、旅游广告的作用

（一）旅游广告能树立鲜明的旅游形象

旅游广告作为一种十分普及的信息传递方式，这种高度公开的信息沟通方式能够增强旅游者对旅游目的地、旅游企业和旅游产品的认知度和信任度。旅游广告多次向旅游者重复同一信息，经常性地提醒旅游者，从而提高旅游目的地、旅游企业或旅游产品的知名度。旅游广告还可以充分利用文字、声音、色彩、影像等各种艺术和技术手段，并且形式多样且具有极强的表现力和吸引力，有助于旅游目的地、企业或产品树立形象。

（二）旅游广告能在短期内促进销售

旅游广告之所以能在短期内促进销售，主要是由旅游产品需求弹性较大决定的。在可自由支配收入和闲暇时间一定的情况下，人们可以选择去外地旅游，也可以在当地休闲；在旅游目的地，旅游者既可以选择消费甲旅游项目，也可以消费乙旅游项目。旅游广告的信息传递越多，重复率越高，劝说诱惑功能也就越大，越有利于市场开拓，增加旅游产品的销售量。旅游“黄金周”期间发布的旅游产品广告在促进销售方面的作用表现就相当明显。

三、旅游广告的类型

根据广告要达到的目标不同，可以将广告概括为三种：告知型广告（Informing）、说服型广告（Persuading）和提醒型广告（Reminding）。

（一）告知型广告

告知型广告主要是向目标市场介绍企业产品，唤起初步需求，提高企业或产品知名度。告知型广告主要用于旅游产品的初创阶段，目标在于引起和刺激旅游需求的产生。如某家旅行社有新的旅游线路投入市场时所做的广告，目的在于告诉旅游者，让目标市场了解有关新旅游线路的信息。

（二）说服型广告

说服型广告以建立需求偏好为目标，旨在建立选择性需求，致使目标购买者从选择竞争对手的品牌转向选择本企业的品牌或说服目标购买者多购买本企业的产品。说服型广告主要用于与同类旅游产品展开竞争的阶段，目的在于提高旅游者对产品的信任度，建立旅游企业与旅游者之间的良好关系。

（三）提醒型广告

提醒型广告以提示、提醒为目标，目的是保持旅游者和社会公众对旅游目的地、旅游企业的记忆。提醒型广告在旅游产品生命周期的成熟期十分重要，能让使用过该产品的旅游者保持对产品、企业、服务的记忆，促使有购买欲望的旅游者完成购买行为，并刺激旅游者的重复购买行为。

四、广告媒体的选择

广告媒体是指广告信息传递的载体，或者是实现广告信息传递的工具。不同的广告媒体具有不同的特点，只有选择合适的媒体，才能达到促销的目的。

（一）广告媒体的类型

常见的广告媒体有：电视、广播、报纸、杂志、户外广告（广告牌、灯箱、悬挂条幅、车体等）、直邮广告、互联网等。各种媒体的优缺点，如表 9－1 所示。

表 9－1　主要广告媒体及其优缺点

广告媒体	优点	缺点
电视	诉诸人的听觉和视觉，富有感染力，能引起高度注意，触及面广，送达率高	成本高、干扰多，信息转瞬即逝，观众选择性小、针对性较差
广播	信息传播迅速、及时，传播范围广泛，选择性较强，成本低	只有声音传播，信息转瞬即逝，表现手法不如电视吸引人
报纸	灵活、及时，对当地市场的覆盖率高，易被接受和被信任	传递率低、保存性差、广告版面太小易被忽视

续表

广告媒体	优点	缺点
杂志	针对性强，选择性好，可信度高，并有一定的权威性，反复阅读率高，传读率高，保存期长	广告周期长，传播范围有限，价格偏高
户外广告	反复诉求效果好，对地区和消费者选择性强、传真度高，费用较低	传播区域小，创造力受到限制
直邮广告	针对性强，注意率、传读率、反复阅读率高，灵活性强，无同一媒体广告的竞争，人情味较重	成本较高、传播面积小、容易造成滥寄的现象
互联网	覆盖面广，不受时间限制，消费者选择性强，互动性好。先进的虚拟技术来达到身临其境的感觉	被动地接受搜索，受计算机和因特网普及程度制约

（根据资料改编：张俐俐，杨莹．旅游市场营销．北京：清华大学出版社，2005）

（二）旅游广告媒体的选择

无论是多么富有创意的旅游广告信息，都必须在恰当的时间准确地传递给目标旅游者，才可能实现旅游广告目标。这就要进行旅游广告媒体的选择。进行旅游广告媒体的选择应该比较各类媒体的优缺点，此外，还需考虑以下 4 个方面因素：

1. 目标市场对媒体的习惯

旅游者由于年龄、性别、收入、受教育程度、职业和生活习惯等的明显差异，对各种广告媒体的偏好也有很大的区别。因此，这就要求旅游广告信息的发布应选择和目标市场旅游者关联程度高的媒体，才能达到最佳效果。如商务酒店广告登在商务人士常看的商业性杂志上，其效果就比登在一般的“晚报”上好得多。

2. 旅游产品的特点

根据旅游产品的特点选择媒体才能更有效地传达旅游广告信息。如旅游目的地的宣传适合选择在休闲、旅行类的彩色杂志或电视上登广告，而不适宜在学术型刊物上登广告。

3. 旅游广告信息的特点

对于有时效性的广告信息往往选择报纸、广播和电视为媒体，如旅游“黄金周”期间的产品信息、促销信息，就比较适合选择报纸、广播和电视为媒体，而不适合选择周期较长的杂志。

4. 旅游广告费用高低

在媒体选择时，广告费用也是一个需要考虑的重要因素。一般来讲，电视广告特别是黄金时间的电视广告费用较高，而报纸、宣传印刷品的广告费用则比较便宜。

★小贴士

移动营销

随着手机的普及以及营销人员能根据人口统计信息和其他消费行为特征制定个性化信息，使得移动营销自然而然成为一种传播工具。2015 年中国手机上网用户超过 9.05 亿人，使得手机作为广告利用“第三屏幕”（电视和电脑是第一和第二屏幕），为企业营销方提供了更多广告的机会。未来移动营销发展面临三个大的机会：①移动 O2O；②移动社交广告；③移动电商。未来移动营销要注意线上线下无缝移动以及微信第三方的开发。未来企业发展趋势是“无移动，不营销”。

第三节　旅游人员推销策略

一、旅游人员推销的含义

旅游人员推销是指通过销售人员与潜在客户的直接沟通来达成交易，是最古老的一种促销方式，也是成本较高的一种促销方式。旅游人员推销是推销人员与旅游中间商和潜在旅游者的直接交流。通过面对面交谈，销售人员能够详细地介绍旅游产品及服务，及时反馈信息并回答客户的询问，从而了解旅游者的需求，获取旅游市场信息。旅游人员推销的最终目的是与旅游中间商或潜在旅游者达成销售交易，协调双方的利益，巩固老客户，寻找新客户，从而不断扩大旅游产品的市场覆盖面。

旅游人员推销的对象主要是各地的旅游中间商、团体购买者或批量购买者。旅游人员推销的开展方式除在旅游接待过程中，为旅游者服务的同时推销旅游产品，还包括销售人员参加旅游订货会、旅游交易会、旅游博览会等接触潜在客户，集中宣传和促销；或在选定目标客户的基础上，销售人员可联系和走访目标旅游中间商、团体购买者或批量购买者，面对面沟通的同时，用印刷品、VCD 等工具进行宣传。

二、旅游人员推销的特点

同非人员推销相比，人员推销具有如下特点：

（一）信息交流的双向性

在推销过程中，旅游销售人员一方面把旅游企业、旅游产品信息及时、准确地传递给目标客户，引起目标客户的注意和兴趣，促进旅游产品的销售；另一方面把目标客户对旅游企业、旅游产品的态度、意见、建议等反馈回企业，为旅游企业的经营决策提供依据。

（二）推销过程的灵活性

由于旅游销售人员与目标客户保持直接接触，可以根据各类客户的购买心理，旅游需求、动机和行为，灵活性地采取必要的协调行动。同时，旅游销售人员也可观察客户反应，及时调整推销计划和内容，客户有什么意见或问题，旅游销售人员也可及时回答和解决。

（三）推销对象的针对性强

由于旅游人员推销是一种成本较高的促销方式，旅游企业不可能对每一个潜在客户都通过这种方式来完成销售，旅游推销人员必须对目标客户先进行一番选择和研究，通过电话或传真预约确定推销对象。在与目标客户的直接沟通过程中，由于双方是直接接触，相互间在态度、气氛、情感等方面都能捕捉和把握，这有利于销售人员有针对性地进行沟通工作，解除各种疑虑，引导客户的购买欲望。

（四）巩固客户关系，突出“人性化营销”

人员推销是一种典型的“人性化的市场营销”。销售人员与目标客户直接打交道，交往中会逐渐产生信任和理解，加深双方感情，建立良好的关系，容易培育出忠诚顾客，稳定旅游企业销售业务。

三、旅游人员推销的实施过程

旅游人员推销作为一种传统的促销方式，其旅游人员推销的实施过程分为以下六个阶段。

（一）发掘客户

旅游推销人员必须利用各种渠道和方法寻找购买者，包括现实的购买者和潜在的购买者。然后对旅游购买者的特征、需求状况和购买能力进行详细的了解和调查，找出具有销售价值和接近可能的目标旅游者，以便集中精力进行推销，使推销工作具有针对性和目的性，并且提高推销成功的可能性和推销的工作效率。

（二）推销准备

旅游推销人员在实施推销之前，必须做好几方面的充分准备。首先，在对目标旅游者有详细了解的基础上，确定具体的工作目标，是长期建立关系还是马上促成交易；拟定推销时间，根据推销对象的时间安排、工作和心情状况确定推销时机；准备好推销所需的材料，包括旅游目的地或旅游设施的图片、说明材料、价目表、旅游产品介绍等。其次，旅游推销人员需要通过电话或其他方式与推销对象预约，并确定面谈时间和地点等内容。最后，在约见前，要注意衣着和仪容仪表，再次确认各种材料是否准备齐全。

（三）见面推销

面谈推销需要推销人员利用各种方法、技巧和手段，向推销对象传递旅游企业和旅游产品的信息，解答有关问题，消除他们的疑虑，让他们认识并喜欢所推销的旅游产品，进而产生强烈的购买欲望。

（四）异议处理

面谈过程中，推销对象常常会有一些抵触情绪，提出各种各样的异议，如对价格、服务等方面的异议，这是必然反应。推销人员要积极采取措施，在尊重其合理建议的前提下，有效地处理和转化异议，最终说服推销对象，促成交易。

（五）促进成交

应对异议后，旅游销售人员要密切关注推销对象的语言、评论中发现达成交易的信号，努力消除其成交的心理顾虑，及时将顾客注意力转向各种选择性决策，或提出建设性意见，或辅以一定的劝诱（如价格优惠、赠送等），帮助其做出最后的选择，有效地促进成交。

（六）后续服务

要让推销对象满意并使他们以后继续购买产品，后续工作是必不可少的。交易达成后，推销人员应着手履行约定的各项具体工作，做好各项服务，妥善处理可能出现的问题。树立旅游者对产品的信任感，从而与旅游者保持良好的客户关系，促使他们经常、重复购买，而且他们的间接宣传还能为旅游企业带来更多的客源。

第四节　旅游营业推广策略

营业推广又称销售促进，是指与广告、人员推销和公共关系不同的各种用于直接诱导顾客购买的活动和方法的总称，是市场营销不可或缺的一种促销手段。

一、旅游营业推广的概念

旅游营业推广也称为旅游销售促进，它是指旅游目的地国家或地区、旅游组织或旅游企业在某一特定的时期和空间范围内，对旅游者或旅游中间商提供短期性刺激和鼓励的一种活动，目的在于促使旅游者或旅游中间商尽快或大量购买特定的旅游产品及服务。旅游营业推广强调在特定的时间和空间范围内，针对某些特定旅游产品及服务，进行临时或短期性的带有馈赠或奖励性质的促销，其直接效果是使旅游者或旅游中间商尽快或大量购买旅游产品及服务。从长期看，旅游营业推广并不能使产品销售量有非常大的改观，但在较短的一段时间内，它往往比广告更能促进销售量的增长。

二、旅游营业推广的特点

旅游营业推广与广告、人员推销、公共关系相比，具有如下特点：

（一）刺激性强

旅游营业推广是为了使旅游者或旅游中间商尽快或大量购买特定旅游产品及服务的促销手段，这也就决定了旅游营业推广必须具有强烈的刺激性。加大推广产品的吸引力，把旅游者直接引向旅游产品，激发旅游需求快速产生，往往能形成旅游者的即时购买。相关研究成果表明，有时人们并非真正需要某一旅游产品，但当他们得到一张折价券或赠品券时，购买行为就会发生。有了一次购买，如果还有累积优惠，旅游者对该产品的注意和兴趣就会增强，购买次数也就会明显增加。

（二）短期效果显著

在开展旅游营业推广活动中，可选用的方式多种多样。一般说来，只要能选择合理的营业推广方式，就会很快地收到明显的增销效果，这与广告和公共关系需要一个较长的时期才能见效明显不同。因此，营业推广适合于在一定时期、一定任务的短期性促销活动中使用。

新产品在投入旅游市场的初期常常不为大多数旅游消费者所认识和了解，旅游者也就很难对产品产生兴趣或产生购买行为。这时，采用旅游营业推广这一促销方式，就能够在短期内迅速扩大影响，获得旅游者的了解和认可，并很快打入目标市场。如餐厅对新开发的产品实行免费品尝或以成本价进行销售，旅行社对其新线路推出“特价优惠旅游”等。

（三）非常规性，非经常性

广告、人员推销和公共关系都是常规性的促销方式，而多数营业推广方式则是非常规性和非经常性的，只能是它们的补充方式。利用营业推广方式开展促销活动，虽能在短期内取得明显的效果，但它一般不能单独使用，常常配合其他促销方式使用。旅游营业推广的运用能使与其配合的促销方式更好地发挥作用。

三、旅游营业推广的方式

旅游营业推广的对象一般是旅游者和旅游中间商。针对不同的推广对象，旅游营业推广的方式也有所不同。

（一）针对旅游者的营业推广

对旅游者进行营业推广，目的在于“吸引新客人，稳住老客人”，即劝诱新的旅游者积极尝试购买，鼓励老客户经常和重复购买。其具体方式有以下几种：

1. 会员制

会员制是向会员提供优惠的价格和服务的方式，是促进销售的一种手段，在旅游酒店中常用。酒店可以通过建立自己庞大的会员体系，稳定客源，形成相对稳定的销售网络。

2. 直接降价

直接降价是一种单纯的折价形式，简单易行，但降价容易引发价格大战，一般不单独使用，可作为促销组合的一部分或作为特定时期的非常措施加以运用。

3. 赠送礼物

赠送礼物有多种。赠券是一种凭证和证明，可以赋予旅游者对特定旅游产品及服务进行折价购买的权利。使用赠券是最流行的营业推广方式之一，赠券可以有效刺激旅游者尝试新的旅游项目、临时提高销售量，但赠券不能长期使用，因为这种手段容易被模仿，从而引发变相价格战。赠送宣传品、旅游纪念品或特定旅游项目也是旅行社常用到的营业推广方式。

4. 奖励

奖励是随着旅游者对某种旅游产品及服务的购买量达到一定数量而获得的免费或折价优惠，它是以旅游者明确的购买行为为前提的。奖励的方式多种多样，如现场抽奖、直接奖励、持续性的积分奖励等，很多航空公司就采用里程积分奖励这种方式提高客户忠诚度，巩固市场份额。

（二）针对旅游中间商的营业推广

对旅游中间商的营业推广，目的在于提高旅游中间商的销售积极性，争取旅游中间商的支持与合作，可以采用以下 3 种方式：

1. 价格折扣

例如，旅游饭店在客房价格方面、航空公司在机票价格方面给予合作的旅游中间商一定比例的价格折扣。

2. 提供旅游宣传品和给予推广津贴

目的是激励旅游中间商推广和销售某一产品，如在旅游新产品的宣传推广时，可以向中间商提供用于陈列和展示的广告招贴画、宣传小册子、音像资料等。

3. 举办旅游交易会

这是为旅游中间商提供宣传促销的一种常用方法。

第五节　旅游公共关系

一、旅游公共关系的概念

公共关系是指某一组织以改善与社会公众的关系，促进公众对组织的认识、理解及支持，达到树立良好组织形象、促进商品销售为目的的一系列公共活动。它是一种状态，任何一个组织或个人都处于某种公共关系状态之中。它又是一种活动，当一个组织或个人有意识地、自觉地采取措施去改善和维持自己的公共关系状态时，就是在从事公共关系活动。

旅游公共关系是指旅游目的地国家或地区、旅游企业为增进社会的信任和支持，通过传播媒介，在社会公众中树立、维护良好的形象和信誉，发展与社会公众之间良好的关系，营造有利于旅游业发展的经营环境而采取的一系列措施和行动。旅游公共关系是一种促进与公众良好关系的方式，如通过新闻报道宣传旅游企业，旅游企业通过参与社会公益活动展示、传播企业奉献社会的良好形象等。但旅游公共关系的促销作用是间接性的，即旅游公共关系不是直接推销旅游产品，不追求直接的销售效果。

二、旅游公共关系的作用

旅游公共关系在塑造旅游目的地国家或地区、旅游企业良好的公众形象、提高其知名度和美誉度、增强市场竞争力方面具有重要作用，主要表现在以下三方面：

（一）树立良好的旅游形象

旅游公共关系的根本目的就是通过深入细致、持之以恒的具体工作，树立与发展旅游目的地和旅游企业的良好形象，建立良好的信誉，以取得社会公众的理解，进而赢得信任和支持。良好的形象和信誉是任何组织无形的财富，也是吸引旅游者至关重要的因素。如四川峨眉山－乐山大佛风景区2009年策划了一次冬季公关事件营销——《我和同性美女的雪山婚礼》。作品于12月7日开始发布，12月17—23日，“事件”陆续扩散到重庆及外省数十家网站上。通过全网传播，总点击量达到了200多万人次，主贴点击量达到20万人次，主贴回复量近万人次。一个月的公关传播中，提高了峨眉山整体品牌的形象，提升了美誉度，在旅游旺季实现了景区的良性曝光，并有效引导了受众群体的选择倾向。

但是，旅游目的地及旅游企业良好形象的树立并不是一朝一夕的事，旅游目的地及旅游企业本身均处在一个不断发展的过程之中。因此，旅游公共关系工作要随着组织的发展不断创造良好的社会环境和舆论环境；公关人员必须充分发挥公关的积极作用，经常进行市场调查，了解旅游目的地及旅游企业形象在公众心目中的变化；分析公众的心理、意向及其变化趋势，及时做出预测，及时调整公关策略，使组织的发展趋势与公众意向相吻合，让良好的形象在公众的心目中经久不衰。

（二）促进效益的提高

无论是旅游目的地还是旅游企业，其最终目标是为了获得理想的经济效益和社会效益。旅游公共关系的促销作用虽然是间接性的，即旅游公共关系不直接推销旅游产品，不追求直接的销售效果，但它对旅游目的地和旅游企业的经济效益、社会效益影响巨大。第一，旅游公共关系可以增强旅游目的地和旅游企业的竞争力，使其在竞争中立于不败之地；第二，旅游公共关系能改善旅游企业的市场环境，开拓产品销路，理顺销售渠道；第三，旅游公共关系可以加强旅游企业与外部环境的联系，形成正确的经营决策，抓住经营的最佳时机，从而获得最佳的综合效益。

（三）扩大影响，提高知名度

旅游公共关系提高旅游目的地国家或地区、旅游企业的知名度，让公众了解该旅游目的地国家或地区、旅游企业，扩大影响。所谓“酒香也怕巷子深”，一个旅游目的地无论它的旅游资源种类多么丰富，服务多么热情周到，无人知道，无游客到来，目的地旅游业的生存和发展都会受到影响。因此，旅游目的地发展的首要因素是要让旅游者了解、知道，从而到当地旅游，使用和享受旅游目的地的旅游资源、旅游设施与服务。

三、旅游公共关系的方式

公共关系作为一种可信度较高的信息沟通手段，为多数组织所采用，通常有以下几种方式：

（一）参与和举办各种活动

旅游目的地和旅游企业可以积极参与和举办特别的活动来吸引公众的注意。如旅游产品展销会、旅游目的地推介会、参与制作有影响力的电视（电影作品、微电影）等。例如，成都旅游局和梦工厂合作拍摄了电影——《功夫熊猫》。在影片中，神龙大侠“阿宝”在充满成都元素的凤凰城里大施拳脚，俏皮亮相。担担面、四川火锅、鸡公车、宽窄巷子、青城山都成为影片的视觉元素。功夫熊猫“阿宝”俨然成了成都的形象代言人。这些都归功于成都市旅游局与梦工厂的合作。成都选择将目标锁定在《功夫熊猫》这一有着全球性影响力的载体上，并以非商业的方式进行合作，以资源、热情和专业性表现来打动对方。在国内，《功夫熊猫 2》上映仅 9 天，票房已经突破 3 亿元大关。全球也掀起观影热。在韩国，上映首周“阿宝”吸引了超过 150 万人次的观众；在美国，“阿宝”驾临全美 3 925 家影院的 7 500 块银幕，首周卷走 4 800 万美元的票房收入。所以，踌躇满志的不仅仅是“阿宝”，还有熊猫故乡——成都。

（二）公益赞助和捐赠

旅游企业可以赞助教育、环保、健康等公益事业，还可以对发生灾害的地区和人民进行捐赠。这些赞助和捐赠活动一方面表现了企业高度的社会责任感；另一方面，公众透过这些活动，对企业增加了认知，产生了好感，从而有助于树立良好的公众形象，巩固企业的市场地位。

（三）大型事件赞助

旅游目的地和旅游企业还可以通过赞助国内外有价值的事件来实现新闻覆盖率，同时这些事件也有助于提高旅游品牌知名度，如赞助一些体育、音乐、文化、艺术活动以及与旅游相关的学术竞赛等。如“世界小姐总决赛”5 次落户三亚，使三亚成为名副其实的“世界小姐之家”。三亚借助这一知名的国际赛事，倾力打造“美丽经济”。在长达一个月的赛事举办期间，世界各国新闻媒体记者、赞助商，还有数以万计的游客云集三亚，不仅直接拉动当地旅游消费，而且向世界展示海南国际旅游岛的自然之美、人文之美，树立充满青春活力和健康朝气的热带滨海旅游城市的形象，使三亚成为中国美丽文化的摇篮。

（四）利用或创造新闻

旅游公关人员要利用和策划有吸引力的新闻事件，或举行活动创造机会以吸引新闻界和社会公众的注意，扩大影响，提高知名度。由于新闻界是站在第三方的立场，能客观公正地提供信息，因而可信度高，容易被社会公众信服。

四、旅游危机公关

旅游危机公关是指在旅游活动过程中发生了危及公共关系（旅游者、旅游企业、旅游目的地居民、旅游目的地政府之间相互关系）的事件，该事件对旅游目的地的在公众心中形象造成影响，对旅游业的持续发展造成威胁，涉及旅游危机事件的相关主体对危机事件的态度所采取的措施及处理方式，包括消除影响、恢复形象、重新建立与消费者正面沟通关系等。

就旅游行业来说，旅游目的地之间的市场竞争日趋激烈，旅游企业面临各种压力与挑战，旅游市场目前并不十分规范，游客在吃、住、行、游、购、娱等方面容易与其他几个方面产生矛盾。因此，危机在旅游行业时时刻刻存在着。引发危机的原因有两个：一个是旅游企业本身的原因造成危机，如 2010 年的“香港强迫购物门”事件就是一起由旅行社违规、旅游监管不力共同造成的危机；另一个是旅游企业被动造成的危机，如 2009 年一个题为《解一次小便被敲诈 2.2 万元——贵州旅游虎口脱险记》的帖子在国内各大网站上传播，发帖者称“自己作为一名旅游者，仅仅因为在贵州黔东南苗族侗族自治州某个苗族村寨的一户村民家门口小便，就遭到村民敲诈，要求赔偿 2.2 万元”。据有关媒体的粗略统计，转载这个帖子的网站达 100 多个，点击量超过 100 万人次。然而经过调查，事件的经过并非完全如发帖人所述，但事实上却对贵州黔东南州乃至整个贵州旅游业的形象产生了恶劣的影响。

无论是什么原因引发的危机，对于旅游目的地和旅游企业来说都是危机。做好旅游危机公关，重塑良好形象才是关键。从长远来看，提升服务质量才是避免危机的最好方法，要在日常管理中多进行公关传播，树立旅游品牌良好的公众形象。当危机发生时，应做到以下几点：第一，成立危机公关小组，寻找、控制并处理危机源头，避免事件进一步扩大；第二，在危机爆发过程中，旅游企业表明态度、主动承担责任，实施有效措施、对相关利益群体进行关怀，信息及时披露与化解矛盾，避免信息扩散传播；第三，危机过后重振旅游目的地形象，恢复旅游者信心。

知识归纳

旅游促销就是旅游营销者将有关旅游产品、旅游企业、旅游目的地的信息，通过各种媒介传递给旅游产品的潜在购买者，促使其了解、信赖并购买自己的旅游产品，以达到扩大销售目的的一系列活动。常用的四种促销方式有广告、人员推销、营业推广及公共关系。

旅游广告是指旅游目的地国家或地区、旅游企业或旅游组织以付费的形式，通过媒体向目标市场的公众传播经过选择和加工的旅游信息，以扩大影响、提高知名度、树立鲜明旅游形象、促进旅游产品销售的一种促销方式。

旅游人员推销是通过销售人员与潜在客户的直接沟通来达成交易的一种促销方式。旅游推销过程分为发掘客户、推销准备、见面推销、异议处理、促进成交、后续服务六个阶段。

旅游营业推广是指旅游目的地国家或地区、旅游组织、旅游企业在某一特定的时期和空间范围内，对旅游者或旅游中间商提供短期性刺激和鼓励的一种活动，目的在于促使旅游者或旅游中间商尽快或大量购买特定的旅游产品及服务。旅游营业推广具有刺激性强，短期效果显著及非常规性、非经常性的特点。针对不同的推广对象，旅游营业推广的方式有所不同。

旅游公共关系是指旅游目的地国家或地区、旅游企业为增进社会的信任和支持，通过传播媒介，在社会公众中树立、维护良好的形象和信誉，发展与社会公众之间良好的关系，营造有利于旅游业发展的经营环境而采取的一系列措施和行动。旅游公共关系的方式有参与和举办各种活动，公益赞助和捐赠，大型事件赞助，利用和创造新闻等。旅游危机公关是指在旅游活动过程中发生了危及公共关系的事件，涉及旅游危机事件的相关主体对危机事件的态度所采取的措施及处理方式。

案例解析

张家界旅游营销大全

近十年来，张家界在中国网络上可谓风生水起，各种营销事件层出不穷，如俄罗斯空军特技飞行表演、新疆达瓦孜天门山世界最陡钢丝极限挑战，“卡通市长”亮相张家界国际乡村音乐节，借助电影《阿凡达》营销张家界、世博园张家界“卖空气”等。这些不同时期不同类型的各类网络营销事件，着实让张家界这一座旅游城市在世人面前大出风头，一次次占据各大网络媒体的头条，一次次吸引广大网民的眼球。

张家界拥有中国第一个国家森林公园——张家界国家森林公园，武陵源风景区更有世界自然遗产、国家5A级风景区、世界地质公园等一系列头衔，可谓出身“名门望族”。虽说“皇帝的女儿不愁嫁”，但张家界为何一直在网络上进行炒作，个人不得而知。引用张家界市政府官员的话是“旅游经济是‘眼球经济’‘注意力经济’，没有众多的网络营销，就不会有源源不断的游客。未来，张家界在营销方面还将不断推陈出新，让更多旅游者不仅要来第一次，还要来第二次、第三次”……不管怎么样，张家界的各种网络营销真的让张家界旅游业空前成功，不少慕名而来的海外游客表示，可能没听说过长沙，但张家界的名字却很熟悉。2009年，张家界共接待了国内外游客1 900万人次，旅游总收入实现了100亿元，在国内同类旅游城市中处于领先水平。而仅仅2010年上半年，张家界接待中外游客817万人次，实现旅游总收入43亿元，分别较上年同期增长了16%和19%。在向全球展示张家界的旅游资源优势的同时，张家界开拓境外市场也获得极大成功。2011年来自境外的游客已达到140万人次，包括韩国、日本、东南亚、欧美、澳洲等地的游客。

历数近十多年来张家界的网络营销事件

1999年“穿越天门”世界特技飞行表演

时间：1999年12月8—11日

影响：来自美国、匈牙利、俄罗斯、捷克、斯洛伐克、立陶宛、德国、法国、哈萨克斯坦等9个国家的15名运动员（包括进入世界排名前10位的特技飞行员）为人类历史上演了一场征服自然、挑战极限的“前无古人”的“空中芭蕾”，此次活动让张家界闻名世界。

张家界2006年俄空军特飞表演“穿越天门”事件

时间：2006年3月17—19日

策划人：叶文智

结果：被迫取消；叶文智酝酿了几千个日日夜夜，消耗了人力、物力、财力无数。他旗下公司的损失不下3 000万元。

评论：作为中国“俄罗斯年”的重头戏之一，“2006俄罗斯空军张家界天门山特技飞行表演”活动终于在一片喧嚣声中落下帷幕，活动最大的卖点“穿越天门”也因各方面的阻力最终功亏一篑。

借助《阿凡达》营销张家界

时间：2009年

影响：张家界在“阿凡达”事件营销方面，进行了多层次的深挖。首先悬赏10万元找悬浮山的“真迹”，然后开展与黄山的悬浮山原型之争；接着开展山的冠名，将乾坤柱更名为“哈利路亚山”，甚至还有后续的黄龙洞——将表演场地命名为“哈利路亚音乐厅”。这次营销影响深远，很多国外游客就是通过《阿凡达》电影更加了解了张家界，张家界境外旅游市场得到有力的开拓。

中国张家界·国际乡村音乐周之“卡通市长”

时间：2009年5月

影响：湖南张家界“卡通市长”赵小明“丑化自己”，以夸张卡通造型代言“国际乡村音乐节”一事，当时在海内外引起广泛关注，赵小明也一跃成为炙手可热的网络红人。google“卡通市长”可找到相关网页519 000篇，百度则可找到相关网页5 770 000篇，试播中的湖南卫视国际频道更是24小时全天候高频率滚动播出“卡通市长”的形象宣传片，中国香港《明报》、日本《中文导报》、新加坡《联合早报》、加拿大《华侨时报》和美国《侨报》等世界知名华文媒体都对此事进行了大篇幅的报道，“卡通市长”这回是真的“红”遍全世界，张家界也再次“红”遍网络。

“卡通市长”世博园里卖空气及空气MM营销

时间：2010年7月26日

地点：上海世博园

影响：“卡通市长”赵小明把特制的6瓶空气分别赠送给五大洲的6个国家馆，还举行了实地呼吸张家界空气的“幸运观众抽奖”活动。1 500名现场观众中有150位获赠张家界空气纪念品。另外在网络上，一组张家界空气MM的照片迅速走红网络。

张家界天门山“冰冻活人”大赛

时间：2011年1月3日

地点：张家界天门山

嘉宾：耐寒奇人陈可财和中国第一“雪人”金松浩与全国各地知名媒体

结果：媒体报道很给力，2日在线直播点击率一路飙升，高达30多万人次。

其他的还有“寻找翠翠”“湘西压寨夫人”“天门山虎照”“海选狐仙”，像这类网络营销事件，张家界真的还有很多。

在我们目前所处的网络环境中，所有的网络营销基本都是和市场挂钩的，功利性太强；只要是做营销，最关心的还是自己的利益。网络营销本身就是双刃剑，既然是营销，就是市场行为，营销行为和举措只要不违法，就无可厚非，但是一定要对网络营销行为有预见性，要对营销后果做到尽量可控。

张家界近十年来的一些网络营销已经引起广大网民的关注。在一些网民的关注下，张家界也发生了一些较为反面的营销事件，如早些时候的“电视台卖药”“公安局内酒店”“张家界天门山虎照”等。这些事件后果还是较为反面的，甚至可以说张家界之前做的那么多增加城市美誉度的努力在一夜间化为乌有。另外，在市场经济环境的网络营销中，政府应该发挥其职能，预测可能产生的负面效果并对其进行评估，并表现出相应的理性。

（资料来源：张家界旅游景区在线官网 http：//www. zjjto. com/news/news_ 3091. html，2011. 1. 10）

思考与讨论：

1. 对于张家界的网络营销，你的态度是支持还是反对，为什么？

2. 张家界的网络营销主要运用了哪些旅游促销方式？其优势有哪些？是否适合你所在的城市？为什么？

复习思考

1. 有人说“促销其实就是做广告”，你同意这种观点吗？为什么？
2. 比较几种常见旅游广告媒体的优缺点。
3. 旅游推销人员应如何做好自己的工作？
4. 如何理解公共关系在旅游目的地国家或地区促销中的作用？
5. 请谈谈旅游危机公关的重要性。

实务训练

班级同学合理分组，每组选取一个旅游企业，通过互联网或实地搜集该旅游企业的详细资料。假设国庆节即将来临，请你为该旅游企业设计一份与国庆主题相契合的促销组合策划方案。

第十章

旅游服务市场营销

学习目标

1. 了解旅游服务市场的概念、特征和营销组合；
2. 掌握服务营销组合；
3. 了解服务质量的内涵；
4. 掌握旅游服务营销的特点。

实训要求

1. 了解旅游服务质量的评估方法，熟练运用于提高旅游企业服务质量；
2. 熟练运用旅游服务质量营销技术。

案例导入

海底捞的服务营销

在北京，如果你要问四川简阳这个地方，可能没多少人知道。但是，你要问北京哪家火锅店最火？很多人肯定都会告诉你，“当然是海底捞啊”。北京各种档次的餐馆林立，很多餐馆都为客源发愁，而在海底捞，很多客人宁愿在外排队等候很长时间，也要在这里就餐。其生意火爆的程度让很多知名餐馆、酒店都羡慕不已。人们不禁要问，一家来自四川简阳小县城的火锅店，如何在北京创下如此骄人的业绩，成为中国餐饮业的“海底捞”现象？

海底捞在人们心中之所以有这么高的知名度，主要取决于它的服务。客户不是上帝，客户也没拿自己当上帝。但是每个客户都渴望得到一点尊重，都渴望得到公正的对待，希望自己花的每一分钱都要物有所值。其实，我们的消费者要求并不高，还远远没有达到苛刻的程度。中国消费者对企业很包容，有时只要“服务态度好点，速度快点，多赔笑脸”就能赢得客户的原谅和好感，甚至能让企业从同行中脱颖而出。海底捞的服务特点有以下几个方面。

基本服务：

1. 提供舒适的用餐环境和专业的服务人员。

2. 每家餐厅的位置交通都很便利。

3. 24 小时营业。

4. 提供半份食品服务。

5. 每家餐厅的菜品质量、数量统一。

6. 每家餐厅的服务员都能热情地、及时地、高效地满足顾客的各种需求。

7. 每家餐厅都设有等候专区，并提供多种服务。

扩展服务：

1. 咨询服务：根据每桌用餐的人数及男女老幼比例以及饮食习惯，提供合理的用餐建议。

2. 订单处理服务：在海底捞的官网上，顾客可以根据自身的情况选择便利的用餐地点，进行网上预约（提前一天），包括餐桌和菜品的预约；还提供网上点餐，火锅上门的服务。

3. 招待服务：热情的招待，像火一样；舒适的环境，像家一样；在等候区，提供免费的瓜子、水果、茶水、点心、杂志、上网、棋牌、美甲、擦鞋、儿童专区等一系列的温馨服务；在用餐过程中，服务员会为每位顾客提供围裙，还将顾客放在椅子上的衣服用衣套套好，餐桌上的手机用透明塑料袋封好，防止在用餐过程中被弄脏；给长头发的女士提供橡皮筋；给戴眼镜的顾客送来眼镜布等。

4. 保管服务：提供代客泊车（每周一至周五还提供免费擦车）；酒水保存（顾客自带的白酒在用餐结束后如果没有喝完，可以保存在这家餐厅，以方便下次继续饮用）。

5. 例外服务：提供儿童座椅；蘸料自选服务；解决用餐过程中顾客出现的一切问题，对用餐不满意的顾客进行补偿（打折或免单）。

海底捞火了，有秘密可言吗？好像没有，海底捞也仅仅是遵循了商业的一些基本道理。比如，尊重行业的特点、真心关爱员工、用心服务好客户等。他们将那些基本的工作做细，持之以恒，并兑现对员工和客户的承诺。他们也终于做出了自己的水平，做出了自己的特色和高度，赢得了员工和客户的信赖。或许只有那些将服务看得至高无上的人才能做到这点。

第一节　旅游服务市场营销概述

20 世纪 70 年代以来，世界迎来一个商品同质化、服务差异化的时代，绝大多数商品所面对的市场逐渐演变为买方市场。服务作为一种营销组合要素，在 20 世纪 80 年代中后期开始日益受到重视。由于科学技术尤其是信息网络技术的进步和社会生产力的显著提高，产业升级和生产的专业化发展日益加速，一方面使产品的服务含量，即产品的服务密集度日益增大；另一方面，随着劳动生产率的提高，消费者收入水平的提高，他们的消费需求逐渐发生变化，需求层次相应提高，并向多样化、个性化需求方向发展。目前，许多著名企业已经发现，公司的利润是随着服务质量的提高而增加的。当今市场，服务已经成为企业在营销中致胜的重要竞争力，成为21世纪市场营销的热点。

一、旅游服务市场营销的概念

（一）旅游服务市场营销的含义

旅游服务市场营销，是指旅游企业在充分认识旅游消费者旅游消费需求的前提下，为充分满足旅游者的消费需求在旅游市场营销过程中所采取的一系列活动。

随着服务经济的兴起、市场环境的剧变、营销理论的发展，服务的内涵和外延也在不断变化，服务营销成为学界和业界关注的焦点。服务营销以"研究如何利用服务这一工具促进企业产品和服务的销售并建立顾客忠诚度"为己任，其核心理念是顾客满意和忠诚，通过取得顾客的满意和忠诚来促进企业和顾客之间的交换，最终获取适当的利润和企业的长远发展。尤其是在产品日趋同质化、竞争日趋尖锐化的现代旅游市场中，服务营销更是凸显竞争优势。

（二）旅游服务的本质

（1）服务是由顾客和服务人员共同作用而产生的。如果没有顾客就没有服务的对象，服务是不可能实现的。

（2）服务是有形的实物产品和无形的劳务的混合体。可以分为纯粹的人员服务和实物附带型服务。例如，酒店中的入住和离店服务、旅行社的导游服务是纯粹的人员服务，而客房、餐饮、购物等是实物附带型服务。

（3）服务是以要能够满足顾客需要为前提，如果不能满足需要，服务便没有价值，也不能成为产品出售。这与物质产品的使用价值具有相同的属性。

（4）服务既然是一种劳务产品，就要有偿提供，并能够创造价值和利润。

（三）旅游服务营销体系的构成

服务营销的复杂性和广泛性要求服务营销组合的概念和内容在传统的4Ps营销组合的基础上有所发展。以麦肯锡为代表提出的4Ps营销组合在传统的营销理论中的地位和作用显然无可争议。但随着时代的发展，考虑到服务营销的性质，服务营销组合应该包括传统的4Ps组合和新的组合要素，这样就扩展到了7Ps服务营销组合，包括产品（Product）、价格（Price）、渠道（Place）、促销（Promotion）、人（People）、有形展示（Physical Evidence）和过程（Process）。

1. 人（People）

人是服务营销中非常重要的一个组成要素。因为服务产品的提供是很难离开人而独立存在的，包括服务的提供者和服务的接受者——顾客。服务的本质决定了人对服务营销的影响将是至关重要的。

2. 有形展示（Physical Evidence）

有形展示也是服务营销所必需的。服务的不确定性增加了交易的风险和难度，通过实物和外观的展示可以在不同程度上表示服务的质量和某些其他特征。如餐厅提供酒水服务或桌面服务，通过服务员熟练的专业展示向顾客提供高质量的服务，以获得顾客的信任和选择；此外酒店的外观往往能体现餐厅的定位和风格，以吸引不同的顾客。

3. 过程（Process）

服务和服务营销本身就是一个过程。过程不同将导致服务也不同，因此对服务过程的选择也是影响服务营销组合的重要因素。

表情愉悦、专注和关切的工作人员可以减轻顾客排队等待服务时不耐烦的感觉，或者平息顾客在技术上出问题时的怨言或不满。整个体系的运作政策和程序方法的采用、服务供应中机械化程度、员工裁断权的适用范围、顾客参与服务操作过程的程度、咨询与服务的流动等，都是市场营销管理者要特别注意的事情。

二、3Rs +7Ps 理论——服务营销模式

以 4Ps 营销组合为核心的营销战略的根本目标是扩大市场份额，其基本的前提是市场份额的扩大必然带来利润的提高。在 20 世纪 70 年代中期一项名为“市场份额对利润的影响（PIMS）”的研究证实了这一点。这项研究通过对大企业样本数据的采集、分析和处理，表明市场份额与利润有着直接和重要的关系。

这个结论导致企业很长时间将主要目标放在市场份额的扩张上。企业通过大力的促销及广告来吸引新的消费者，扩大市场份额，却忽视了对消费者的服务和与消费者长期关系的建立。

20 世纪 90 年代以来，市场因为科技的进步、消费文化与心理的变化也经历了巨变，市场竞争日益激烈，这就需要对 PIMS（Profit Impact of Market Strategies，又称战略与绩效分析）进行重新梳理。瑞查德（Riochheld）与塞斯（Sasser）的新研究发现，顾客的满意与忠诚已成为决定利润的主要因素，有的企业在市场份额扩张时，利润反而萎缩，而有着顾客高忠诚度的企业往往获得了大量的利润。瑞查德和塞斯的发现促使企业将营销重点放在如何保留顾客，企业的所有一切都落实到如何提高顾客的满意与忠诚方面，这就产生了服务营销的 3Rs，即顾客保留（Retention）、相关销售（Related Sales）和顾客推荐（Recommend）。

（一）顾客保留

企业与顾客之间建立长期关系以维持和保留现有的顾客，并取得稳定的收入。顾客保留的关键在于取得顾客的满意。顾客的满意是维系与顾客长期关系的基础，是建立顾客忠诚的先决条件。有调查表明，国内 80% 的企业家认为顾客忠诚度就是顾客保留度。

顾客保留能使企业的营销费用持续降低。因为与顾客的交易成本和其他费用会因关系的确立和满意度的提高而下降。彼得德鲁克说：顾客是唯一的利润中心。帕累托的 20 - 80 法则，企业营业收入的 80% 是来自 20% 的顾客，如果能为这部分顾客提供更有针对性的服务，提高顾客的满意度，他们就更有可能成为公司的忠诚顾客，从而持续不断地为公司创造利润。

★实例 10 - 1

昭披耶河畔的东方大饭店风光旖旎，素有光辉传统与历久不坠盛誉，一直是各国元首下榻与富商政要休闲聚会的首选，拥有 400 多间豪华客房，堂皇富丽的设备、精致贴心的服务，更使她稳坐冠军宝座、蝉联泰国最佳饭店 10 余年！

设于昭披耶河对岸的SPA馆，拥有20余间套房疗程、特殊水疗室与阁楼特设冥想室，别有洞天的创意设计，高级建材、完善设施与全套自创SPA用品，更是皇室品质、顶级品位！

东方大饭店获得到的荣耀不胜枚举：被纽约《旅行与休闲》杂志评鉴为世界最好的大饭店；被纽约评鉴为世界第一的SPA PALACE；被伦敦《商务旅行家》评选为世界第一的商务大饭店；被中国澳洲《亚洲商务周刊》评定为亚洲最好的商务大饭店；被中国香港《南中国晨报》评鉴为亚洲第一的饭店；被中国香港《亚洲金融》杂志评鉴为曼谷第一的饭店！

楼层服务员在为你服务的时候会叫出你的名字，餐厅服务员会问你是否要坐一年前你来的时候坐过的老位子，并且会问你是否需要一年前你点过的那份老菜单。生日时，你还可能收到一封他们寄给你的贺卡，并且告诉你，他们全饭店都十分想念你。

泰国东方大饭店几乎天天客满，不提前一个月预订很难有机会入住。用他们的话说，只要每年有十分之一的老顾客光顾饭店就会永远客满。他们非常重视培养忠实的客户，并且建立了一套完善的客户关系管理体系，这就是东方大饭店成功的秘诀。

（二）相关产品销售

顾客满意和顾客保留有助于企业新产品的销售，使企业新产品的推广费用大大降低。老顾客在接受企业的新产品时，对价格也不是特别敏感。这样，企业在新产品及相关产品的销售中利润率就会保持较高水平。

（三）顾客推荐

随着广告信息宣传方式的增多，市场竞争加剧，大众传媒的信息可信度降低，消费者在购买决策时越来越看重亲朋好友的推荐。根据美国消费者协会近几年所做的一项调研发现，高度满意与忠诚的顾客将向其他至少5人推荐该产品或者服务，而不满意的顾客会将该产品或服务告诉5个人以上。所以，对企业来说，满意的顾客是最好的资源，是企业最好的广告。

三、旅游服务的特征

（一）服务的特征

服务作为一种特殊商品，具有以下4个基本特征：

1. 无形性

与有形产品不同，服务在很大程度上是非实体的、无形的和抽象的。

2. 差异性

差异性指服务不像有形产品那样有固定的质量标准，具有较大的差异性。

3. 不可分离性

不可分离性指服务的生产过程与消费过程同时进行，顾客只有加入服务的生产过程才能最终消费服务。

4. 不可储存性

由于服务的无形性和不可分离性，使得服务不可能像有形产品一样储存起来，以备未来销售。

（二）旅游服务的特征

旅游服务属于典型的服务产品范畴，旅游服务产品具有无形性、差异性、不可分离性和不可储存性的特点，从而导致旅游服务呈现出有别于一般市场营销的特点。

1. 旅游服务以人为核心

服务过程，即顾客同旅游服务人员接触的互动过程，顾客对服务过程的参与，使得服务的效果不仅取决于服务者的素质，还与顾客个人行为密切相关。服务营销由此附上了强烈的人性化色彩，旅游服务者和顾客群体便成为旅游服务营销的两个主要目标。

2. 旅游服务需求弹性大

根据马斯洛的需要层次原理，人们的基本物质需要是一种原发性需求，对这类需求人们易形成共性，而人们对精神文化消费的需求属于继发性需求，需求者会因各自所处的社会环境和各自具备的条件不同而形成较大的需求差异。同时，服务需求受外界环境影响很大，如季节的变化、气候的变化、科技的发展等对信息服务、环保服务、旅游服务、航运服务等的需求会造成较大的影响。服务需求弹性是服务营销者必须面对的棘手问题。

3. 旅游服务质量难以控制

服务产品的人性化色彩使得服务产品质量难以用有形产品的统一客观标准来衡量，因此服务产品的质量需要从技术质量和功能质量两方面来测定。技术质量按照服务操作规程来控制，比如中西餐的标准操作规范。功能质量是以顾客感受和获得的满意度来描述。由于服务过程中，顾客与服务者之间的广泛接触和互动影响，现代旅游服务营销的管理扩展到内部营销、外部营销以及顾客管理的整体控制。

4. 分销渠道的特定化

旅游服务产品的不可分离性，使得旅游企业不可能像有形产品的生产企业那样通过批发、零售等物流渠道把产品从生产地送到顾客手中，而只能借助特定的分销渠道推广服务产品。如借助餐厅、旅游交通、旅游景点实现服务生产与消费地点的结合；借助中央预订系统实现顾客与国际连锁酒店客房服务的预订。

5. 缺乏所有权

缺乏所有权指在旅游服务的生产和消费过程中不涉及任何东西的所有权转移。既然旅游服务是无形的又不可储存，那么旅游服务产品在交易完成后便消失了，消费者并没有实质性地拥有服务产品。例如：乘坐飞机后旅客从一个地方被运送到另一个地方，而此时旅客手里除了握着机票和登机牌（而这些物品，是顾客登机前就买到的）之外，他们没再拥有任何东西，同时航空公司也没有把任何东西的所有权转让给旅客。旅客入住酒店也只是暂时拥有房间的使用权，而没有所有权。缺乏所有权会使消费者在购买服务时感受到较大的风险。如何克服这种消费心理，如何促进服务销售，是营销人员所要面对的问题。目前，服务产业发达的国家，很多服务企业逐渐采用“会员制度”的方法来维持企业与顾客的关系。当顾客成为企业的会员后，他们可享受某些特殊优惠，会从心理上感觉到从某种意义上说他们确实拥有企业提供的服务。

第二节　服务质量管理

一、服务质量的内涵和测定

（一）服务质量的内涵

服务质量（Service Quality），按照国际质量认证组织 ISO9000（1994）的定义，指服务满足规定或潜在需要的特征和特性的总和，指服务工作能够满足被服务者需求的程度。服务质量是企业为使目标顾客满意而提供的最低服务水平，也是企业保持这一预定服务水平的连贯性程度。

（二）服务质量的测定

服务质量的测定是服务企业对顾客感知服务质量的调研、测算和认定。

1. 测定标准

从管理角度出发，优质服务必须符合以下标准：

(1) 规范化和技能化：顾客相信服务供应方，职员营销体系和资源有必要的知识和技能，规范作业，解决顾客疑难问题。

(2) 态度和行为：顾客感到服务人员（一线员工）用友好的方式主动关心照顾他们，并以实际行动为顾客排忧解难。

(3) 可亲近性和灵活性：顾客认为服务供应者的地理位置、营业时间、职员和营运系统的设计和操作便于服务，并能灵活地根据顾客要求随时加以调整。

(4) 可靠性和忠诚感：顾客确信，无论发生什么情况，他们能够依赖服务供应者的职员和营运系统。服务供应者能够遵守承诺，尽心竭力满足顾客的最大利益。

(5) 自我修复：顾客知道，无论何时出现意外，服务供应者将迅速有效地采取行动，控制局势，寻找新的可行的补救措施。

(6) 名誉和可信性：顾客相信，服务供应者经营活动可以依赖，物有所值。相信它的优良业绩和超凡价值，可以与顾客分享。

在上述标准中，规范化和技能化与技术质量有关，名誉和可信性与形象有关，它可充当过滤器的作用。而其余 4 项标准——态度和行为、可接近性和灵活性、可靠性和忠诚感、自我修复，都显然与过程有关，代表了服务质量。

与服务感知质量相关的服务监督是可感知控制的。如果客户对消费毫无控制能力，他们就会感到不满足。在 21 世纪的今天，客户和普通消费者都想对服务交易有一定掌控感，不希望总是接受厂商的片面安排。如果这种需求得以满足，将大大提高服务交易的满意程度。管理者应该认真考虑建立监督控制机制。

可感知控制和自我修复之间的关系是显而易见的。如果有突发事件发生，如航班因技术原因晚点，由于缺少监督，顾客丧失对局势的控制能力，很快会造成一种紧张不安的气氛。如果航空公司职员能够迅速、及时、有效地向候机乘客说明缘由，并告知晚点的准确时间，乘客对情况有所了解，有了一定的控制能力，这要比他们一无所知要好得多。自我修复就不仅仅是告诉乘客所面临的困境，至少也要为乘客解决必要的生活问题。

2. 测定方法

服务质量测定一般采取评分量化的方式进行。首先测定顾客的预期服务质量，然后测定顾客的感知服务质量，最后确定服务质量，即：

服务质量 = 预期服务质量 - 感知服务质量

对服务质量的评分量化方法的大致步骤如下：

（1）选取服务质量的评价标准；

（2）根据各条标准在所调查的服务行业的地位确定权数；

（3）对每条标准设计 4 ~5 道具体问题；

（4）制作问卷；

（5）发放问卷，请顾客逐条评分；

（6）对问卷进行综合统计；

（7）运用一系列计算方法分别测算出预期质量和感知质量；

（8）根据"服务质量 = 预期服务质量 - 感知服务质量"公式，求出差值。该差值越大，表明感知服务质量离预期服务质量差距大，服务质量越差；相反，则服务质量越好。

二、服务质量差距模型

经过长期营销实践，美国营销学家帕拉休拉曼（A. Parasuraman）、赞瑟姆（Valarie A Zeithamal）和贝利（Leonard L. Berry）等人提出服务质量差距模型（见图 10 - 1），即 5GAP 模型，是专门用来分析质量问题的根源。

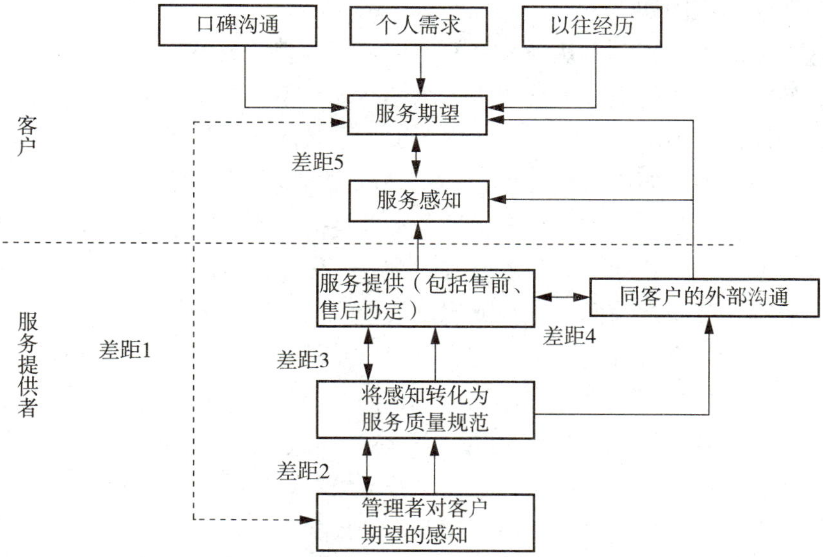

图 10 - 1　服务质量差距模型

如图 10 - 1 所示，顾客差距（差距 5）即顾客期望服务与顾客感知服务之间的差距，这是差距模型的核心。要弥合这一差距，就要对以下 4 个差距进行弥合：差距 1——不了解顾客的期望；差距 2——未选择正确的服务设计和标准；差距 3——未按标准提供服务；差距

4——服务传递与对外承诺不相匹配。

分析和设计服务质量时，这个模型说明了必须考虑的步骤，然后查出问题的根源。要素之间有5种差距，也就是所谓的质量差距。而质量差距是由质量管理前后不一致造成的。5个差距以及它们造成的结果和产生的原因分述如下：

1. 管理者认识的差距（差距1）

这个差距指管理者对期望质量的感觉不明确。对旅游行业而言，这种差距产生的原因有：

除与单纯的经理人员有关以外，还与组织中能够变更或影响服务政策流程的所有员工有关。如对服务传递进行调整的权力已经分配给授权团队和前台人员了。

影响该差距的另一个关键因素就是缺少向上的沟通。前台人员通常对顾客有深入的了解，但管理层如果不经常与前台人员接触，不去了解他们所知道的情况，那么该差距也会扩大。

第三个关键因素是公司战略不是以关系顾客为焦点，仅仅是为了吸引新顾客，而没有维持好或者就没有去维持与老顾客及关系客户的稳固关系。

最后一个影响因素就是缺乏服务补救。即使服务最好的公司，对顾客有清晰的理解，有时也会出现失误。这时的服务补救显得很关键。

2. 质量标准差距（差距2）

这一差距指服务质量标准与管理者对质量期望的认识不一致，即公司虽然对顾客期望有着比较清楚的了解，但没有将这种期望转变为顾客期望的服务质量标准。公司很难制定准确的绩效标准来衡量员工是否服务到位。

这种差距产生的原因如下：

负责设置标准的人员有时会认为顾客的期望是不合理的或不现实的，或者认为服务本身具有可变性，使得他们觉得服务标准化毫无意义，要么不去把服务标准化，要么为了标准化而标准化，设计模糊，不准确，认识上的不足加大了差距2。差距1的大小决定计划的成功与否。但是，即使在顾客期望的信息充分和正确的情况下，质量标准的实施计划也会失败。出现这种情况的原因是最高管理层没有保证服务质量的实现。质量没有被赋予最高优先权。

服务具有无形性，描述和沟通服务就有困难，开发新服务时更是如此，这就要求以顾客需求为焦点，避免在疏忽、片面、主观或偏见的情况下设计服务。

该差距涉及的另一个因素是有形展示。下一节专门对此介绍。服务本身是无形的，那些在服务周围的有形事物我们称之为有形展示。它们是我们用于提供服务的一切东西，如商业卡片、网上展示、提供服务的硬件设施等。这些都可以很好地以有形的方式传递无形的服务，营造服务氛围，塑造企业形象。如今在服务竞争中，顾客感知的服务质量是成功的关键因素，因此在管理清单上把质量排在前列是非常必要的。

总之，服务生产者和管理者对服务质量达成共识，缩小质量标准差距，远要比任何严格的目标和计划过程重要得多。

3. 服务交易差距（差距3）

这一差距指在服务生产和交易过程中员工的行为不符合质量标准，即顾客驱动的服务标准与企业员工的实际服务绩效之间的差距，也就是顾客驱动的服务标准开发与实际服务传递之间的差异。

此差距直接源于职工，但企业不恰当的激励方式会促成这种差距的存在。即使公司有很好的服务绩效指南并正确对待顾客，也未必一定会有优质的服务绩效。这就要求公司提供支持，协助、鼓励、要求职工达到标准。

该差距的影响因素可归纳为三类：第一类因素来自于企业内部，如人力资源管理的无效率；第二类来自于顾客；第三类来自于服务的中间提供商或者第三方服务提供者。

通常引起服务交易差距的原因是错综复杂的，很少只有一个原因在单独起作用，因此解决措施不是那么简单。差距原因粗略分为三类：管理和监督；职员对标准规则的认识和对顾客需要的认识；缺少生产系统和技术的支持。

4. 营销沟通的差距（差距4）

这一差距指营销沟通行为所做出的承诺与实际提供的服务不一致。这种差距产生的原因是：营销沟通计划与服务生产没统一；传统的市场营销和服务生产之间缺乏协作；营销沟通活动提出一些标准，但组织却不能按照这些标准完成工作；有故意夸大其词、承诺太多的倾向。

引起这一差距的原因可分为两类：第一类是由于承诺过高而无法实现其承诺造成的，除了上面所说的夸大宣传会不切实际地提高顾客期望外，一些隐性的外部沟通因素也会影响顾客对服务质量的评价，如企业不能很好地培训顾客如何使用服务，不能管理顾客期望等，都会使顾客的期望过高而造成差距的扩大。第二类是由于企业没能履行本可履行的承诺造成的，如因为天气变化、地理条件不允许等原因而导致旅游路线临时改变，旅游者产生不满情绪。

5. 感知服务质量差距（差距5）

这一差距指感知或经历的服务与期望的服务不一样，它会导致消极的质量评价（劣质）和质量问题、口碑不佳、对公司形象的消极影响、丧失业务等。该差距也有可能产生积极的结果。它可能导致相符的质量或过高的质量。感知服务差距产生的原因可能是前面讨论的众多原因中的一个或者是它们的组合。当然，也有可能是其他未被提到的因素。

差距分析模型指导管理者发现引发质量问题的根源，并寻找消除差距的适当措施。建立顾客导向型的全面质量管理体系，控制管理者的顾客期望感知与顾客真实服务期望之间的差距；强化有效沟通，控制管理者的顾客期望感知与服务质量规范之间的差距；激发员工工作热情，提升员工业务素养，控制服务质量规范与实际服务之间的差距；宣传促销力求“名实相符”，控制“承诺”与“兑现”之间的差距，进而在企业内部打造一个成功的服务构建链条。

★小贴士

酒店服务走进“黄金时代”中国区首个“酒店黄金服务认证”花落佰翔酒店集团

2014年10月24日，美国饭店协会教育学院“黄金服务与认证”授牌仪式在厦门佰翔软件园酒店举行。佰翔酒店集团旗下的厦门佰翔软件园酒店与厦门空港佰翔花园酒店双双获得“黄金服务认证”，美国饭店协会教育学院副总裁Mr. Ed Kastli亲临现场授牌。据了解，这是目前中国区仅有的获得此专业认证的酒店。全球有200多家酒店参与“黄金服务认证”，只有46家通过。通过此认证的酒店员工服务技能有很大进步，客户口碑也明显提升。

作为全球酒店教育的标杆机构，美国饭店协会教育学院提供高质量的酒店业教育、培训及满足全球酒店学校及酒店业的职业资格认证，包括喜达屋、雅高、洲际、里兹卡尔顿等在内的全球顶级酒店集团，均在使用其培训体系。Mr. EdKastli 表示，希望通过此次与佰翔酒店集团的合作，推动“黄金服务认证”，助力中国酒店提升服务质量。

服务理念一脉相承

据了解，“黄金服务”是美国饭店协会教育学院近年研发的一套员工服务理念培训宣贯项目，倡导“真诚、知觉、同情、冠军、惊喜、实现、主动”七个服务要素，与佰翔酒店集团“上善若水”服务理念的七条黄金服务法则“润物无声、灵动若水、感知冷暖、止于至善、如沐甘霖、细水长流、水滴石穿”高度契合。

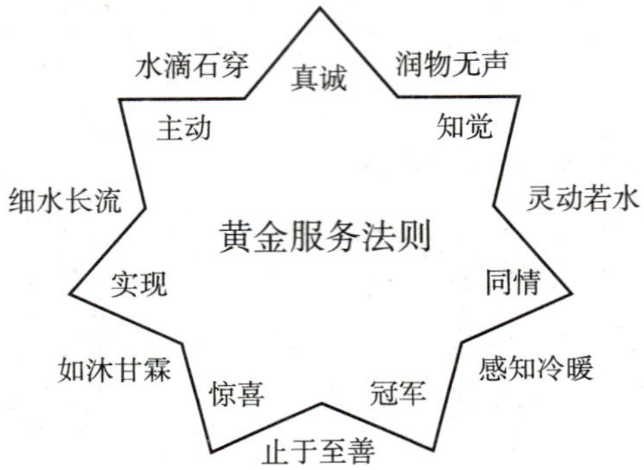

佰翔酒店集团人力资源总监林芳芳在采访中介绍道：“水的特性是体贴灵活而又谦逊，我们认为这是酒店服务的最高境界，所以将‘城市绿洲，上善若水’作为佰翔品牌的核心价值，并在深入理解美国饭店协会‘黄金服务’七要素精神内核基础之上，结合自身特色梳理出佰翔酒店集团七条黄金服务法则，可谓是一脉相承。”

（资料来源：中国日报中文网：http：//business. chinadaily. com. cn/sygc/2014 －10 －28/11883. html，2014. 10. 28）

第三节　服务的有形展示

一、有形展示的类型

所谓“有形展示”（Physical Evidence）是指在服务市场营销管理的范畴内，把服务内容以有形的具象展现给客户的活动。在产品营销中，有形展示基本上就是产品本身，而在服务营销中，有形展示的范围就较广泛。事实上，服务营销学者不仅将环境视为支持及反映服务产品质量的有力实证，而且将有形展示的内容由环境扩展至包含所有用以帮助生产服务和包装服务的一切实体产品和设施。这些有形展示，若善于管理和利用，则可帮助顾客感觉服务产品的特点以及提高享用服务时所获得的利益，有助于建立服务产品和服务企业的形象，支持有关营销策略的推行；反之，若不善于管理和运用，则它们可能会传达错误的信息给顾客，影响顾客对产品的期望和判断，进而破坏服务产品及企业的形象。

对有形展示可以从不同的角度做不同的分类。不同类型的有形展示对顾客的心理及其判断服务产品质量的过程有不同程度的影响。

（一）根据有形展示能否被顾客拥有，可分为边缘展示和核心展示两类

1. 边缘展示

边缘展示指顾客在购买过程中能够实际拥有的展示。这类展示就其本身价值而言，大多属于低值易耗品。比如电影院的入场券，它只是一种使观众接受服务的凭证；在宾馆客房里通常有很多包括旅游指南、住宿须知、服务指南以及笔、纸之类的边缘展示，这些代表服务的物品设计，都是以顾客心中的需要为出发点，它们无疑是企业核心服务强有力的补充。

2. 核心展示

核心展示与边缘展示不同，在购买和享用服务的过程中不能为顾客所拥有，但核心展示却比边缘展示更重要。因为在大多数情况下，只有当这些核心展示符合顾客需求时，顾客才会做出购买决定。例如，宾馆的级别、银行的形象、出租汽车的牌子等，都是顾客在购买这些服务时首先要考虑的核心展示。

边缘展示与核心展示加上其他现成服务形象的要素（如提供服务的人），都会影响顾客对服务的看法与观点。一位顾客想要判断某种服务的优劣，尤其在使用或购买之前，其主要的依据就是环绕着服务的一些实际性线索、实际性的呈现所表达出的东西。

（二）按照有形展示的构成要素进行划分，主要表现为两种类型：实体环境和信息沟通

1. 实体环境

服务企业的实体环境是由背景因素、设计因素和社交因素决定的。

（1）背景因素，是指消费者不大会立即意识到的环境因素，如气温、温度、通风、气味、声音、整洁等因素。如果服务环境中缺乏消费者需要的某种背景因素，或某种背景因素使消费者觉得不舒服，他们才会意识到服务环境中的问题。消费者通常假定服务场所的背景环境应该完美无缺。因此，一般说来，良好的背景环境并不能促使消费者购买；然而，较差的背景环境却会使消费者退却。最近几年人们就空气质量讨论频率最高的一个词是“雾霾”。雾霾严重的地方成了阻碍人们前往旅游的一个重要因素。

（2）设计因素，是指刺激消费者视觉的环境因素。与背景因素相比，设计因素对消费者感觉的影响就比较明显。设计精美的服务环境更能促使消费者购买。设计因素又可分为艺术设计（如建筑物式样、风格、颜色、规模、材料、格局等）因素和功能设计（布局、舒适程度等）因素两类。服务设施内外设计状况都可能会对消费者的感觉产生重大影响。如厕所主题餐厅的厕所主题设计，使成年人用童真的视角看世界，身处一个玩味十足的环境，儿童自我心理空间会异常活跃，有助于释放长期累积的消极情绪。

（3）社交因素，是指服务环境中的顾客和服务人员。服务环境中的顾客和服务人员的人数、外表和行为都会影响消费者的购买决策。服务人员代表服务企业。服务人员的仪态仪表是服务企业极为重要的实体环境。服务人员衣着整洁、训练有素会令人愉快，消费者才会相信他们能够提供优质服务。

2. 信息沟通

信息沟通是另一种服务展示形式，这些沟通信息来自企业本身以及其他引人注意的地方。从赞扬性的评论到广告，从顾客口头传播到企业标记，这些不同形式的信息沟通都传递了有关服务的线索，使服务和信息更具有形性。有效的信息沟通有助于强化企业的市场营销战略。

（1）服务有形化。让服务更加实实在在而不那么抽象的方法之一，就是在信息交流过程中强调和服务相联系的有形物，这样就可把与服务相联系的有形物推到信息沟通策略的前沿。麦当劳公司针对儿童的“快乐餐”计划十分成功，正是运用了创造有形物这一技巧。麦当劳把汉堡包和法国油炸食品放进一种被特别设计的盒子里，里面有游戏、迷宫等图案，也有麦当劳的图像，这样麦当劳就把目标顾客的娱乐和饮食联系到了一起。这个例子证明使用有形因素能使服务更容易被感受。

（2）信息有形化。信息有形化的一种方法就是鼓励对企业有利的口头传播。如果顾客经常选错服务提供者，那么他特别容易接受其他顾客提供的可靠的口头信息，并据此做出购买决定。信息有形化的另一种方法是在广告中创造性地应用容易被感知的展示。

二、有形展示的管理

市场营销活动成功的关键是管理与无形服务相关的有形因素，通过服务展示的管理向顾客传递适当的线索，这样能帮助顾客更好地理解“我们买什么产品”“我们为什么要买它?”因为，顾客总要在服务环境、信息沟通和价格中寻找服务的代理展示物，根据有形线索推断服务的质量价值和特点，用来指导其购买选择。

鉴于有形展示在服务市场营销中的重要地位，服务企业应善于利用组成服务的有形元素，突出服务的特色，使无形无质的服务变得相对有形和具体化，让顾客在购买服务前，能有把握判断服务的特征及享受服务后所获得的利益。因此，加强对有形展示的管理，努力借助这些有形的元素来改善服务质量，树立独特的服务企业形象，无疑对服务企业开展市场营销活动具有重要意义。

服务企业之所以要采用有形展示策略是因为服务产品具有不可感知的特性，而对“不可感知性”则可以从两个方面理解：一是指服务产品不可触及，即看不见摸不着；二是指服务产品无法界定，难以从心理上进行把握。因此，服务企业要想克服营销方面的难题，采用有形展示策略，也就应从这两个方面出发，一方面使服务有形化，另一方面使服务从心理上容易把握。

（一）服务有形化

服务有形化就是使服务的内涵尽可能地附着在某些实物上，正如“康师傅”的一句广告词所描写的那样：“好吃看得见”。服务有形化的典型例子是银行信用卡。虽然信用卡本身没有什么价值，但它显然代表着银行为顾客所提供的各种服务，达成顾客“一卡在手，便可世界通行”的愿望。

（二）使服务在心理上容易把握

除了使服务有形化之外，服务企业还应考虑如何使服务更容易地为顾客所把握。通常需要遵循两个原则。

1. 把服务同易于让顾客接受的有形物体联系起来

由于服务产品的本质是通过有形展示表现出来的，所以有形展示越容易理解，服务就越容易为顾客所接受。运用此种方式时要注意：

（1）使用的有形物体必须是顾客认为很重要的，并且也是他们在此服务中所寻求的一部分。如果所用的各种实物都是顾客不重视的，就会产生相反的效果。

（2）必须确保这些有形实物所暗示的承诺在服务被使用时得到兑现，也就是说各种产品的质量必须与所载明的承诺相符。

如果以上的条件不能做到，那么所创造出来的有形物体与服务之间的联结必然是不正确的、无意义的和具有损害性的。

2. 把重点放在发展和维护企业与顾客的关系上

使用有形展示的最终目的是建立企业与顾客之间的长久关系。服务业的顾客，通常都被鼓励去寻找和认同服务企业中的某一个人或某一群人，而不只是认同服务本身。如在广告代理公司的客户经理，管理研究顾问咨询公司组成客户工作小组等。所有这些都是强调企业应关注以人表现出来的服务质量和水平。因此，服务提供者的作用很重要，他们直接与顾客打交道，不仅其衣着打扮、言谈举止影响着顾客对服务质量的认知和评价，他们与顾客之间的关系也将直接决定顾客与整个企业关系的融洽程度。

另外，其他一些有形展示亦能有助于发展同顾客的关系，如企业向客户派发与客户有关的具有纪念意义的礼物就是出于此种目的。

★小贴士

不同颜色代表联邦快递的不同服务：橘色代表准时送达的全球快递服务；绿色代表准时送达的陆运服务；蓝色代表全新的商业服务中心。三种颜色汇集则为紫色，象征联邦快递致力于提供服务的“紫色承诺”精神。联邦快递的有形展示传递着联邦快递服务的精神和文化。

三、服务环境设计

服务环境设计指以设施布局为核心，对组成服务环境的所有区域和所有环境要素进行总体规划和设计。

（一）服务环境设计的内容

服务环境设计的内容主要包括环境条件设计、设施布局与功能设计以及标识与人造物设计。

1. 环境条件设计

环境条件设计指服务环境的基本背景要素，包括空间大小及内部结构、室温、照明、噪声、音乐、气味、色调等。

2. 设施布局与功能设计

按照不同的功能，设置不同的服务提供场所。

3. 标识与人造物设计

标识与人造物设计指服务环境中传达服务信息的要素，包括标志牌、指示牌、宣传招贴、装饰画、服务器具等。

（二）服务环境设计的原则

服务环境设计要坚持人性化设计的原则，特别是要以人体工学来指导服务业的环境设计。

1. 服务环境人性化设计的内涵

服务环境的人性化设计是体现以人为本的环境设计理念。服务环境设计时，要体现客户和服务传递者的需求。“人”的需求由三部分组成：审美需求、自然生理需求和心理需求。人性化的理论基础是“人体工程学”——环境设计要符合人类的审美情趣，将环境与人体的相互吻合放在首位，与人体的自然需求相适应，增加人体在环境中的“自然舒适性”。

2. 服务设施设备与人体自然形态

各类服务硬件必须考虑人体自然形态的因素。人体自然形态包括人体的自然行为高度、人体运动器官长度和人体自然生理曲线。

人体的自然行为高度是指人体直立高度和各种行为状态下身体各部位的高度。这是环境设计的重要参考，如柜台高度、台面宽度、座椅靠背高度、ATM 高度及操作界面大小等。

人体运动器官长度决定了人的工作范围和活动范围的大小。

人体自然生理曲线是指人体脊椎曲线。这是座椅靠背、椅面材质的参考依据，目的是确保服务工作的安全性、舒适性。

我们必须要承认，在契合人体工学这一方面，中国的服务业做得远远不够，有很大的改进空间。

3. 服务设备设计与人体感觉器官

体现“人－机”接触关系的服务设备设计要考虑到人体的正常工作范围和运动器官的舒适性。例如，银行 ATM 电脑键盘的曲面形设计提高了手的舒适程度；银行 ATM 电脑屏幕等“人－机”交流的信息界面应符合人体感官的生理要求：颜色不刺眼，提示性内容在颜色上加以区别，操作按钮按一定规律排列。

4. 服务环境要素对客户和服务者的影响

环境要素指温度、照明、噪声等，它们对客户和服务生产者的行为具有重要的影响。例如，环境温度对客户和服务者的影响是高温让人行动迟缓，低温使人行动迅速；而照明充足让人精神振奋、激起食欲，照明不足催人疲倦、易睡；嘈杂引起焦躁，会分散人的注意力。

（三）服务环境设计应考虑的影响因素

在现实社会生活中，服务环境的内容和形式都是十分丰富的，即使是同一行业相邻地域的服务组织，其服务环境也不尽相同，许多还存在着巨大差别。服务环境的多样性是多种因素综合影响的结果。

1. 服务组织的本质与目标

服务组织的本质和服务的根本目的决定了服务环境的基本内容和标准。汽车旅馆设计总需要有足够的停车位和客房，银行的设计图上总得有金库的位置，而医生的诊疗室设计总得考虑保护病人的隐私，快餐厅的色调设计总显得明快，但豪华的法国餐厅不适宜播放迪斯科音乐。

2. 土地的可获得性和服务空间要求

这是在现实经营中遇到的最实际的问题。经营者很难按自己的意愿获得理想的服务空间所要求的土地，因为这受到了政府用地政策、土地成本、机会、周边用地环境的限制。

好的设计往往要能消化这些限制。如在城市黄金地段向高空发展，麦当劳餐厅使用二楼作为用餐场所就是一个典型案例；新设备（如轻型中央热水器）的应用可节省大量街面用地（将传统的锅炉房置于顶楼）；屋顶花园的建立可使服务组织在不违反政府有关政策的前提下提供服务。

3. 服务的适应性

市场和社会环境的变化极快，要求服务组织能尽快适应各种可能的形势。因此，服务环境设计需要具有较强的适应性。从这个意义上说，服务设计“为未来而设计”。如许多快餐厅在原先的“走进式”购买布局基础上，又增加了“车过式购买”外卖窗口（有时被称为“驶入式”窗口），以适应有车族的用餐需求。新型机场都装备了快行道，使旅客在转机时不会过于劳累。许多新建造的宾馆、饭店已在客房内置入了因特网接口，以迎接网络时代的到来。

服务环境的一次性投资相对较大，而服务环境一旦形成又很难加以改变，即使要改造，其成本和代价也不容忽视。许多服务组织在服务环境设计时为了节省一笔小的追加投资而忽略设计的前瞻性考虑，导致后来改造成本剧增。这是应当避免的。

4. 审美因素

美的含义不在于“豪华”“高档”，而在于“合适”“和谐”。如度假饭店建筑外观更适于采用朴实自然的格调，而不应用以豪华摩登的玻璃幕墙，轻巧干净的塑钢餐椅则更适合用于快餐厅等。

5. 社区与环境

服务环境的建立不应与居民社区和环境的利益相悖。如饭店的建立是否给景区带来水污染的问题，迪斯科舞是否给周边居民区造成噪声污染，游戏房是否影响孩子的学习等。

以上各因素的分析实质上也给我们指出了服务环境设计的基本原则，即服务环境的设计要符合服务组织的目的，消化土地的可获得性等实际限制，具备一定的前瞻性，符合审美的需要并要与社区和环境和谐兼容。

★实例 10－2　Socialbeta：万万没想到的西捷航空圣诞奇迹

圣诞节是企业商家开展促销活动的绝佳时机，打折送赠品早已司空见惯，打情感牌的电视广告也不再新鲜。什么样的活动才能真正打动消费者？2013 年圣诞节，加拿大的西捷航空受到圣诞老人的委托，为乘客们创造了终生难忘的圣诞奇迹！

圣诞奇迹的诞生

圣诞前夕的一个夜晚，机场工作人员将一个巨大的“蓝色礼盒”秘密送往候机大厅。

第二天，候机中的乘客们被这个巨型礼盒所吸引。原来这是与“圣诞老人”进行交流的对话屏幕。只需要扫描自己的登机牌，屏幕中就会出现一位蓝衣圣诞老人，他不仅知道你的名字，而且对你想要的圣诞礼物也充满兴趣。乘客们纷纷走到屏幕前，向这位总是呵呵笑的圣诞老人说出自己的圣诞礼物心愿。小到玩具、运动装备，大到大屏幕电视机，这位圣诞老人收集到了一条长长的礼物心愿单。

如果在无聊的候机时间中，能和圣诞老人开心对话已经让你欢乐不已，那么接下来发生的绝对不只是惊喜。飞机降落，乘客们像往常一样在传送带旁等待自己的行李。信号灯亮起，音乐声响起，空中飘起雪花，圣诞奇迹登场！瞬间，一个个包装精美的礼物出现在传送带上，等待主人认领。幸福来得太突然，乘客们万万没想到几小时前许下的圣诞愿望居然真的变成了现实。在拿到专属礼物的那一刻，大家脸上写满了惊喜和感动。

奇迹是如何炼成的

在这次活动中，西捷航空临时成为圣诞老人的秘密基地，在短时间内准备圣诞礼物，并以最出其不意的方式送到乘客手中。未在消费者心中预设结果，以最快速度采购圣诞礼物，精心包装每一个专属礼物，西捷航空打造了一个不折不扣的圣诞奇迹。在羡慕和感叹的同时，这次活动也对如何进行节日营销提供了一些启示。

1. 直击消费者心中最柔软的共鸣点

圣诞节作为西方国家一年之中最重要的节日，人们有着共同的节日习俗，更有着经久不变的节日期许。西捷航空正是抓住人们对圣诞礼物的期许和憧憬，以及送礼物的节日习俗，与消费者进行最有效的对话，以直接而有力的方式打动消费者，直击他们心中最柔软的地方。

2. 用心打造奇迹的每一个细节

这次活动的思路和出发点其实十分简单，但如何真正触发消费者的情感共鸣就取决于每一个细节的打造。西捷航空对那位圣诞老人的打造就足见用心，无论是外形装扮，还是语言神态，都最大限度接近人们心中圣诞老人的形象，又不失西捷的特色。在收集到乘客的礼物心愿清单后，工作人员以最快速度买到最匹配的礼物，而且逐个进行包装，附上祝福卡片。品牌的用心在细节中彰显，消费者最后也能切身感受到，被触动也就是自然而然的事情。

3. 以互动活动引发主动传播

西捷航空圣诞活动的形式说来也很单一，是一个单纯的线下活动，既没有 TVC 的宣传预热，也没有网络的大面积传播。在时机选择和话题设定的双重作用下，活动激发起消费者的积极参与。候机过程的百无聊赖，加上“说出圣诞礼物心愿”这一应时话题的趣味性，让每一个乘客都有参与互动的意愿。而在最后，专属圣诞礼物的出现为互动活动画上了圆满的句号，也成为每一个参与者进行主动传播时最具说服力的素材。

（资料来源：http：//iwebad. com/case/2472. html，2013. 12. 11）

知识归纳

服务是一种能够有效提供某种满足或利益的活动过程。旅游服务营销是旅游企业在充分认识旅游消费者旅游消费需求的前提下，为充分满足旅游者消费需求在旅游市场营销过程中所采取的一系列的活动。服务作为一种无形产品，必须通过交换来满足某种需要和提供利益。旅游服务产品具有无形性、差异性、不可分离性和不可储存性，导致旅游服务营销呈现出有别于一般市场营销的特点。服务营销的特点是：以人为中心，需求弹性大，质量难以控制，分销渠道的特定化，缺乏所有权。需要采取相应的旅游服务质量管理策略来监管服务质量。3Rs 和 7Ps 理论构成了服务营销组合。通过服务质量差距模型，准确把握顾客服务需求，制定合理的服务质量规范，兑现服务承诺，将无形服务有形化。服务的有形化即服务的有形展示，是服务营销特别是旅游服务业的一个重要内容。服务企业应从服务的有形化、从心理上把握服务两个方面来管理服务的有形展示。通过人性化的服务管理，提高顾客的满意度和忠诚度，建立长期稳定的顾客关系。

案例解析

被联邦快递当作特殊包裹的小女孩

2016 年 2 月 24 日，联邦快递做了一件“出格”的事，小编还在盘算到底要不要说的时候，3 月 26 日，同样的事情他们又干了一次——把一名 2 岁的中国小女孩当作“包裹”，从美国田纳西州的孟菲斯，运到了伊利诺伊州的芝加哥；之后又运了回去。

这是一个患有先天性胆道畸形导致肝功能不全的被遗弃的小女孩。2014 年 10 月，一对充满爱心的美国夫妇 Jesse 和 Nick，在偶然得知了小女孩的不幸遭遇后，决定收养她。2015 年年初，小女孩被带回了美国田纳西州的孟菲斯，有了一个新名字——Brooklyn。

Brooklyn 被收养时，医生说她存活 4 ~ 6 个月的概率，只有 50%。只有做肝移植手术，才能挽救她的生命。等待合适供体的日子漫长、煎熬甚至无望，但 Jesse 和 Nick 的爱心已经创造了奇迹：Brooklyn 一直活着，远远超过了医学上的理论时间！

2016 年 2 月 24 日下午 1 点，Jesse 和 Nick 夫妇终于等到了一个电话——有肝源了，但必须在 13 个小时内赶到芝加哥 Lurie 儿童医院。从孟菲斯坐飞机去芝加哥，只需 1 小时 25 分钟。开车去的话，大约 8 小时也能赶到。时间完全来得及！但是，Brooklyn 此时又碰上了一个天大的不幸——因罕见暴风雪来袭，所有民航班机全部停航！心急如焚的 Jesse 和 Nick 四处寻找能赶往芝加哥的途径。他们想过先坐汽车去附近没有关闭的机场，然后再飞芝加哥，但是冰雪导致路况十分险恶，不能保证一定能赶上航班；他们还联系了包机，宁可支付 1 万美元的包机费，也要为 Brooklyn 争取生存的希望！但是，包机要 12 小时之后才有可能起飞。就在这对夫妇濒临绝望的时候，他们的一个朋友告诉他们一个好消息：联邦快递有在恶劣天气起飞和降落的特权，他们的总部就在孟菲斯，或许可以向他们寻求帮助。经过一番“疏通”，朋友又打来了电话：联邦快递说，他们的商用飞机半小时之后就能起飞，而且免费！这上面写的是：“当我们得知这样一个十分特殊而又紧迫的情况后，我们觉得应该做些什么。”激动的夫妇俩连忙抱着 Brooklyn 赶到机场，这时两位机长已在等待。当晚 9 点，飞机在芝加哥机场降落。10 点，Brooklyn 的肝脏移植手术开始。手术进行了 8 个小时。30 个小时之后，医院宣布 Brooklyn 的肝移植手术成功！手术后的小 Brooklyn，表现出了极强的生命力，恢复得也很快。

Jesse 和 Nick 要感谢的人很多：肝脏的捐献者——一个因意外过世的 2 岁孩子；帮忙联系联邦快递的那位朋友；许许多多捐款的好心人，他们通过美国儿童器官移植协会为 Brooklyn 的手术捐款 3.5 万美元，这几乎是手术一半的费用；芝加哥 Lurie 儿童医院出色的医护团队……特别要感谢的，就是联邦快递。

如果在那个天寒地冻的暴风雪之夜没有这段“沸腾”的爱心飞行，所有的努力都将白费。3 月 26 日，联邦快递的专机又为 Brooklyn 破了一次例，把这一家人从芝加哥带回了孟菲斯。当然，这次没有暴风雪，有的只是爱的延续。联邦快递的负责人说，这大概是他们承运过的最特殊、最值得自豪的“包裹”了。

（资料来源：微信号：文汇教育：wenhuieducation：《到底要多不幸，才能幸运地成为特殊的“包裹”》）

思考与讨论：

联邦快递的服务营销特征是什么？

复习思考

1. 服务的基本特征是什么？
2. 如何理解 3Rs +7Ps 理论？
3. 如何对服务的有形展示进行管理？

实务训练

1. 考察一下学校所在地区当中的餐馆和饭店的硬件和软件部分，得出调研结果，以便帮助他们将硬件提升，将软件部分有形化。

2. 一个应用市场营销观念的企业会将所有可能影响顾客满意程度的因素都整合在一起。请同学们分组讨论：为什么这点在旅游服务业中尤其重要，并在班上做陈述。

第十一章

旅游目的地营销

学习目标

通过本章的学习，使学生：

1. 理解旅游目的地概念及特征；
2. 理解影响旅游目的地营销策略的因素；
3. 了解常用的旅游目的地营销策略。

实训要求

1. 熟悉旅游营销目的地营销计划制定流程；
2. 培养学生运用常用的旅游目的地营销策略制定目的地营销方案。

案例导入

十大海外旅游目的地营销成功案例（节选）

新加坡借助卡通形象营销旅游产品

产品注重创意是新加坡旅游产品营销的显著特点。从2005年年底开始，新加坡各个旅游景点的商店里，陆续出现了一种名为“乐宾莱恩”（Luving Lionel）的绒毛玩具，它的上半身是狮子头，下半身是鱼尾，一副彬彬有礼、笑容可掬的模样，受到当地公众及海外游客的青睐。

开发“乐宾莱恩”的起因是以日本的Kitty猫、美国的米老鼠为借鉴，从新加坡的象征性标志之一的“鱼尾狮”传统形象造型中汲取灵感而设计，并由此衍生出诸多卡通形象，进而推出一系列可以展现新加坡日常生活的角色和故事，将新加坡的美食、时尚和好客等文化形象融入其中。

除绒毛玩具外，同时推出的“乐宾莱恩”产品还包括手提包、手机链、钥匙圈、瓷器等，印有“乐宾莱恩”图像的T恤衫也将不久面市，可以看出，“乐宾莱恩”是一个全方位发展的形象产品。同时，为了宣扬传统文化，当地还促成该卡通与当地老字号饼店的合作，为其重新设计包装，将“乐宾莱恩”的形象印在饼盒上，既让本地年轻人了解传统文化，又让外地旅客体验到新加坡的传统糕点美食。

中国香港品牌联动营销

整体营销方式指城市、旅游景区、旅游关联产业实现品牌联动，共同宣传，相互促进，分层次、立体化地塑造中国香港的旅游品牌形象。

第一，分层次塑造香港旅游品牌。

第一层次，全面包装城市，塑造城市品牌。无论是之前的“魅力之都”还是现在的“动感之都”“购物天堂”，香港旅游局的宣传口号都恰如其分地道出了时尚、动感和繁华的香港品牌形象。第二层次，加大宣传力度，创建名牌旅游景区。香港旅游发展局每年的推广费用预算高达数亿港元，旅游局70%以上是市场推广人员，和内地旅游部门不到10%的比例形成鲜明对比，香港旅游局对品牌推广的重视可见一斑。旅游景区和城市品牌的无缝对接直接带动了香港旅游的繁荣。第三层次，突出饮食购物文化，树立旅游关联产业品牌形象。对很多游客来说，香港最大的魅力不是景点，由购物、饮食和文化等旅游关联产业构成的大都会旅游才是香港游的真正精髓。

第二，整合推广——品牌营销的利器。通过五大渠道，即消费者推广、同业推广、媒体推广、会议展览及奖励旅游推广、名人推广来进行整合营销，同时结合大型综合推广活动来达到宣传香港旅游形象、吸引潜在旅游者的目的，并取得了极佳的效果。

马来西亚体验营销与文化营销的结合

马来西亚以“亚洲魅力所在”给自己的国家一个清晰的定位是有着充分理由的。马来西亚的旅游营销在很大的层面上属于文化营销的范畴。无论是民族文化、宗教文化、语言文化还是饮食文化，乃至殖民地文化，在政府主导下，马来西亚旅游部门都做出了很精彩的文章。

首先，节日庆典打造新的旅游格局。

例如，对于马六甲，宝贵的建筑与历史才是这座沧桑城市的灵魂，当地旅游部门与企业联合策划包装出“印度村”“荷兰村”等文化体验景点，每年还组织村民举办热闹的“印度屠妖节”“荷兰海神节”等传统节日，并邀请游客参与其中。这种融合了历史、宗教与民俗的旅游产品受到了游客的普遍欢迎。

其次，举办各种形式推介会开展海外营销。

从2003年开始，一年一度的“全球会聚马来西亚”是马来西亚旅游部主办的一个全球性旅游推广活动。马来西亚旅游部把来自几十个国家的媒体、企业、旅行社等代表请到马来西亚，除了常规性的买家与旅行社之间的商务洽谈外，大部分时间都安排了与会代表游玩马来西亚。因为马来西亚的旅游官员相信，亲身体验胜过任何华丽的广告，口碑传播更是具有无可比拟的宣传效应。此外，马来西亚旅游部还经常到海外重点客源市场举办诸如会展和奖励旅游推介会等一系列海外促销活动。

第三，政府以强大的资源整合能力力推国家形象。

事实上，马来西亚政府在旅游业中扮演着一个非常重要的角色，几乎所有政府部门都要承担相关的责任。政府部门之间的沟通和合作很紧密，比如旅游部和交通部、民航部、安全部等部门之间是经常合作的，有点像旅游资源整合的联盟。部门之间有问题联合办公，很少有互相推诿的情况，并直接向总理汇报。马来西亚旅游促进局（简称大马旅游局）作为辖下的半官方机构，其基本职责就是促进马来西亚旅游成为国际性旅游、会议、展览及奖励旅游的“首选目的地”和“最佳旅游地”。

泰国清迈文化营销——通过影视剧迎合市场

电影《泰囧》在中国引起强烈反响，这部并不明显展现外景地的电影却奇迹般催旺清迈旅游热。2013 年 4 月份在清迈举行的泰国传统泼水节几乎变成中国人的节日。据泰国观光酒店业协会北部分会的负责人透露，清迈泼水节的酒店预订中，中国游客占 55%。有数据显示，在《泰囧》未播出前，2012 年泰国有 270 万名中国游客，但只有 10 万人去清迈。资深旅游文化专家刘思敏表示，《泰囧》迎合了搞笑低俗的大众娱乐趋势，而泰国本身就是中国游客重要的旅游目的地，清迈在影片里清新优美，有利于克服游客对泰国游的审美疲劳。

西班牙通过独特性的节庆活动吸引眼球

“西红柿节”并不是西班牙传统的宗教节日，而是南部小镇布纽尔所特有的，但其独特性引起了世界各地媒体的兴趣，每年都会对这个疯狂的日子进行报道。该活动传说源于小镇 1945 年的一次街头斗殴；此后每年 8 月，该镇的居民以及数倍于该镇人口的游客就会涌上街头，以自己带来的西红柿作为武器，互相投掷熟透的西红柿欢度狂欢节。

苏格兰首府爱丁堡（音乐节）利用文化影响力吸引游客

爱丁堡艺术节是世界上最著名的艺术节之一，每年都会吸引来自世界各地的音乐大师以及数以百万的世界游客。爱丁堡因未受战争破坏，素有北方雅典的美名，而每年在这里举办的各种旅游节庆活动，更是为这个城市增加了无限魅力。

爱丁堡国际艺术节期间，爱丁堡城堡附近的古色古香的旧城区“皇家一英里”就成了其室外活动开展的主要场所。因此，这里也成为常规形态的历史城区和节事活动之间的一条通道，以此提高国际知名度。

由于每年都有专业的资金支持，爱丁堡艺术节专业网站的内容丰富实用，更新及时。网站精美生动，内容主要包括演出门票预订、节目预告及视频展示、节庆商品购买、艺术节年鉴和游览地图、博客和广播链接等。

爱丁堡艺术节采取的艺术形式多种多样。2009 年，来自全球的 180 个表演组织和超过 2 200 位表演者参与了爱丁堡艺术节。在此期间，爱丁堡国际艺术节、爱丁堡国际图书节、爱丁堡边缘艺术节、爱丁堡军乐节、爱丁堡国际电影节使幽静空灵的海滨古城展现出一派生机盎然的狂欢景象。

（资料来源：中国经济网，http：//travel. ce. cn/gdtj/201506/30/t20150630_ 2599425. shtml，2015. 6. 30）

第一节　旅游目的地营销

一、旅游目的地概念及特点

（一）旅游目的地概念

旅游目的地是旅游这一审美活动的重要组成部分，是旅游活动的重要载体。当前，伴随旅游产业蓬勃的发展，旅游目的地成了一个见仁见智的主观概念。

国外学术界对旅游目的地的研究起步较早，成果也相当丰富。世界旅游环境研究中心在1992年将旅游目的地定义为："乡村、度假中心、海滨或山岳休假地、小镇、城市或乡村公园；人们在其特定区域内实施特别的管理政策和运作规则，以影响游客的活动和对环境造成的冲击。"这个定义界定了旅游目的地活动范围的同时，也涉及目的地管理框架及其外部性。

英国的D·布哈利斯（Dr. Dimitrios Buhalis）认为旅游目的地是旅游产品的集合体，是一个明确的旅游区域，这一区域被旅游者公认为是一个完整的实体，有旅游规划、营销政策和旅游相关法律框架，是由统一的机构进行管理的区域。

国内学者魏小安（2002）强调旅游目的地和旅游吸引物的区别，指出旅游目的地是空间、要素等的有机组合。保继刚（2004）认为旅游目的地是旅游资源与旅游基础设施、旅游专用设施以及其他相关条件的有机集合。马勇（2008）认为旅游目的地是旅游者前往开展旅游活动的吸引物和相关旅游设施服务的集中地。

综上所述，关于旅游目的地的概念可以从不同角度进行理解。从旅游线路角度看，旅游目的地就是旅游景区，范围大到可跨越国界和省市，小到景区内的景点。其构成要素主要有旅游吸引物、地理空间、基础接待设施、管理机构、政策法律支持、产业链条等。

（二）旅游目的地特点

1. 地域辐射性

旅游目的地是一定区域范围内旅游活动现象通过伸延和拓展而成的，必须有一个完整的目的地为基础，具有旅游目的地的旅游资源、产品、市场营销和相关配套行业等，并具有地域特征。旅游目的地的旅游活动涉及几乎所有的生活资料行业及服务业，如交通、娱乐、酒店、建筑、水电、食品等。同时这些行业又将间接带动其他行业的发展，如种植业、畜牧业、林业、制造业、加工业等。由此可见，旅游目的地不仅可以调整和优化产业结构，带动相关行业和区域经济的发展，而且还可以带动大批城市和知名景区实现国际化。

2. 动态稳定性

旅游目的地由于各构成要素状态不断地发生变化而处于不断的变化中，其整体结构和功能也会随要素的变化而发生变化。但是在一定的时期内，目的地的发展呈现出一个动态的平衡状态，它们辐射的信息将保持相对的稳定。

3. 文化永恒性

旅游目的地也是一种文化财富。旅游者之所以要花费时间和金钱到旅游目的地，就是因为那里有令其神往的异域文化。例如，西安秦始皇兵马俑是因为其独特的文化魅力，才吸引了全世界的旅游者。所以，旅游目的地应该对其文化遗产和独特的人文环境进行妥善合理的管理，使之保持与客源地文化环境之间的差异性和不可替代性，从而具有永恒的生命力和吸引力。

4. 协同制约性

旅游目的地协同性表现为各构成要素之间以及各要素内部结构的协同，旅游目的地的拥有者借助这种协调来实现其预期目标。旅游目的地的制约性表现为旅游资源的开发与环境的保护是一个永远要寻求的平衡。例如，旅游目的地资源的开发利用往往使资源和环境遭受破坏，从而危及其吸引力。

5. 竞争合作性

每一个旅游目的地都应力争成为旅游者最向往的地方，因此旅游目的地不仅要不断创新，而且必须在实践中不断总结，将创新出来的模式形成自己独有的风格和魅力，必须具有一定的垄断性，必须比其他旅游目的地更具吸引力。同时旅游目的地的进一步创新离不开竞争和合作。这种合作必然以旅游目的地之间的差异性所形成的竞争优势为前提，只有合作才能寻求更大发展空间，才能促进旅游目的地不断提高吸引力。

二、旅游目的地营销概念及特点

当前旅游营销已经从过去单一的产品或线路营销发展到综合性的目的地整体营销。旅游目的地营销正逐渐成为增强旅游目的地竞争力、促进目的地旅游业发展的重要战略手段。旅游目的地营销主要由各级旅游管理机构、旅游行业协会牵头，营销内容以旅游形象的宣传推广和旅游经典线路或产品的营销为主，结合业内不定期的促销活动共同开展。

（一）旅游目的地营销概念

所谓旅游目的地的营销，就是区域性旅游组织区分、确定旅游目的地产品的目标市场，建立旅游目的地产品与这些市场的联系，保持并增加旅游目的地所占有的市场份额的活动。

朗德博格（Lundberg，1990）认为，目的地营销主要包括以下 3 方面内容：

（1）确定目的地能够向市场提供的产品及其总体形象；

（2）确定对该目的地具有出游力的目标市场；

（3）确定能使目标市场信任并抵达该目的地的最佳途径。

旅游目的地营销过程中的参与者分为两大类：来自公共层面的政府管理者、城市规划部门、商务发展部门、旅游部门、会议部门、公共信息部门、基础设施管理部门；来自私人层面的房地产开发商、金融机构、接待企业和零售业、旅行社、出租车行业、建筑业、其他相关行业以及当地居民。

（二）旅游目的地营销特点

旅游目的地的营销必须遵循科学的原则，成功的旅游目的地营销除有一般营销特征外，还有其独有的特性。

1. 系统性

目的地的旅游业是由各个具有一定功能的、相互作用的旅游企业组成的综合体，形成一个由各企业彼此紧密配合、有机联动的整体。因此，目的地存在着局部服从全局，部分服从整体的系统性。旅游目的地营销是一项系统工程，涉及一系列因素。旅游目的地的旅游组织和旅游企业的营销策略的制定、实施、控制、评价等必须看成一个完整的、系统的过程来加以管理，以提高这一过程的有效性。

2. 全员性

旅游目的地营销策略应体现旅游目的地的整体利益和国家与地区的整体宏观利益。因此，旅游目的地营销不仅需要旅游目的地当地政府与旅游组织、旅游企业最高层管理者的支持，而且也需要旅游目的地居民、旅游企业中下层管理者以及全体旅游工作人员的参与和配合。

3. 动态性

旅游目的地旅游组织和旅游企业制定的营销策略实施一般在 3 年以上，5~10 年以内。营销策略的实施一般包括一系列中短期行动计划，使得战略在行动上具体化和可操作化。营销策略的实施不会一帆风顺，唯有不断跟踪反馈才能确保营销策略的适应性。

第二节　旅游目的地营销策略

一、影响旅游目的地营销策略的因素

旅游目的地形象是指在一定时期和一定环境下，人们对旅游目的地的各种感知印象、看法、感情和认识的综合体现。20 世纪 80 年代末，Neda. Telisman-Kosuta 证明了旅游者选择旅游目的地时主要依据其对旅游地的感知形象，所以旅游形象成为区域发展旅游的重要因素之一。TDIS（Tourism Destination Image System）全称为旅游目的地形象系统，旅游目的地形象的作用主要体现在以下 3 个方面：

（1）TDIS 能使地方旅游决策部门和公众深刻地理解地方性旅游资源特征；

（2）TDIS 为旅游者的出游决策提供信息帮助；

（3）TDIS 为旅游企业，尤其是旅行批发商和旅行零售商提供产品组织及销售方面的支持，旅游企业设计和开发产品时，都要时刻想到旅游目的地形象的建立和推广。

旅游者形成对某一个旅游目的的感知形象的认可，旅游者的感知是旅游者对旅游地的资源所释放出来的本我特质的印象。这种感知是不受客观因素影响的。

（一）旅游目的地形象的载体

一个旅游目的地形象的构成是复杂的、多维度的，如果不加取舍将所有都罗列出来向目标市场销售，容易使地区形象散乱，难以记忆。所以旅游目的地往往会通过一定的载体来鲜明地总结出地区的形象，并向公众直接传播该载体。旅游目的地形象的载体包括两类：形象品牌和形象定位。为了创造和引导旅游消费者的意识和偏好，旅游企业需要注意形象品牌和形象定位。

1. 旅游目的地形象品牌

（1）品牌名称。好的品牌名称有助于市场的建立，如“香格里拉饭店”、深圳华侨城的“世界之窗”旅游区等。好的品牌名称有助于产品定位营销。

（2）品牌标志。用符号、图案、颜色，通过表现元素和创意手法，以特定的载体表现旅游目的地的品牌标志。

品牌标志还可以延伸，开拓出一系列的旅游商品。迪士尼乐园就是用米老鼠作为自己的品牌符号，凭借卡通形象各类商品的开发与特许经营，数十年来获得了滚滚不尽的金钱。

品牌标志担负着市场推广、品牌构造、利益承诺、联动促销、商品开发的重要任务，它的设计应具有亲和力、传播力和品牌力。

（3）品牌标识语。品牌标识的用语一般具有导向性，并具有成为大众流行语的潜质。

品牌标识语要抓住产品的典型特征，如“杨柳依依杭州美”仿佛一幅秀丽雅致的西湖风光展现在眼前。品牌的标识语可以和其他要素组合，相得益彰，进一步强化品牌形象。

第一，名称可以和标识语组合。四川都江堰市因水而受到人们的顶礼膜拜，其地所在的青城山作为中国道教的发祥地之一，其道家思想、音乐、武术、饮食和养生之道等都有着十分丰富而独特的文化内涵。所以“拜水都江堰，问道青城山”非常准确、传神地反映了都江堰市旅游资源的特色和文化内涵，而且直观、简洁、朗朗上口，能激发游客前来旅游的欲望。需要注意的是品牌标识语必须保证品牌的独特性和差异性，传递清晰的信息。有些旅游目的地品牌标识语仍然使用一些模糊的概念。如“独一无二”“与众不同”这类词不再对任何目标市场具有任何特殊的内涵。

第二，品牌名称还可以和品牌标志组合，如迪士尼乐园以米老鼠、巴黎以埃菲尔铁塔、北京以长城和天安门作为品牌名称的载体。

第三，品牌名称可以和标志以及品牌标识语完全组合，成为品牌资产的全部组成部分。

由于旅游目的地吸引着多个具有不同期望与特征的旅游市场，它们可能使用不同口号来针对不同的目标市场。

★小贴士

2008 年土耳其提出了一个泛泛的品牌口号：“土耳其，为每一个人开放！”然而，在 2009 年，它又针对不同市场使用了不同的口号。面向以色列：“你的下一个土耳其是什么？”面向中东：“实现你的梦想”；面向远东：“土耳其，欧洲与亚洲的变换魅力”；面向美国：“无极限的土耳其”；面向俄国：“文明的摇篮，爱情的中心、梦之乡”；面向德国与奥地利：“土耳其……我的假期”和“难以忘怀的……”。

（4）品牌资产。品牌资产是品牌知名度、品牌联想、品牌忠诚、品牌的品质形象及其传播资产的聚合概念。

旅游目的地形象品牌资产经营也是累积品牌资产的过程。一方面依靠品牌产品的质量、价值、用途、声誉等，另一方面依靠旅游目的地的营销策略和传播活动，在生产者和消费者之间建立相互的信任和忠诚。

品牌资产经营是品牌产品对旅游者利益认知的一种庄重承诺，也蕴含着对该品牌的价值倾注，以此维护旅游者对品牌产品情感属性的认知，旅游者在购买旅游产品功能利益的同时，也在购买旅游产品带来的情感属性。

2. *旅游目的地形象定位*

旅游目的地形象设计和传播的前提和核心便是形象定位。形象定位就是要使旅游目的地深入到潜在游客心目中，占据其心灵某处位置，使旅游目的地在游客心目中形成生动、鲜明而强烈的感知形象。总体形象的定位要基于地方性研究和市场分析。

地方性研究：对地脉（自然旅游资源）和文脉（历史文化）进行分析，包括地形、地貌气候、资源与物产、旅游资源、文化背景、民俗风情、人文积淀、名人名事。

市场分析：对国际、国内特别是竞争市场进行分析，找出自己的客源市场，以便进行针对性营销，并开发出适应目标市场需求的旅游产品。

然后在此基础之上对旅游目的地发展进行形象的表述，提出旅游目的地形象的核心内容，也就是总体形象。形象定位一定要研究旅游目的地最具吸引力的要素，在此基础上对旅游目的地形象进行定位。良好的旅游目的地形象既要突出地方特色，又要给游客遐想，诱发出行欲望。

★小贴士

埃塞俄比亚的口号是“享受13个月的阳光”。埃塞俄比亚有“非洲屋脊”之称，同时全年气候宜人、阳光温暖以及一年有13个月，即前12个月均有30天，而第13月有5天或6天（闰年）。这一看似夸张的宣传口号既强调了埃塞俄比亚宜人的气候、温暖的阳光，又促使受众主动地理解和思考，自然使受众印象深刻。同时，它出奇制胜的“13个月”的巧妙构思，强烈地刺激了受众的思维，便于受众长时间的记忆，将受众固有的观念予以否定后即戛然而止，给受众既有的观念造成一种思想冲击，造成受众观念上的暂不协调，引导受众参与其中，追求原先的心理平衡。试想一下，如果将口号改成“享受12个月的阳光”，就立刻变得稀松平常，不会引起受众的注意了。

（资料来源：蚂蜂窝 http：//www. mafengwo. cn/travel-news/186435. html，2015. 12. 23）

（二）旅游目的地形象策划与传播

1. 旅游目的地形象策划

（1）旅游目的地形象策划的概念。旅游目的地形象策划是受企业形象策划的启发，区域与城市形象设计和广告业的影响带动，以及国内旅游业的迅猛发展等综合因素的作用下产生并开始成长起来的，是在对旅游目的地和旅游景点传统认识的基础上形成的一种全新的形象识别和营销系统。

旅游目的地形象策划的概念是指在分析旅游目的地现实形象和旅游者感知形象的基础上，根据旅游目的地现实水平和发展态势针对旅游目标市场设计期望形象，并将其传递给旅游者的互动过程。

（2）目的地形象策划的含义。旅游目的地形象策划具有以下五层含义：

第一，旅游目的地形象策划是由策划专家或者专门从事策划工作的人来完成，并非任何人都可以操作。

第二，旅游目的地形象策划是为了实现旅游目的地整体战略目标而服务的。

第三，旅游目的地形象策划是建立在旅游目的地实态调查的基础上的。

第四，旅游目的地形象策划可以分为两个层次，即旅游目的地总体形象战略的策划和具体塑造旅游目的地形象活动的策划。

第五，旅游目的地形象策划包括谋略、计划、设计三方面的运作。

2. 旅游目的地形象传播

根据传播媒介的不同，将旅游目的地形象的形成过程分成 8 类。

（1）大众传媒传播：一个旅游目的地刚刚建立的时候，目的地形象的传播往往首先采用各种传统的传媒手段，如电视、报纸杂志、广告牌和各种印刷品。互联网和虚拟现实将成为一种重要的传媒手段。

（2）旅游中间商传播：这一阶段是市场营销者向旅游批发商、旅行社以及其他的旅游组织传递目的地信息。旅行社与旅游目的地之间有着共同的既得利益，旅行社是信息的中转站，对公众有较高的信任度。但是限于旅行社自己的人力、物力，这种旅游目的地形象传播的覆盖面是相当有限的。

（3）形象代言人传播：虽然还使用传统的广告手段，但是与第一阶段所不同的是借用形象代言人来进行营销。旅游目的地可以借助形象代言人的声望来增加其吸引力，还有助于提高广告的可信度。但旅游目的地需要支付一定的报酬给形象代言人，营销成本有所上升。

（4）知名人士传播：主要通过知名人士写的论文、报告、故事等来进行旅游目的地营销。新闻记者、旅游专家、政界要人、特定的团体组织将被邀请到旅游目的地参加旅游。这种传播手段公众可信度高，成本低但市场覆盖率小。

（5）社会舆论影响：它的传播手段包括对某一旅游目的地的各种新闻报道、电影、论文和报告等，最有影响的是电视新闻报道。新闻媒介的宣传对于那些对旅游目的地了解较少的公众来讲，具有更强大的影响力，可以很快改变其对于某一旅游目的地的形象。

（6）非正式传播：人们在游览了某一旅游目的地之后，不经意地在各种非正式场合向周围的人传递旅游目的地的信息。这会在人们心目中有更高的可信度。但是受其传播手段的限制，市场覆盖率较低。

（7）主动索取信息：人们主动去搜集有关旅游目的地的信息，这些信息大部分来自他们的亲朋好友和周围的熟人。他人的旅游经历将直接影响他们的旅游决策，良好的口碑将直接影响旅游目的地的兴衰成败。这一阶段的营销在人们心目中往往具有很高的可信度，由于传播手段的限制，市场覆盖率较低。

（8）实地旅游：这一阶段是旅游者到达目的地旅游之后对目的地的真实印象。旅游者通过比较先前印象和实际印象，形成了更为深刻的综合印象，之后作为信息的传播者去影响周围的人。

二、旅游目的地营销策略

旅游目的地营销是一个系统，它所涉及最主要的变量是信息传递、相对优势和满意度。因此，提高信息传递的广度和效率、认清自身的相对优势、关注游客的满意度是提高旅游目的地营销效果的主要途径。旅游目的地采用的营销策略主要有事件营销、整合营销、体验营销等。

（一）旅游目的地营销系统

旅游目的地营销系统（Destination Marketing System ，DMS）是由政府主导、企业参与建设的一种旅游信息化应用系统，为整合旅游目的地的所有资源和满足旅游者个性化需求提供解决方案。旅游目的地网络营销的主体和主要推动力是当地的旅游行政管理局，他们运用互联网技术了解旅游者需求和愿望，为旅游者提供旅游目的地的信息和个性化、定制化服务，传播旅游目的地形象，开展旅游目的地宣传推广活动，引导和促成旅游企业产品交易，吸引更多的旅游者来旅游目的地旅游。

旅游目的地营销系统以网络为基础，继承了旅游目的地传统营销的基本特点，又有其自身优势，能有效提升旅游目的地的市场知名度和竞争力。旅游目的地网络营销是旅游目的地旅游管理部门进行宏观管理的重要工作，也是旅游目的地旅游管理部门开展旅游营销的重要内容，更是旅游目的地管理部门提升公共产品和服务质量的重要体现。旅游目的地旅游管理部门可以借助网络媒体开展网络营销，以此推动旅游目的地旅游业的发展，增加旅游收入和旅游人数，提升旅游目的地旅游形象，增强旅游目的地竞争力，促进旅游目的地社会经济等各项事业的发展。

旅游目的地营销系统是旅游目的地旅游管理部门进行网络营销的重要平台，能够做到对内管理和对外营销宣传。目前，旅游目的地营销系统在英国、新加坡、西班牙、澳大利亚、芬兰等发达国家和地区已经得到较为成熟的应用。该系统有效地将网络和传统营销业务相结合，明显地提高了旅游营销的效果。我国各级旅游管理部门也正积极筹集旅游目的地营销系统，以整合旅游目的地营销资源，实现资源共享、市场共拓、信息共通和互利共赢。

（二）事件营销

1. 事件营销的定义

事件营销是指旅游目的地通过参与重大的社会活动或整合有效的资源策划大型事件而迅速提高旅游目的地品牌知名度、美誉度和影响力，促进旅游产品销售的一种营销模式。

2. 事件营销的特点

（1）变被动为主动。对旅游消费者来说，过去对于单纯的媒体广告、电视杂志等都是被动地接受，而各种事件营销更多的是吸引旅游者主动参与、体验，通过亲身感受来了解旅游目的地和旅游产品更多的信息。

（2）零距离接触旅游消费者。过去传统的电视媒体、新闻广播、杂志报纸等都是通过间接的方式将信息传达给旅游消费者，而事件营销则是与旅游消费者进行直接沟通接触。

3. 事件营销的类型

（1）借势营销模式。旅游目的地将事件的议题尽最大可能向社会热点话题靠拢，从而实现公众关注点从热点话题向事件议题的转变。通过采取多种宣传方式，借机造势，实现突破，以达到营销旅游目的地的目的。

（2）造势营销模式。旅游目的地主动设置一些结合自身发展需要的议题，通过传播使之成为公众所关注的热点问题。这种模式主要是通过发挥自身的优势，很好地实现造势的效果，使旅游目的地吸引更多人的关注，扩大影响力。

★小贴士

澳大利亚大堡礁风景如画，久负盛名，但是随着海洋升温及游客增多，大堡礁的珊瑚虫一度濒临灭绝。在经过一段时间的休养治理后，大堡礁生态环境得到了恢复，知名度却不复从前。尤其是遭受金融危机冲击的“大堡礁之星”哈密尔顿岛，旅客损失最为严重。因此，昆士兰旅游局精心策划了一次网络营销活动来重振其旅游业。

2009年1月9日，昆士兰旅游局官方网站面向全球发布招聘启事，并为此专门创建了一个名为“世界上最好的工作”的招聘网站，招聘大堡礁维护员，网站提供了多个不同的语言版本。没几天时间网站就吸引了超过30万人次的访问，甚至导致网站瘫痪，官方不得不增加数十台服务器。“世界上最好的工作”共吸引来自全球200个国家和地区的近3.5万人竞聘。据昆士兰旅游局称，整个活动的公关价值已经超过了7 000万美元。

（资料来源：E传播17http：//www. echuanboo. com/article_ 1368. html，2015. 12）

（三）整合营销

1. 整合营销的定义

整合营销也称合作营销，是指两个或两个以上的营销组织在资源共享、共担共赢的原则下，通过共担费用和共享资源，合作开展营销活动，创造竞争优势，实现组织的经济和社会效益的目标。

2. 整合营销模式的类型

（1）同一区域的整合营销。同一区域的整合营销是指同一区域的不同景区之间捆绑营销，以期获得“1＋1＞2”的效果。利用不同景区之间的优劣势，通过合理的组合和搭配，实现优势互补，从而在整体上提升区域的旅游形象。

（2）跨区域整合营销。这类营销是指处于不同区域的同类型景区之间通过内部信息互通、资源共享，外部利用各自品牌优势创造更广大范围内的旅游热潮，为吸引更多游客的关注和参与，打造统一的特色旅游品牌而采取的一系列营销活动和方式。

树立“整合营销”观念，积极引导政府、企业、社会组织及公众等营销参与主体，借助整合营销传播（Integrated Marketing Communication，IMC），通过广告、公关、旅游目的地主题活动、节庆活动、形象推广活动和网络营销，传达一致的旅游目的地信息，以合力来促进旅游目的地发展和旅游目的地营销的效率最大化。

（四）体验营销

1998年，美国战略地平线LLP公司（Strategic Horizons LLP）的共同创办人B·约瑟夫·派恩（B. Joseph Pine）与詹姆斯·H·吉尔摩（James H. Gilmore）在美国《哈佛商业评论》中指出了体验经济时代的来临，首次提出体验营销的概念，从消费者的感官、情感、思考、行动和联想五个方面重新定义、设计营销理念。他们对体验营销做出以下定义：体验营销是以向顾客提供有价值的体验为宗旨，在提供产品和服务的同时，将消费过程看作一种整体体验，以体验为导向，设计、制作和销售产品，注重顾客的参与和氛围的营造，力图通过满足顾客的体验需要而达到吸引和保留顾客并获取利润的目的。

旅游是体验经济时代典型的体验性活动。旅游企业应把握这种体验性旅游发展的新潮流，开展体验式营销。

首先，设立一个鲜明的体验主题，因为顾客既是理性的又是有情感的，要符合对狂想、欢乐的追求，从形式和内容上严格设置体验的主题，不能走形式。

其次，从一线员工做起，注重沟通。体验营销者不仅要考虑产品的功能和特点，更主要的是考虑顾客的需求，考虑顾客从消费产品和服务的经历中所获得的切身体验。体验者的美好感觉使他们能积极宣传产品，带动旅游企业的整体效益。所以，一线员工应该认识到每一次与旅游者的接触都是一次树立形象的关键时刻，直接影响旅游者对旅游服务质量的评价。因此，要求员工要有较高的服务水平和良好的仪表。

知识归纳

旅游目的地是旅游这一审美活动的重要组成部分，是旅游活动的重要载体。明确提出旅游目的地概念的是英国的D·布哈利斯（Dr. Dimitrios Buhalis），他认为旅游目的地是一个明确的地理区域，这一区域被旅游者公认为是一个完整的实体，有旅游规划和营销的政策和法律框架，是由统一的机构进行管理的区域。

所谓旅游目的地的营销，就是区域性旅游组织区分、确定旅游目的地产品的目标市场，建立旅游目的地产品与这些市场的联系，保持并增加旅游目的地所占有的市场份额的活动。

旅游目的地营销具有系统性、全员性、动态性的特点。

影响旅游目的地营销策略的关键因素取决于目的地形象品牌与形象定位、目的地形象策划与传播。

旅游目的地采用的营销策略主要有事件营销、品牌营销、整合营销、体验营销等。

案例解析

宋仲基成韩国观光大使　韩星代言旅游超细化

2016年4月11日，韩国总统朴槿惠参加了首尔韩餐文化馆的开馆仪式，期间与韩国观光公社宣传大使、演员宋仲基会面，称其为真正的爱国青年。

《第一财经日报》记者4月12日采访获悉，韩国旅游发展局一直以来都与诸多韩国明星合作推广当地旅游，这也使得近几年中国游客赴韩旅游升温。而“国民老公”宋仲基成为新一代旅游观光大使后，韩国旅游业界非常期盼宋仲基能为韩国当地的旅游业带来爆发性增长。

颇有意思的是，韩国旅游发展局对于明星代言的管理非常细化，且令人万万想不到的是，这些一线明星对于韩国旅游形象的代言其实价格并不高，宋仲基这样的一线明星大多是怀着爱国心和荣誉感来尽心尽力代言当地旅游业的。

据悉，朴槿惠在和演员宋仲基握手问好时表示：“你主演的电视剧在海外掀起了一股热潮。你在百忙之中担任韩国观光公社宣传大使，让我觉得你不仅在电视剧里是位爱国青年，在生活当中也是一位真正的爱国青年。”

朴槿惠还对宋仲基说：“由你来担任观光宣传大使这一角色，我心里感到特别踏实。期待你今后成为最棒的韩流明星，有更多的精彩表现。”对此，宋仲基回答：“谢谢您。我会努力的。”朴槿惠还参观了韩餐体验馆，对参鸡汤计划出口中国一事表示出了兴趣。宋仲基表示：“参鸡汤在剧中出现后，听说它在中国很受欢迎。我也对中国和其他国家的参鸡汤有所耳闻，不过感觉还是韩国的参鸡汤最好吃。”

上述会面的场景透露出宋仲基和剧中的“柳时镇”一样，是一位爱国青年。

韩国旅游的代言一直都是以热门明星为“卖点”，但这背后有韩国旅游发展局和旅游业界的细化管理。

“韩国最初对于中国市场不是特别了解，究竟如何打入中国市场是个问题。我们研究后发现，其实韩剧会对中国游客产生很大的影响，于是我们一直以来就邀请各个韩国明星代言旅游，几乎你想得到的，我们都邀请过了。比如金喜善、张东健、鸟叔、Rain、金秀贤等。”曾经在韩国旅游发展局工作多年的周小姐告诉《第一财经日报》记者。

在采访中，记者了解到，韩国旅游发展局和其他韩国旅游观光机构对于韩星代言管理非常细化，有些是全方面的活动代言，有些则是肖像代言等，甚至于韩国旅游机构对于韩星的代言还细致到区域化。比如宋仲基目前因为《太阳的后裔》而在中国市场“大火”，因此宋仲基将是专门面向中国市场的韩国旅游大使；而在欧美地区，则会启用其他明星，甚至并不启用明星，而是用其他人群进行代言。

此外，“爱国心”则是韩星代言国家旅游形象大使的又一大关键词。

“韩国一线明星的身价都很高，比如现在市场传言宋仲基的身价已经到820万韩元！但是这些韩国明星都非常有爱国心，他们觉得可以代言国家旅游形象，这是一种荣誉，因此其实官方签他们进行旅游宣传的酬劳并不太高。这也是韩国旅游机构可以一直获得一线明星代言的一个主要原因。”周小姐坦言。

《太阳的后裔》已经成为“爆款”，韩方此次和中方从最初就开始了一个全面的商业计划。剧本创作、拍摄、播出、推广、电子商务等都经过了市场调研，并制订了周密的“引爆”计划。

“爱奇艺一直与韩国各播出平台和制作公司保持紧密合作。早在制作前期，爱奇艺就根据韩方提交的项目大纲上的主创阵容，凭借着敏锐的市场直觉迅速确认了合作。制片方也充分考虑了中国市场的接受程度，演员阵容中宋慧乔、宋仲基都是当红明星，这些都是能取得成功的韩剧在内容方面的重要因素。”爱奇艺版权制作管理中心总经理张语芯告诉《第一财经日报》记者，差异化的排播模式对会员增长显示出了前所未有的拉动效果，会员数量实现了暴增。截至2015年年底，爱奇艺付费会员数量超1 000万个，并且2016年开年随着“爆款”会员大剧的热播，付费会员规模快速增长。

此外，商家开始了延伸产业链掘金。爱奇艺商城同步推出了宋慧乔、宋仲基剧中的同款商品，爱奇艺商城通过连通美国亚马逊、日本亚马逊、梅西百货等海外电商渠道，提供一站式购买。

现在韩剧经济拉动方向又延伸到了旅游业。

公开数据显示，2015年，中国赴韩国旅游人数约600万人次，占到赴韩游客总人数的四成多。更为关键的是，中国游客在韩国旅游时出手也更为阔绰。据统计，2015年，七成以上赴韩的中国游客的主要目的是购物，两成左右的中国游客是为了感受韩流文化，另外还有游客专门赴韩整形、观光等。2015年赴韩国的中国游客平均每人消费金额约2 200美元（约合14 283元人民币），是赴韩游客平均消费额的一倍以上。

此前，电影《杜拉拉升职记》《泰囧》热播，拉动了泰国相关景区的旅游热，韩剧《冬季恋歌》带动了江原道当地旅游翻倍增长，中国游客中有很多人都是为了去看一下裴勇俊当时拍戏的场景。现在，可能会有更多中国游客想到韩国和宋仲基一起品尝参鸡汤了。

（资料来源：第一财经网：http：//www. traveldaily. cn/article/102898，2016. 4. 15）

思考与讨论：

1. 请分析韩国成为中国游客热门的旅游目的地的原因有哪些？我国旅游业发展应从中学习哪些经验？

2. 请举例说明韩国在旅游目的地营销过程中采取了哪些策略？

复习思考

1. 什么是旅游目的地？旅游目的地的内涵和特点是什么？
2. 如何进行旅游目的地形象定位？
3. 旅游目的地采用的营销策略主要有哪些？

实务训练

班级同学合理分组，每组选取一个旅游目的地，通过互联网或实地搜集该旅游目的地的详细资料，运用旅游目的地营销策略制定目的地营销方案。

第十二章

旅游市场营销管理与创新

学习目标

1. 了解绿色营销、会展营销、关系营销等新型营销发展趋势；
2. 了解旅游营销市场未来创新方向。

实训要求

掌握新型旅游市场营销模式实施方法和过程。

案例导入

旅游市场营销未来发展八大趋势

一、由旅游资源和产品营销转向旅游品牌营销

“三流企业卖资源，二流企业卖产品，一流企业卖品牌”已经成为旅游界普遍认同的观点。目前世界旅游经济已经从产品营销时代进入品牌营销时代，只有形成优质的旅游品牌，才能以品牌感染游客，以品牌的宣传来带动市场。树立旅游品牌，需要旅游企业在品牌文化内涵上下功夫，要深度挖掘旅游产品的文化内涵，才能使旅游产品立于不败之地。如河南开封的清明上河园主题公园，就是对宋代著名画家张择端《清明上河图》所绘场景的再现。这个主题公园正是因为很好地挖掘了历史文化的内涵，在全国主题公园旅游处于低谷的情况下，它却能以年均效益1 500万元以上的规模发展。有了品牌支撑的旅游产品，其生命周期就会长，增值空间就会大。所以，品牌的优势才是旅游业最大的优势，品牌力才是现代旅游业的核心竞争力。

二、由旅游景区营销转向旅游目的地整体营销

旅游业的竞争实质就是旅游目的地之间的竞争。旅游目的地的整体形象在旅游者心中地位，决定着该旅游地客源市场的形成与发展。单一的旅游景区营销，其营销主体、营销资

源、营销能力都很有限，已经不能适应如今激烈的旅游市场竞争。旅游目的地整体营销是旅游目的地作为一个营销主体，以一个旅游目的地的整体形象加入旅游市场的激烈竞争中。它强调旅游目的地营销的参与者不仅是某个旅游企业，而是旅游目的地内所有利益相关者，是旅游目的地所在的城市；营销的对象不是某个旅游产品，而是包括旅游产品、旅游环境、特色文化、风土人情和服务等在内的很多内容；旅游的受益者也不限于某个旅游企业，而是整个旅游目的地。旅游目的地的整体营销有助于整个旅游目的地旅游产业链条的延伸和拉长，围绕旅游业吃、住、行、游、购、娱六大要素，对旅游资源进行多层次、综合性开发，为游客提供各方面的服务，加快实现旅游产业由“门票经济”向“产业经济”的转变，从而获得巨大、长远、综合性的效益。

三、由对抗竞争转向旅游景区联合营销

传统的市场营销观念总是将竞争对手视为敌人，同行业、同类产品之间热衷于打价格战，这样的对抗营销结局就是两败俱伤。“小人同而不和，君子和而不同。”有市场，自然就有竞争，但竞争之外更有“竞合”——从对抗到合作，“共存共荣”才是更好的发展之道。面对日益全球化的国际国内旅游市场，没有哪一个景区或城市能垄断独占，同时，地域的不同性也决定彼此旅游资源的独特性。实践证明，资源互补、优势互补是旅游业共同可持续发展的趋势。洛阳的鸡冠洞景区就和北国水乡重渡沟、道教圣地老君山、九龙山温泉疗养院一起组成了“一山、一洞、一水、一泉”的多元化大景区，进行联合营销，达到了“1+1>2”的效果。四川建立成都—峨眉山—九寨沟旅游营销联盟，共同制订营销计划，共同设计旅游线路，共同采取营销行动并分摊费用，同时根据市场的需求，会同国内外旅游商共同设计、制造和推出旅游产品，共同推动四川旅游产业的整体发展。另外中国四大佛教名山联合营销、泛珠江三角洲旅游联合、中部地区旅游联合体、长江三角洲旅游圈等的逐步形成，也证明了联合营销之路已成为今后旅游市场营销的必然选择。

四、由以旅游产品为中心转向以旅游消费者为中心

旅游的主体是人，对旅游目的地来说，游客就是市场，游客就是上帝，游客就是“衣食父母”。衡量旅游产品的好坏、旅游服务质量的高低、旅游环境的优劣、旅游销售的成败，最终要看游客的数量。在强调以人为本的时代，旅游市场营销也要从以旅游产品为中心转向以旅游消费者为中心。牢固确立“游客至上”理念，以旅游消费者为中心，细化旅游产品，以多样化的特色旅游产品，如基于旅游者个人业余爱好的“民俗旅游”“体育旅游”“摄影旅游”等来满足不同游客的多样化需求。以旅游消费者为中心，优化旅游服务，真正做到“以游客呼声为第一信号，以游客利益为第一追求，以游客满意为第一标准”。以旅游消费者为中心，改善旅游环境，为游客提供一流的生态环境、人文环境、交通环境、食宿环境、购物环境、治安环境。以旅游消费者为中心，创新旅游营销，针对不同的文化背景、风俗习惯、心理需求，采取不同的营销策略和营销方式，提高营销的针对性和实效性。

五、由单向营销转向双向互动体验营销

传统的营销是将旅游产品的有关信息单向传播给旅游消费者，因为信息是“广而告之”灌输式的单向传播模式，旅游消费者会感到单调、乏味，从而令营销效果大打折扣。如今已经进入了体验经济时代，体验经济时代的旅游消费需求从结构、内容、形式方面出现了许多新的变化，如个性化需求、情感需求、文化需求、绿色环境需求等的比重上升，旅游消费者

由被动变为主动参与旅游产品的设计与制造，体验式旅游受到旅游者的广泛关注。体验经济时代的到来，要求旅游行业顺应时代的变化，从旅游者的感官、情感、思考、行动等方面，重新审视旅游的营销战略和规划，设计与此相适应的旅游市场营销方式。在营销理念上要突出旅游产品的参与性和体验性，强调旅游者的心理享受和满足，将体验旅游产品的魅力和价值作为宣传的重点。在营销形式上要突出旅游者的参与性，开展互动营销，创造企业的忠诚顾客。互动不仅包括旅游企业和旅游者的互动，还包括旅游者之间的互动。体验营销重在关注旅游消费者的旅游感受，创造丰富的旅游体验，更好地满足旅游消费者自我实现的需要。

六、由大众营销转向个性化营销

随着旅游市场的日趋成熟和旅游者阅历的增长，以旅行社为中介、以观光游览为目的的传统旅游方式已不能满足旅游者的需求。越来越多的旅游者选择独特的旅游目的地，追求多样化的旅行方式，讲究灵活组合旅游产品价格，重视旅游个性服务。这种个性化的旅游者被称之为散客。散客旅游发展迅速，目前已成为旅游市场的主体。散客时代的旅游者在旅游产品的购买上强调“点菜式”或“量体裁衣式”，即游客自愿结合，自行安排旅游行程路线，“随走随买”，零星现付各项旅游费用，而非一次性付清旅行费用或完全被动接受既定的旅游项目。散客旅游者更多关注的是自己的生活质量和个性特征在旅游过程中能否得到满足。用同一种旅游产品去满足多层次、多特点的旅游需求的旅游营销方式越来越不能适应旅游者多样化、个性化的旅游需求。因此，旅游市场营销由大众化转向个性化是旅游发展的趋势。个性化旅游市场营销必须认真分析散客的需求、特点、爱好，在营销方法、营销理念、营销渠道等方面创新，才能制定行之有效、有针对性的营销策略。

七、由传统营销转向网络营销

与传统营销相比，网络营销是一种以消费为导向，强调个性化服务的营销方式，具有极强的互动性、方便性，是一种人性化的“一对一”营销，能满足消费者订制旅游产品的要求。当前，计算机网络对人类经济和生活的影响正以超高速发展。在广大网民中，有70%的人属于具有一定知识、消费能力、旅游需求的阶层。互联网的即时双向互动、时空限制的消失、网络信息的交流共享、自由、非干扰性等特点，对传统的营销理论和营销管理产生了重要的影响和冲击，改变了旅游市场的结构、旅游企业与消费者的关系和信息储存、传输与处理方式。通过网络，旅游消费者不需要花多少时间就可以了解到同类型的旅游产品的特点、价格，甚至通过互动的多媒体在网上直接浏览将要去的景点或酒店房间。消费者通过这种方式来确定自己的消费选择，快速、高效、便捷、节省费用，并且能寻求到比通过旅行社预定要便宜得多的旅游开销。网络改变了旅游企业传统的经营理念和营销模式，建立旅游网络营销体系也必将成为信息经济时代旅游市场营销模式的主流。

八、由国内营销为主转向国外营销

中国旅游业快速发展，旅游市场潜力巨大，目前已与美国并列成为世界第三大旅游目的地国。据世界旅游组织预测，到2020年，中国可能超过目前排名第一的法国成为世界上最受欢迎的旅游目的地国，因此中国旅游市场营销要高度重视国外营销。目前一些地方的国外旅游市场营销水平还需提高。以河南为例，河南旅游业这些年发展很快，但旅游外向度低，在国际入境游方面始终处于落后地位，旅游外汇总收入排名一直徘徊在国内20名左右。2006年河南旅游外汇收入排名19，在中部六省中位居第三，2007年旅游外汇收入排名倒退，位居中部六省第四，而且增长速度远远低于中部其他五省。这与河南旅游总体发展实力不相称。河南拥有洛阳龙门石窟、嵩山少林寺、殷墟、云台山、宝天曼等许多世界级的人文和自然旅游资源，但在国际旅游市场上却没有占据强势地位。这其中很大程度上归因于国外市场营销水平不高和重视不够。河南作为中国的旅游资源大省，要成为国际旅游目的地，必将面临激烈的旅游市场竞争。因此在今后一段时期，中国旅游业必须重视国外市场营销，提高旅游的整体溢价和盈利能力，才能提升国际竞争力，真正成为世界上最受欢迎的旅游目的地国。

（资料来源：李建华，企业活力，旅游市场营销未来发展八大趋势，2009.1）

第一节　绿色营销

随着可持续发展观念不断深入人心，绿色营销这一充分体现可持续发展的营销理念正在扮演着越来越重要的角色。如果说可持续发展是世界各国发展的必然选择的话，那么绿色营销则是企业实施可持续发展战略的重要方面。

一、绿色营销的概念

可持续发展是当今全球共同关注的话题，它要求人类必须将社会经济的发展控制在自然资源和环境能够承受的范围内，不搞资源和环境的“透支”。从环保和资源有效利用角度出发的绿色营销与可持续发展的思路密切相关。通过绿色营销，可以使可持续发展的思想贯穿于企业的营销活动中。

绿色营销指企业以可持续发展理论为指导，以全球的社会、经济、人口、资源、环境协调发展为基础，以既能相对满足当代需求，又不对后代发展构成危害并为其发展创造优良条件为宗旨的市场营销活动。绿色营销是在绿色消费的驱动下产生的。所谓绿色消费，是指消费者意识到环境恶化已经影响其生活质量及生活方式，要求企业生产和销售对环境影响最小的绿色产品和以减少危害环境的消费。

绿色营销观念认为，企业不应单纯把消费者看成是实现利润的手段和工具，消极发现和满足消费者需求，而是要积极主动引导消费者进行合理消费。绿色营销强调不过分和不盲目地刺激消费者的消费需求，注重培育和配合消费者的绿色消费意识，在价格、广告、消费时尚引导等方面鼓励和倡导消费者理性消费和科学消费。

在旅游业中，人们环保意识增强和绿色消费需求的出现，绿色营销、生态旅游、低碳旅游等应运而生。我国酒店业是最早和国际接轨的行业，一些大型的外资、合资酒店较早的对“绿色饭店”理念有了深刻的认识，因此率先实施“绿色行动”，一些大型的国内品牌酒店也积极参与到“绿色行动”中。

二、实施绿色营销的条件

现代市场营销的基本观念是“以消费者需要为企业经营活动的出发点和归宿”。如果我们说这一观念的产生，相对于以往的生产观念、产品观念、推销观念而言是一次企业经营思想上的革命的话，那么绿色营销观念将兴起企业经营管理领域的一场新的“革命”。绿色营销的变革具有如下几个方面的显著特征：

（一）绿色消费是开展绿色营销的前提

消费需求由低层次向高层次发展是不可逆转的客观规律，而绿色消费则是较高层次的消费观念。人们的温饱等生理需要得到基本满足后，便会产生提高生活综合质量的要求，产生对清洁环境与绿色产品的需要。

（二）绿色观念是绿色营销的指导思想

绿色营销以满足需求为中心，为消费者提供有效防止资源浪费、环境污染及损害健康的产品。绿色营销所追求的是人类的长远利益与可持续发展，重视协调企业经营与自然环境的关系，力求实现人类行为与自然环境的融合发展。

（三）绿色体制是绿色营销的法制保障

绿色营销是着眼于社会层面的新观念，所要实现的是人类社会的协调持续发展。在竞争性的市场上，必须有完善的政治与经济管理体制，制定并实施环境保护与绿色营销的方针、政策，制约各方面的短期行为，维护全社会的长远利益。

（四）绿色科技是绿色营销的物质保证

科技是第一生产力。科技进步如果背离绿色观念，有可能加速环境污染。只有以绿色科技促进绿色产品的发展，促进节约能源和资源可再生、无公害的绿色产品的开发，才是绿色营销的物质保证。日本推出节省25%燃油、少排80%废气的绿色汽车；美国研制出燃烧效率比现有汽车高3倍的小型汽车，推出低辐射的节能电视机等。大量事实证明，只有发展清洁技术，生产绿色产品，实现生产方式和消费方式的改革，才能实现能源消耗最小化、经济效益最大化的目标。

三、旅游市场绿色营销的策略

目前，绿色的浪潮席卷全球，许多国家的消费者都愿意进行绿色消费。虽然我国的许多旅游企业已经开始树立绿色营销的观念，并在营销实践方面取得了良好的进展，但从整体来看，大多数旅游企业的绿色营销意识还没有确立，与发达国家相比，我国的旅游企业在绿色计划的制订、绿色技术的应用和绿色促销等方面还存在着一定的差距。因此，我国旅游企业发展绿色营销应着重从以下几个方面入手：

（一）树立绿色营销观念，加强绿色管理

旅游企业绿色观念的树立可以通过加强绿色管理来进行。绿色管理是将环保观念融于旅游企业经营管理之中的一种管理方式，其目的是将环保意识渗透到企业经营管理的各个方面。旅游企业必须做好两方面的工作，才能有效实施绿色管理。一方面，要建立企业环境管理新体系，将强制企业搞好生态环保工作变成企业自觉搞好生态环保工作；另一方面，通过全员环境教育，提高企业全体员工的环境保护意识。

（二）搜集绿色信息，制订绿色营销计划

绿色信息包括绿色消费、绿色科技、绿色资源、绿色产品开发、绿色法规、绿色价格、绿色市场规模等信息。绿色营销计划包括：绿色产品开发计划、环保投资计划、绿色培训计划、绿色形象塑造计划等。搜集绿色信息，制订绿色营销计划是开展绿色营销的基础。

（三）通过技术创新开发绿色产品

技术创新不仅使绿色产品得以迅速普及，而且还将促使其生产成本大幅度下降，从而使绿色营销成为一种“经济”行为。同时，旅游企业应明确，作为社会一分子，应积极应用绿色技术，开展技术创新，开发、生产出更多的符合环保要求、无公害或危害较小并有利于资源再生的绿色产品，为提高我国消费者对绿色产品的整体消费水平做出贡献。

（四）开展绿色促销活动，引导绿色消费

旅游企业应把环保理念纳入产品和企业广告活动中，强调企业在环保方面的行动来改善和加强企业的绿色形象，引导消费者选择有利于个人健康和人类生态平衡的包括绿色食品在内的绿色产品，并且在餐饮等消耗性消费中提倡客人不浪费，提供打包服务，开设无烟客房和无烟餐桌，减少客房六小件的使用等，减少碳排量，推动人与自然的和谐发展。

★小贴士

创建绿色饭店　支出大幅下降

千禧海鸥大酒店坐落在上海市虹桥区，自2012年1月全面启动创建绿色旅游饭店（以下简称创绿）工作以来，酒店始终致力于节能改造、降低能源消耗。

制定能源管理及奖惩办法

为积极响应上海市旅游局创绿的号召，酒店以能源管理委员会为主体，特别成立了创绿领导小组，由副总经理担任组长、能源管理委员会成员担任组员。同时以能源管理工作小组为实体成立了创绿工作小组，由财务总监和工程总监担任副组长，全面落实创绿的具体工作。

同时，酒店制定了具体目标，即自2014年起，在不影响酒店正常营运及酒店服务质量的情况下，酒店能源费用占酒店总收入的百分比逐年下降5%。此外，酒店客用品费用逐年下降8%，纸张费用逐年下降10%，清洁剂费用逐年下降5%，其他消耗品费用逐年下降8%。

为进一步激励各部门对创绿工作的积极性，使节能降耗工作更细致，酒店于2014年1月制定了《能源管理及奖惩实施办法》。酒店针对工程、餐饮、客房等主要能耗部门，制定了每月节能降耗考核指标，明确了节能降耗的目标，落实负责，明细考核。考核结果以半年度进行公示，对于在创绿工作中表现突出的部门给予奖励，对浪费能源资源的不良行为予以修正，及时更改，持续追踪。

创绿工作涉及酒店所有范围，要建立长效机制就必须充分发动全体员工积极参与和实施。为此，酒店开展各类以节能环保为主题的多类型活动，其中酒店组织展开的“千禧创绿知识竞赛”及“关爱地球，环保垃圾回收日”等活动，广受好评。这类活动有效普及了绿色酒店的相关知识，也在全员范围内宣传了绿色环保理念，使全体员工参与绿色环保行动更积极更主动。

投入800万元实施节能改造

为真正达到节能降耗的效果，酒店启动了多个技术改造项目，各项改造项目投入费用逾

800 万元，在节能降耗方面取得了明显效果。

采用风冷热泵系统采暖。酒店建筑面积为 45 183.7m^2，原使用“天然气锅炉 + 汽水换热器”提供采暖。改造后，酒店采用 16 台约克模块式涡旋风冷热泵机组代替原锅炉提供酒店采暖，设计供热量为 2 112kW，每台机组制热量 132kW，制热功率 39.8kW。

采用吸收式热泵 + 太阳能系统提供热水。原酒店生活热水系统采用燃气锅炉 + 容积式换热器提供。新系统采用 17 台吸收式热泵 +360m^2 槽式太阳能集热代替原锅炉提供酒店热水，热泵制热效率可达 2.0 以上，槽式太阳能系统为辅助供热系统。

实施 LED 灯具系统改造。原酒店公共区域采用普通射灯、白炽灯、荧光灯等。改造后用 LED 灯具替换原公共区域传统灯具以达到节能效果，节能率达 40% ~ 70% 。

实施节能灶具改造。原酒店主要有老广式炒灶 13 眼、大锅灶 4 眼、矮脚炉 10 眼。酒店对原有旧式灶具改用节能灶具，节能率达 40% 。

实施泳池热泵系统改造。原酒店泳池水由循环水泵抽出经汽水板式换热器与蒸汽锅炉产生的高温蒸汽换热，加热后热水流入泳池。改造后采用两台空气源泳池热泵系统替换原蒸汽锅炉提供泳池热水，节能量可达 20% ~ 40% 。

酒店大力推进节能降耗和创绿工作，取得了一定的成果。2014 年与 2013 年相比，在不影响酒店正常营运及酒店对客服务质量的情况下，酒店能源费用占酒店总收入百分比下降 7% ，2015 年（1—10 月）相比较 2014 年，同比下降 9% 。此外，水、电、天然气等能耗在涨价因素影响下，不论使用量还是费用，同比仍有不同比例下降。

（资料来源：中国环境网 http：//www.cenews.com.cn/cb/7b/201604/t20160401_ 803885.html，2016.4）

第二节 会展营销

一、会展与会展营销

会展是企业营销的一种营销手段，作为产品的展会本身也需要营销。随着我国会展业的蓬勃发展，市场研究和营销管理在会展业发展和企业经营管理中的重要地位日益凸显。会展产品具有无形性、不可储蓄性的特征，供给相对稳定，弹性较小，但是需求易受到社会、经济、文化突发事件的影响而具有较大的波动。所以会展产品的供需矛盾十分突出，会展营销作为调节供需的重要手段，对于会展企业了解市场需求，实现经营目标，提高经济效益有重要作用。

会展营销就是用营销学的基本理论来解决会展业发展中的具体问题，是营销学理论在会展业中的具体应用。具体说来，会展营销是会展企业为了吸引更多的目标客户，提高会展品牌的价值和影响力，通过会展服务、形象设计、产品定价、销售渠道、促销、宣传等手段实现会展产品价值的一系列市场推广活动和过程。

二、会展营销的特点

与一般的营销活动相比，会展营销主要具有以下特点：

（一）营销主体的综合性

一般的营销活动，营销主体都是企业，而会展营销的主体十分复杂，大到一个国家或城市，小到每个参展企业。一次展览会涉及众多的组织和企业。大型的国际性展览会，可能由当地政府或企业主办，由一家或者几家展览公司承办，其中个别较复杂的活动则由具体的项目去承担。换句话说，一个展会有几方共同操作，各自承担的工作在深度与广度上有所不同，每个主体的营销目的不一样，营销内容的则重点也存在明显差异。

（二）营销对象的参与性

会展产品是一种服务产品，具有生产和销售的同一性。在会展活动中，主办者必须与营销对象实现互动才能提高与会者和参展商的满意程度。同时，在会展策划的整个过程中，必须广泛听取与会者和参展商的意见，根据自身能力结合与会者和参展商的要求，尽可能地调整营销内容，以更好地满足与会者和参展商的需要。

（三）营销内容的整体性

展览会的举办时间、地点、主题及内容等都是参展商所关心的。因此会展营销的内容必须具有整体性，既包括举办会展的外部环境，如城市的安全状况、旅游综合接待能力等，又包括会展的创新之处，能够给参观者带来独特利益并提供配套服务等。

（四）营销手段的多样性

会展营销的主题复杂和内容广泛，决定了展览会必须综合利用各种手段来开展宣传，以达到预期的营销目的。从传统的广播、电视、报纸，到各类行业的专业杂志、专业会展杂志，到面向大众的路牌广告和已渗透到各行各业的互联网，会展营销以多样化的方式将大量的信息最快最直接地传递给大众。

无论从会展业的发展历史沿革，还是从会展的具体活动内容来看，旅游业所涉及的六大要素都与会展的举办形影相随。会展的构成要素及圆满完成所需的服务正是旅游业在发展过程中积累的优势。在会展旅游的发展过程中，旅游业为会展的举办提供相应服务，协助会展树立品牌，成为会展旅游集约型发展趋向中关键的因素。会展的成功举办除了参会者的规模和专业性等因素之外，一定程度上还有赖于旅游业的参与程度。开展分工协作、建立完善的利益共享机制是实现会展业接待专业化分工的前提。如果旅游企业与会展公司进行专业化分工，会展公司负责展会的招募、宣传、布展和会场内的组织管理工作，旅游企业则向参加商或参观者提供场外的“六要素”服务，各司其职、各取所长，通过专业化的服务令参展商、参观者和当地居民均感到便利和满意，从而吸引更多的参与者和获得更多的、持久的支持，树立展会的品牌，使会展的带动作用得以充分发挥，最终形成以会展带动旅游、旅游完善会展的互惠发展新局面。

三、会展旅游目的地的营销战略分析

（一）政府主导式营销战略

采取政府主导，这是目前会展旅游发展的根本保障。会展旅游是在一定制度、组织和文化背景下进行的活动。由于会展旅游涉及目的地展览、旅游、交通、餐饮、通信、物流等行业，因此这与创造就业机会、带动相关产业发展以及与城市基础设施建设和城市精神文明建设具有极大的关联。这就要求政府从城市整体发展出发，在协调会展旅游的发展中发挥积极的作用。此外，在会展旅游组织者选定会展旅游目的地之前，经常会有不止一个的候选地，要想成为会展旅游举办地，会展旅游地就要花费大量的费用向会展策划者进行宣传促销。

良好的城市形象、较强的城市吸引力、完善的城市功能、高速发达的区域经济、一流的会展设施和接待设施以及会展旅游地的安全问题就成为决策者主要考虑的问题。就当前我国的国情而言，唯有政府部门在会展旅游整体促销上加大投入、明确定位，才可以更好地在全球化条件下将营销会展目的地最大化，加快会展旅游经济的发展，从而带动当地相关产业经济的良性发展。所谓政府主导，并非“政府直接承办”，而是要求政府加强宏观控制。在政策方面，目的地政府应制定关于区域会展旅游的总体规划和行业发展规划，设立会展旅游的专业管理机构，推动行业、地区的会展旅游均衡和协调发展，实现资源的合理配置。在基础设施建设方面，对于中心区域的标志性展馆等基础设施应加大投资力度，为会展旅游的快速、健康发展创造良好的环境。在融资方面，要为金融机构与会展旅游供应商的联盟做好相应的协调工作，鼓励各相关主体通过银行贷款、发行债券、资本运营等手段积极融资，为会展旅游的发展提供良好的资本市场。最后，引进市场化机制和商业运作手段，逐步由“政府直接承办”模式过渡到“政府+市场”模式，最终转向完全市场化运作模式，实现会展旅游经济健康、稳定、持续的发展。

（二）全员参与式营销战略

在旅游接待与组织的活动当中，旅游企业普遍认为资源的职能与营销是密不可分的。因为会展旅游的独特性，导致其人力资源建设的问题（包括员工营销能力）也就相对突出。据有关人士的调查，会展旅游从业人员水平的高低与以前在旅游业从业的经验关系不大（Morrison，1998）。这进一步说明加快培育会展旅游专用人才的重要性和可操作性。实际上就内部而言，发展会展旅游的关键就是要有一支训练有素、精于开拓市场、善于组织管理的会展专业队伍，开发出必要的技术和程序，能够更好地和专业会展组织者打交道。

会展旅游地的内部营销应突出接待业的独特性，即会展旅游工作人员本身就是产品的一部分。营销的努力首先应该是对内部员工的，管理人员必须确信其员工了解其产品并相信其价值；同时，员工也必须对他们为之奋斗的公司以及他们所销售的产品怀有激情，只有满意的员工才可以创造满意的顾客。

（三）特色品牌营销战略

优化资源配置、根据自身特色优势合理定位、形成品牌营销特色是会展旅游目的地发展的关键。会展旅游目的地要想把会展旅游市场这块蛋糕做大做强，就要根据自身特色优势合理定位，实施品牌营销战略，积极培育、拓展会展旅游市场，推进运作市场化，创造出名牌会展旅游商品，以特色提升竞争力，赢得属于自己的市场份额。

品牌是知名度、认知度、忠诚度、美誉度和服务水平等综合要素的集合体，尤其是忠诚度、美誉度和服务水平代表了品牌的真正价值。这就要求建立特色品牌，进行差异化竞争，形成顾客的忠诚度。在各种会展市场空间日益缩小的背景下，同质化的会展旅游地必然会引发激烈的价格战以争夺有限的客源；会展旅游目的地应努力创造产品或服务的个性与风格，形成特色品牌。

目前，在亚洲迅速崛起的国际会议中心是中国香港和新加坡，可以说二者是实施品牌营销战略的最大赢家。据统计，2003 年欧美国家所占国际会议市场的份额已从 80% 下降至 60%。这一市场正拱手让给处于快速发展的亚洲。中国香港是亚洲会议接待的“大哥大”。2002 年接待的大型会议、展览及节事旅游达 1 300 多项，参与人数 32 万人，旅游收入 75 亿港元。在众多关注展览的城市中，香港是最下本钱的一个。同样，新加坡“展览会议局”在海外一些大城市设置联络处，为新加坡争取到不少会议的举办权。国际协会联盟最新调查结果显示，新加坡再度获选亚洲第一会议城市，而在世界会议城市中名列第六。

第三节　关系营销

一、关系营销的基本概念

关系营销是 20 世纪 80 年代末 90 年代初在西方企业界兴起的一种新型营销观念。广义的关系营销是指企业通过识别、获得、建立、维护和增进与客户及其利益相关人的关系，经过诚实的交换和可信赖的服务，并与包括客户、供应商、分销商、竞争对手、银行、政府及内部员工在内的各种部门和组织建立起的一种长期稳定、相互信任、互惠互利的关系，以确保各方的目标在关系营销中得以实现。而狭义的关系营销是指企业和客户之间的关系营销。其本质特征是企业与客户、企业与企业间的双向信息交流，是以企业与客户、企业与企业间合作协同为基础的战略过程，是关系双方以互惠互利为目标的营销活动，是利用控制反馈的手段不断完善产品和服务的管理系统。

旅游关系营销是指通过与旅游者、供应商和分销商等建立长期满意关系的实践活动而形成的一种稳定、相互信任的业务往来关系。旅游关系营销的核心是保持客户忠诚度，提高客户的重复购买率，维系企业销售额。

二、关系营销的特征

（一）双向沟通

在关系营销中，沟通应该是双向而非单向的。只有广泛的信息交流和信息共享，才可能使企业赢得各个利益相关者的支持与合作。

（二）合作

一般而言，关系有两种基本状态，即对立和合作。对立性状态指企业与相关利益之间为了各自目标相互排斥和反对（如竞争、冲突等）；合作性状态指企业与相关利益之间为了各自目标相互支持和配合（如团结、互助、沟通等）。关系营销推崇的是“合作”，只有通过合作才能实现协同，因此合作是“双赢”的基础。

（三）双赢

关系营销旨在通过合作增加关系各方的利益，而不是通过损害其中一方或多方的利益来增加其他各方的利益。

（四）亲密

关系能否得到稳定和发展，情感因素也起着重要作用。因此关系营销不只是要实现物质利益的互惠，还必须让参与各方能从关系中获得情感需求的满足。关系营销要求建立专门的部门，用以跟踪顾客、分销商、供应商及营销系统中其他参与者的态度，由此了解关系的动态变化，及时采取措施消除关系中的不稳定因素和不利于关系各方利益共同增长的因素。

★小贴士

彼得·德鲁克说："顾客是唯一利润中心。"帕累托的"二八"法则认为，企业的营业收入80%来自20%的顾客。美国《哈佛商业评论》的一份研究报告指出：重复购买的顾客可以为公司带来25%～85%的利润，固定客户每增长5%，企业利润则增加25%。以特定手段给顾客分级，区分出对公司利润贡献最多的顾客，并为之创造出更高的消费价值、提供更多更好的服务，使之成为公司的忠诚顾客，这点通常被称为"数据库营销"或"关系营销"，因为争取一位新顾客所花成本是维系一位老顾客的6倍。

（资料来源：李伟，旅游市场营销实务，电子工业出版社，2014年版）

三、关系营销战略

（一）核心服务战略

关系营销的一种主要策略是围绕建立顾客关系而开展的"核心服务"的设计与营销。

理想的核心服务是通过不断满足顾客需求来吸引新顾客，利用高质量、多重项目和长期性的服务特征使现有的关系更加稳固，为今后长远销售其他服务打下基础。核心服务更加倾向于满足企业中心目标市场的需求。

（二）关系专门化

企业要经常有针对性地加强与顾客的关系。通过了解每位顾客的特点和需求、掌握必要的资料和数据，企业就可以更加精确地提供专门针对特定情况、特定顾客的细致而周到的服务。这样，企业也为顾客提供了继续与自己进行业务往来的条件，顾客就不会"从头开始"与其他供应商合作了。

（三）服务提升

服务提升需要提供"特殊"服务来与竞争者加以区别。为了使区分有意义，特殊服务必须是顾客重视的而且确实与众不同的服务。

时下日益流行的一种服务提升方式是"贵宾俱乐部"。企业通过邀请重要顾客加入公司主持的俱乐部，用特殊的服务和顾客资格来提升自己的服务项目，同时利用促销邮件、业务通信等方式与这些顾客建立保持联系的渠道。

（四）内部营销

内部营销是把企业内部的广大员工视为"顾客"，通过一系列内部营销活动，满足广大员工的需要和愿望，以便吸引并留住优秀的员工。

做好内部营销工作可激励全体员工树立市场导向的思想观念，在全体员工中形成优质服务的工作态度，始终为目标市场提供高质量的服务以满足顾客的需求。

第四节　旅游市场营销创新

旅游市场营销创新是指旅游企业根据营销环境的变化，结合企业自身情况，提出新的营销理念或思路、采用新的营销方式开展旅游市场营销活动的过程。可见，从本质上讲，旅游市场营销创新就是企业管理人员通过营销活动及时把社会需求转化为有利于旅游企业的各种机会。从这个定义中可以看到，旅游市场营销创新的主体是旅游企业的管理人员；旅游市场营销创新的原因是旅游企业对社会需求的把握；而创新的目的则在于把社会需求转化为旅游企业的机会。

2015 年，中国在线旅游产品交易额达 4 000 亿元，渗透率约 12%，5 年增长了 3 倍。由于旅游与移动互联网时代特殊、天然的契合，在线旅游成为主流的线上业务。各在线企业和电商平台奇兵迭出，各种新兴模式及业态频繁上线。小生态圈内，市场竞争白热化，价格战几度升级：从团购到酒店，从酒店到机票，从机票到景区门票；大生态圈内，一方面是大型电商平台先后看上旅游市场，淘宝、百度、腾讯、京东等网站都开设了旅游或者旅行频道。移动互联更是席卷中国在线旅游业。大量旅行类 APP（Application 的简称，多指智能移动通信设备的第三方应用程序）的涌现和微信的广泛使用，改变了旅游消费者探索旅游目的地的方式、预订旅游产品的方式、进行旅途记录和分享的方式，使在线旅游产业进入移动互联时代。随着在线旅游的日趋完善，线上整合营销与传统旅游行业日益整合共同催生了旅游行业线上营销普及化的创新趋势。

一、线上营销：强调资源整合能力

在旅游市场强劲的增长态势下，旅游市场的 O2O（Online to Offline，线上到线下）业务被寄予厚望。线上营销（Online Marketing）也称网络营销，指通过互联网借助公司主页、线上广告和促销、电子邮件、在线视频和博客等方式进行的营销。

在产业链上，线上营销的相关环节为渠道商（批发商 + 代理商）和部分媒介营销平台（综合搜索引擎、垂直搜索引擎），主要竞争力为资源整合能力，线上营销并不实际生产产品。从实际运作来看，线上营销主要包括 OTA（Online Travel Agency，在线旅游服务商）和垂直搜索。OTA 企业的代表为携程网、同程网，产品包括代理机票、酒店、旅游产品、租车等，主要收入来源为佣金。OTA 是在线旅游行业目前最为成熟的盈利模式，基本主导了在线旅游行业的增长。垂直搜索是一种集合大量 OTA 以及供应商资源的渠道。它在一定程度上降低了用户获取信息的成本，提供比价功能，提升用户体验，主要收入来源为广告。目前以去哪儿网为代表的旅游垂直搜索企业，在经历了几年的高速发展之后，已经形成了一定的市场优势，聚集和引导了大部分流量，显现出了相较于传统 OTA 的优势。在这个环节中，线上业务量呈现出基数小，增长快的态势，渗透率在全球横向来看还有较大提升空间。观念的创新和新技术的发明与应用也能够带来利好。随着智能手机的普及，wifi、3G/4G 网络、移动支付的成熟，移动旅游产业固有的便捷、友好的方式决定了“得移动端者得天下”，移动互联网代表了旅游业未来的发展方向。

二、线上数据：对战略、营销和服务的提升

数据质量直接关系到旅游投资的回报。它体现在两个方面，即数据采集与分析关系到渠道营销的精准性；分析消费反馈的数据有利于经营者改进服务质量，增加客户吸引力。比如，对开发运营商来说，社交网络的点评和旅游网站的攻略等数据旨在优化项目战略方向。传统上，消费者一般通过旅行社、知名酒店去规划行程，而在O2O数据介入后，规划完全可以通过借鉴网络评价来实现。因此，旅游项目需要根据反馈数据及时进行调整。旅游企业要善用互联网手段，但更应从改善服务入手，提供良好的消费体验环境才是旅游目的地的生存之本。

三、在线旅游APP的营销模式

随着移动互联网的发展和自助出游动机的增多，机票、酒店的预订将会有更大比例是在移动客户端完成的。因此，在线旅游供应商除了继续巩固和发展原有在线旅游产品外，还应对手机应用客户端进行大量的投入。未来几年，OTA的主战场很有可能会转移到手机应用上。以去哪儿网近期发布的iPhone3.6版手机客户端为例，不仅可以搜索、购买机票，还能办理实时登机并查询到达航站楼、机型、准点率、是否含餐食、飞行时间等信息；而在酒店导航上，为用户提供人性化搜索、定位功能，还加入了去哪儿网的团购产品，使用户可以直接在手机上查询所购买的特价酒店、景点门票、旅游线路、机票等旅游团购产品。用户随时获得去哪儿网提供的各种实用旅行信息，并有机会与家人和朋友分享。

有竞争才有发展。在提供同质化产品的情况下，良好的用户体验才会让消费者始终如一。这个用户体验具体表现在APP的操作界面是否友好、搜索功能是否完备、操作流程是否简单易行、预付能否保证安全性等。这些都能够直接影响消费者是否继续使用。在线旅游供应商大多选择的推广模式都是由上至下，大都采取线上广告投放的模式，尤其是Priceline和Expedia等国外集团，对数字广告的资金投放很是可观。国内的在线旅游供应商除了线上广告之外，也会选择一些线下广告的投放，如电视广告、公交地铁广告、楼宇广告等，但是能够直接推送到消费者个人的形式并不多。可以多利用一些现在相对来说比较主流的自媒体，比如一、二线城市的微信订阅号等。现在基本每个城市都会有发展比较成熟的主流“城市生活类”微信订阅号，这些订阅号往往在当地非常有影响力，内容经常会推送当地各种吃喝玩乐等生活咨讯，关注人数动辄数十万人，多的甚至达到上百万人，而且这部分人群应该至少90%都会是在线旅游供应商的目标人群。如果能够利用好这些订阅号，APP推广的速度和实际使用率都会有很大的提高。

APP不会是今后互联网应用抑或营销渠道的全部，但必将成为用户的主流选择。未来，Web Store将与App Store并行发展。随着手机网民超越PC网民的势头渐强，移动媒体很快将成为跨媒介营销的主角之一。

★小贴士

APP旅游产品销售量超过移动网站

近日，全球知名的效果营销科技公司Criteo发布了《2015年第四季度移动电子商务报告》。报告称，移动电子商务行业已经达到临界点。Criteo的这份报告调查了3 300家线上旅

游和零售企业，这些企业加起来每年处理的交易量达到17亿次，净销售额达到170亿美元。值得注意的是，顾客通过移动APP购买的旅游产品总量已经超过了通过移动网站的购买量。在2015年第四季度，58%的顾客在移动设备上通过APP进行旅游产品购买，首次超过了通过移动网站购买的比例。而在美国，大部分使用平板电脑完成购物的人在点击“立即购买”按钮前还会使用其他多种设备查看商品。随着移动设备使用风潮席卷全球，智能手机和平板电脑对旅游产品购买具有着越来越大的影响。对现在的旅行者来说换用多台设备定制一项单程旅行计划是非常普遍的情况。

（资料来源：青网：http：//www. qing5. com/2016/0228/113899. shtml，2016. 2. 28）

四、在线旅游营销的新应用——博客营销

（一）博客营销的概念

博客是blog的中文译名，英文起源于weblog，意思是网络日志。博客通常是公开的，人们可以发表自己的网络日志，也可以阅读别人公开的博客。因此，博客成为个人思想、知识在互联网上的聚集，这也为企业使用博客进行营销提供了目标市场载体。博客营销就是利用博客这种网络应用形式开展的网络营销。相类似的另一种新型方式即微信营销。

（二）博客营销的优势

博客营销作为一种新兴营销方式，具有传统营销不可比拟的优势。

1. 目标市场定位准确

同传统的营销方式相比，博客营销的目标客户更为准确。一方面，博客读者往往具有相同的兴趣，企业利用这一目标客户集中的特性开展营销，可以大幅提高广告的效率、降低广告的成本。另一方面，企业可以通过不断更新博客内容，以持续更新的信息吸引读者的关注，能够很好地保持和提高客户的忠诚度。

2. 营销成本低

这其中包括建立博客平台成本低和营销推广费用低。

建立博客平台成本低。目前博客平台的建立一般有两种方式：一种是在已有的企业网站上增设博客频道；另一种是选择第三方博客托管网站开设博客账号。无论是哪种方式，企业均只需投入很少的资金，并且风险也较小。

营销推广费用低。无论是在博客中进行用户在线调查，还是在博客中投放广告，抑或是进行其他形式的促销推广，所需要的费用成本都是比较低的。

3. 互动性强

当企业的博客比较受欢迎时，博客也成为企业与读者交流的场所。读者可以在企业博客文章后面提出问题、发表评论，从而使企业了解读者对文章内容的看法；文章作者也可以及时回答读者的问题、回复读者的评论。

在传统营销模式下，企业往往需要通过媒体来发布广告和新闻，但企业无法掌握这些资源，导致企业的营销受到很大限制。而企业博客均由企业自主掌控，企业可以自己决定文章、图片、视频的编辑与发布。这就使得企业摆脱了媒体的限制，真正掌握了传播的话语权，可以自主灵活地进行营销活动。

五、在线旅游企业邮件营销

旅游市场的消费主体正在向“80后”“90后”转移。从小受到互联网购物等消费环境的影响，这部分群体更倾向于利用互联网去搜寻相关的旅游产品信息。所以，作为与消费者沟通的最佳桥梁，邮件营销对于在线旅游企业具有重要的意义和作用。一位研究人员说：“社交媒体是数字营销中炙手可热的新事物，但电子邮件仍然是个中翘楚。”据统计，91%的美国消费者每天都要用电子邮件。现如今，65%的电子邮件是在移动设备上打开和阅读的。多渠道捆绑式营销增加购买率，移动浪潮正潜移默化地改变着消费者的消费习惯。大多数一流的营销企业经常运用电子邮件营销，并取得很大的成功。企业可以利用移动互联网以及SNS应用的移动化趋势，把邮件与短信、微博、微信、网站等渠道捆绑结合，最大化满足消费者不断增加或随时变化的移动营销需求。同时，在线旅游企业应当为消费者提供多种沟通工具，譬如在移动网页、移动邮件、APP中加入一键式电话按钮以及在线客服等，以方便消费者直接咨询。而在移动邮件设计中，由于屏幕原因，要求邮件板块布局更加清晰，“call-to-action”按钮应该设计得更大、更为醒目，有助于消费者准确锁定信息以及给予消费者购买心理暗示。

不过，企业需要注意的是，随着电子邮件营销越来越广泛的使用，它的负面影响也逐渐显现出来：垃圾邮件泛滥激起消费者的不满。许多企业正使用结构化电子邮件系统，让消费者选择想接收的信息。亚马逊列出一长串选择加入的营销资料目录，向那些选择加入的消费者发送少量有用的信息，很多顾客表示欢迎。亚马逊通过更高的邮件反应率，避免用电子邮件打扰那些不愿意接收的顾客，从而获得收益。

六、大数据时代“云端”与旅游营销

互联网的发展已经进入了一个大数据时代。在过去一年半到两年的时间当中，地球上产生的新的数据总量相当于人类历史上产生的所有数据的总和！作为挖掘和处理大数据的平台，云计算也应运而生。它改变的不仅是互联网的发展模式，也深刻地影响社会的商业模型、管理方式，甚至是我们每个人的生活方式。

大数据是指从各种各样类型的数据中，快速获得有价值信息的能力。大数据具有以下四个特点，即数据体量巨大、数据类型繁多、数据价值密度低、数据处理速度快。由于大数据本身就是资源，因而成为重要的生产要素。大数据不但可以为企业决策服务，而且可以为个人生活服务，现已应用于不同的业务需求，包括消费行为跟踪、监测管理感知、管理决策分析、流程管理优化、优化资源消耗等方面。不难看出，大数据时代的到来，预示着新一波生产率增长和消费者盈余浪潮的到来。

（一）“云端”联动营销与旅游产品创新及旅游信息系统

“云端”是一款采用应用程序虚拟化技术（Application Virtualization）的软件平台，集软件搜索、下载、使用、管理、备份等多种功能为一体。大数据时代的“云端”联动营销可以提供更好的旅游创新产品，表现为：一方面可以为客户提供更多的定制化空间，营造定制化酒店客房、定制化团队旅游、定制化休闲旅游、定制化产品展示等创新型旅游体验；另一方面可以增加旅游打包产品，提供包括吃、住、行、游、购、娱等一站式的旅游服务。大数据时代的“云端”联动营销可以提供更好的旅游信息系统。旅游信息系统主要包括旅游人力资源与工薪管理系统、旅游服务管理系统、旅游客源管理系统、旅游景区管理系统等。同时，大数据时代的“云端”联动营销还可以建立与旅游者互动的管理和咨询平台，包括云服务管理平台、URP 基础数据管理平台、旅游酒店选房系统平台、旅游客源咨询综合平台等。

（二）“云端”旅游营销管理与旅游服务效果

大数据时代的“云端”旅游营销管理与服务效果可以概括为：一是可以释缓旅游者的怨气，优化旅游服务的生态环境；二是可以彰显旅游服务的快捷，提高旅游服务水平；三是可以降低旅游管理成本，增强旅游服务竞争能力；四是可以修复旅游经营漏洞，提高旅游服务效益；五是可以优化旅游管理体系，推进旅游管理和服务组织扁平管理；六是可以加固旅游规则刚性，增强旅游制度规约力度；七是可以创新旅游评价体系，确立旅游者主体地位；八是可以提升旅游管理队伍，实现精细旅游服务目标。因此，可以说大数据时代的“云端”旅游营销管理模式的应用与实践，可为旅游服务业建设成为人民群众满意的现代服务业做出卓越贡献。

知识归纳

绿色营销指企业以可持续发展理论为指导，以全球的社会、经济、人口、资源、环境协调发展为基础，以既能相对满足当代需求，又不对后代发展构成危害并为其发展创造优良条件为宗旨的市场营销活动。绿色营销是在绿色消费的驱动下产生的。

会展营销就是用营销学的基本理论来解决会展业发展中的具体问题，是营销学理论在会展业中的具体应用。

关系营销是指企业与顾客和其他合作者建立、保持并加强长期性关系，通过互惠性交换及共同履行诺言，使有关各方实现各自的目的。关系营销的重点在于利益各方相互之间的交流，并形成一种稳定、相互信任的关系。

随着在线旅游的日趋完善，线上整合营销与传统旅游行业日益整合共同催生了旅游行业线上营销普及化的新趋势，如线上营销、在线旅游 APP 营销、博客营销、在线旅游企业邮件营销、大数据时代“云端”旅游联动营销等。

案例解析

旅游社交媒体营销有哪些关键点?

四季酒店及度假酒店集团（The Four Seasons Hotels & Resorts，以下简称四季酒店）毫无疑问是最为著名的品牌之一，不仅仅是在旅游业和酒店业，在所有行业中都很有名气。

2013 年的夏天，四季酒店纽约店决定做些与众不同的东西来吸引新的消费群：现代旅行家庭。他们的重点是尝试增加酒店的周末预订量。

通过与社交媒体营销商 Shoutlet 的合作，四季酒店推出了一个极具吸引力和交互性的 12 周项目方案，并以“Maxine”为主题。Maxine 是 TY 玩具公司 Monstaz 系列中一只可爱的毛绒公仔。每周 Maxine 都会在纽约城里“旅行”，拜访大苹果城（即纽约）里某一处独特的地点。四季酒店邀请自己 Facebook 的粉丝对每周的地点进行竞猜，在活动结束时会进行抽奖，奖品是四季酒店的礼品卡。

四季酒店启用了所有社交平台来促成此次活动的营销，包括 Pinterest、Twitter、Instagram 和 Vine。自然，通过图片、酒店为每个家庭定制的照片和个性化服务，入住酒店的小朋友可以获得与 Maxine 交流的机会。

据四季酒店负责全球高端客户与数字营销的高级副总裁 Elizabeth Pizzinato 称，这次活动项目的成果非常显著。

“孩子们很开心能够跟随 Maxine 的足迹，他们会去游览活动中出现的纽约景点，将她的‘旅行’带到现实中。更重要的是，活动实现了预期的商业效果：酒店在周末的收入同比增长了 5%，Facebook 粉丝数增长了 10%，Twitter 粉丝数增长了 19%，这个结果确保了在活动结束之后，Maxine 项目创造的高参与度会持续带来良好反响。”

至于 Shoutlet 方面，该公司总裁兼首席战略官 Aaron Everson 表示，关键是在于数据挖掘工作。“我们与四季酒店一同研究了他们的订单和客户群信息，然后确定了他们触及不同客户群的机会。”他说道。

“他们（四季酒店）很快就发现，他们的主要订单来源是商旅群体，所以他们想要推出一个针对家庭周末旅行的活动方案。之后，我们和四季酒店一同打造#Maxine Takes Manhattan#（Maxine 畅游曼哈顿）的竞猜活动，帮助他们通过社交媒体寻找定位目标客户群，并将竞猜活动弄得十分诱人。这样一来，这个活动可以随着时间推进越来越有影响力。”

（资料来源：环球旅讯 http：//www. traveldaily. cn/article/78686. 2014. 3. 16）

思考与讨论：

1. 四季酒店为何要与社交媒体营销商合作？
2. 使用社交媒体开展旅游市场营销应该注意些什么问题？

复习思考

1. 绿色营销与传统的营销方法有哪些异同点？
2. 结合实际谈谈我国饭店业和旅行社业绿色营销的具体措施。
3. 关系营销的概念及特征是什么？

实务训练

班级同学合理分组，每组选取一个旅游营销案例，结合互联网时代背景，谈谈旅游市场营销的新趋势。

参 考 文 献

[1] [美] Philip Kotler, Jower Bowen, James Makens. 旅游市场营销学 [M]. 谢彦君，译. 北京：旅游教育出版社，2002.

[2] [美] 菲利普·科特勒. 市场营销教程 [M]. 俞利军，译. 北京：华夏出版社，2000.

[3] [美] 菲利普·科特勒，加里·阿姆斯特朗. 市场营销原理与实践 [M]. 楼尊，译. 北京：中国人民大学出版社，2015.

[4] Youcheng Wang, [美] Abraham Pizam. 目的地市场营销与管理：理论与实践 [M]. 张朝枝，郑艳芬，译. 北京：中国旅游出版社，2014.

[5] 苏英，吴晓山. 旅游市场营销 [M]. 北京：北京师范大学出版社，2011.

[6] 张学梅，廖涛. 旅游市场营销 [M]. 北京：北京大学出版社，2011.

[7] 石美玉，孙梦阳. 旅游市场营销学 [M]. 北京：北京大学出版社，2013.

[8] 王培俊. 旅游市场营销 [M]. 北京：北京师范大学出版社，2011.

[9] 韩勇，黄萍. 旅游市场营销 [M]. 北京：旅游教育出版社，2013.

[10] 郑红. 现代酒店市场营销 [M]. 广州：广东旅游出版社，2009.

[11] 胡宇橙，王文君. 饭店市场营销管理 [M]. 北京：中国旅游出版社，2005.

[12] 郭英之. 旅游市场营销 [M]. 大连：东北财经大学出版社，2010.

[13] 刘晓明. 旅游市场营销 [M]. 上海：上海交通大学出版社，2007.

[14] 程道品，伍进. 旅游市场营销学 [M]. 北京：中国林业出版社，北京大学出版社 2009.

[15] 谢彦君. 基础旅游学 [M]. 北京：中国旅游出版社，2004.

[16] 李天元. 旅游学概论 [M]. 天津：南开大学出版社，2003.

[17] 林南枝. 旅游市场学 [M]. 天津：南开大学出版社，2000.

[18] 赵西萍. 旅游市场营销学 [M]. 北京：高等教育出版社，2005.

[19] 黄浩，钟大辉. 市场营销学 [M]. 成都：西南财经大学出版社，2009.

[20] 韩勇，丛庆. 旅游市场营销 [M]. 北京：北京大学出版社，2006.

[21] 安贺新. 旅游市场营销学 [M]. 北京：清华大学出版社，2011.

[22] 马勇. 旅游市场营销管理 [M]. 大连：东北财经大学出版社，1999.

[23] 刘叶飙. 酒店营销学 [M]. 北京：高等教育出版社，2008.

[24] 郑凤萍. 酒店营销实务 [M]. 北京：化学工业出版社，2009.

[25] 张俐俐，杨莹. 旅游市场营销 [M]. 北京：清华大学出版社，2005.

[26] 刘晓明. 旅游市场营销 [M]. 上海：上海交通大学出版社，2007.

[27] 王磊，刘洪涛. 旅游营销的新观念：旅游目的地营销 [J]. 旅游科学，1998 (4).

[28] 王小飞. 国内旅游目的地营销重要影响因素研究 [D]. 成都：电子科技大学，2009.

[29] 文博. 异军突起的大数据营销 [J]. 国际公关，2013 (2).

[30] 旅游圈 http：//www. dotour. cn/

[31] 国家旅游局官网 http：//www. cnta. gov. cn/

[32] 瞭望智库 http：//www. lwinst. com/index. php

[33] 环球旅讯 http：//www. traveldaily. cn

[34] 中国旅游报 http：//www. ctnews. com. cn/gcpl/2010 -09/20/content_ 785099. htm

[35] 环球旅讯 http：//www. traveldaily. cn

[36] 中国旅游报 http：//www. ctnews. com. cn/gcpl/2010 -09/20/content_ 785099. htm

[37] 迈点网：http：//www. meadin. com/

[38] MBA 智库 http：//www. mbalib. com/

[39] 煎蛋网 http：//jandan. net/